가격은 그대로
130% UP

미친 예제 100% 풀체인
30% 더 커진 판형

이게 되네?
챗GPT

미친 활용법 71제 전면 개정 2판

저자 오힘찬

GOLDEN RABBIT

2024년 12월 챗GPT가 완전히 달라졌습니다.

이전에 출간된 책은 이제 맞지 않습니다!

그래서 완전히 새로 출간했습니다!

2024년 12월에 챗GPT는 12가지 신기능을 12일 동안 발표하며 완전히 새롭게 태어났습니다. 초강력 최신 GPT인 o1 정식 버전을 출시하고, 무제한 사용 정책을 내놓았습니다. o1을 압도하는 o3 출시도 예고했습니다. 이에 **챗GPT 분야 25주 연속 베스트셀러 《이게 되네? 챗GPT 미친 활용법 51제》**가 최신 챗GPT 업데이트를 반영하여 완전히 새로운 개정판으로 다시 찾아왔습니다.

o1의 등장으로 생성형AI는 또 한 번 도약했습니다! 2024년 5월 GPT-4o가 발표되면서 챗GPT 성능이 월등히 좋아졌습니다. 그덕분에 챗GPT를 활용하는 방법이 아주 다양해졌지만 여전히 일정 수준 이상의 코드를 짤 때나 자동화 등 업무에 활용할 때 원하는 답을 내기까지 여러 번 시도해야 할 때가 많았습니다. 이제 우리는 o1이라는 더 강력한 동료를 얻었습니다. GPT-4o에게 두 번, 세 번 물어야 옳은 답을 받을 수 있었던 질문을 o1에게 질문하면 훨씬 빠르고 정확하게 얻을 수 있습니다. o1은 대답을 만든 후 그 대답을 다시 스스로에게 묻고 판단하면서 응답하기 때문이죠.

개정판에는 o1에 걸맞은 예제를 가득 담았습니다. 시시한 예제로는 아무것도 할 수 없습니다. 실무에 필요한 기술은 시시하지 않으니까요. 그래서 이 책은 막연히 챗GPT로만 모든 것을 다 하라고 하지 않습니다. 챗GPT와 엑셀 사용자 지정 함수를 만들고, 챗GPT와 파이썬 코드를 짜서 파일 생성을 자동화하고, 챗GPT와 PPT를 만들고, 챗GPT와 구글 설문을 만들고 분석합니다. 기존에 GPT-4o로 다소 복잡하게 진행했던 예제를 o1을 사용해 더욱 쉽게, 더욱 효과적으로 실습할 수 있도록 내용을 개선했습니다. 코드 이야기가 나온 것만으로 거부감이 드시나요? 걱정하지 마세요! 챗GPT o1과 함께라면, 코드를 몰라도 업무 자동화 코드 정도는 만들고 활용할 수 있습니다. 자세한 방법은 본문에서 다시 설명하겠습니다.

새로운 기능을 모두 반영하여 130% 풀 체인지하고, 200% 더 강력해져 돌아왔습니다.

사실 이 책은 개정판이라고 말하기 민망할 정도로 기존 내용을 대폭 개선하고 완전히 새로운 내용도 꾹꾹 눌러 담았습니다. 초판이 출간되고 약 반년 동안 o1이라는 강력한 모델의 등장뿐 아니라 챗GPT라는 서비스를 더욱 다양하게 사용할 수 있는 수많은 기능이 발표되었습니다. 이에 기존 예제를 최신 버전에서 100% 다시 실습하고, 30%에 달하는 20가지 미친 예제를 추가했습니다. 다음은 개정판에 추가한 새로운 기능입니다.

👆 하나, 실시간 정보를 활용하고 명확한 출처를 확인할 수 있는 '챗GPT 서치'

챗GPT 서치는 최신 데이터를 처리하지 못한다는 챗GPT의 치명적인 단점을 극복해줄 구원투수입니다. 이 기능을 사용하면 챗GPT로 실시간 정보를 얻을 수 있을 뿐만 아니라 명확한 출처를 확인하여 신뢰할 수 있는 정보를 토대로 챗GPT와 대화할 수 있습니다. 챗GPT 서치를 활용해 효율적으로 검색하는 방법, 레시피를 검색해서 장보기 리스트를 개발하는 방법 등 업무와 일상에서 다양하게 사용할 수 있는 활용 예시를 담았습니다.

✌️ 둘, 누구나 동영상을 단 몇 줄로 만들 수 있게 지원하는 '소라'

챗GPT로 누구나 쉽게 이미지를 생성할 수 있는 달리[DALL-E]를 많은 독자들이 사랑해주셨습니다. 이제 한 차원 더 올라가 소라[Sora]를 사용하면 동영상도 만들 수 있습니다. 텍스트로 만들고 싶은 동영상을 요청하는 것은 물론이고 이미지를 제공하면 해당 이미지를 활용한 동영상도 만들 수 있습니다. 소라로 영상을 만드는 실습과 각종 설정을 조절할 수 있는 메뉴 설명도 함께 담았습니다.

셋, 글이 아닌 말로 챗GPT를 사용할 수 있는 '챗GPT 고급 음성 모드'

'챗'GPT라는 이름에 맞게 지금까지는 채팅을 통해 챗GPT와 소통했다면 이제는 음성으로 소통할 수 있게 되었습니다. 고급 음성 모드를 사용하여 챗GPT를 나만의 통역가이자 비서로 활용해보세요!

넷, 긴 글 작성에 필수인 부분 수정을 제공하는 '챗GPT 캔버스'

캔버스canvas는 챗GPT를 활용한 글쓰기 및 코딩 작업을 효율적으로 진행할 수 있도록 돕는 새로운 인터페이스입니다. 챗GPT의 응답을 부분적으로 수정할 수 있다는 강점을 활용해 각종 보고서 작성, 코드 작성에 캔버스를 활용하는 예제를 담았습니다.

다섯, 특정 작업에 맞춤형 챗GPT를 만들 수 있는 'GPTs'와 '프로젝트'

이렇게 다양한 챗GPT 활용법을 배우고 나면 분명히 자주 쓰는 기능이나 자주 묻는 질문 등이 생길 겁니다. 다이어그램 생성, PRD 작성 등 특정한 용도에 맞게 조정된 GPTs를 사용하는 방법, 내가 자주 사용하는 질문을 모아 맞춤형 챗GPT를 만드는 프로젝트 기능도 추가했습니다.

아직도 '챗GPT로 어떤 것까지 할 수 있을까? 유료 구독을 할 가치가 있을까?' 고민하고 있나요? 챗GPT를 단순히 신기한 AI가 아닌 실생활에 '진짜' 활용하고 싶은가요? 이 책으로 그 답을 얻어보세요. 누구보다 더 효과적으로, 더 적극적으로 챗GPT를 활용하는 방법을 알려주는 이 책은 인공지능 시대에 일잘러, 작가, 영상 편집자, 현인으로서 살아갈 모두에게 마법의 지팡이가 되어줄 것입니다.

초기 챗GPT가 출시되었을 때부터 유료로 사용하며 챗GPT를 활용한 업무 자동화에 누구보다 관심이 있었다. 특히 복잡한 업무를 손쉽게 처리하면서도 효율성을 극대화하는 데 큰 도움을 받았다고 자부했었다. 그런데 폴더 정리부터 엑셀, PPT 작업까지 따라 하기 쉬운 레시피로 정리된 이 책을 읽고 내가 사용해온 챗GPT는 진짜 챗GPT가 아니었구나, 라는 생각이 들 정도였다.

솔직히 제목이 다소 과장된 것처럼 느껴졌었는데, 책을 읽고 난 뒤에는 그 제목이 아깝지 않을 만큼 "진짜 미쳤네요!"라는 감탄사가 절로 나왔다!

송석리 교사, 《모두의 데이터 분석 with 파이썬》 저자

챗GPT의 기초 사용법을 알려주는 책은 정말 많았지만, 정작 일반 직장인이나 자영업자들이 현실에서 바로 활용할 수 있는 실질적인 아이디어를 담은 책은 찾기 어려웠다. 그런 점에서 《이게 되네, 챗GPT 미친 활용법 51제》는 독보적이다! 단순한 사용법을 넘어, 누구나 쉽게 따라 할 수 있는 방법으로 생산성을 극대화할 수 있는 실천 가능한 아이디어들이 빼곡히 담겨 있다. 이 책은 직장인의 업무 효율을 높이는 데도, 자영업자들이 비즈니스에서 챗GPT를 활용하는 데도 최고의 길잡이가 될 것이다.

박종천 전) 삼성전자 상무, 《개발자로 살아남기》 저자

온라인에서 다양한 챗GPT 활용 사례가 공유되고 있지만, 정작 그 활용법을 체계적이고 제대로 알려주는 콘텐츠는 의외로 찾아보기 어렵다. 그런 점에서 이 책은 돋보인다. 업무 효율성을 극대화하고 싶은 직장인뿐 아니라, 인력을 두기 어려운 소규모 기업 대표나 소상공인을 위한 실용적인 챗GPT 실습 방법과 예제를 아낌없이 담고 있다. 단순한 설명이 아니라, 누구나 따라 할 수 있도록 상세한 과정과 활용 사례를 통해 실질적인 도움을 준다. AI 시대에 우리 같은 일반인(?)도 이를 제대로 활용하고 싶다면 이 책이 훌륭한 선택지가 될 것이다.

송기범 IT 블로거

성장 가능성이 있는 스타트업을 선별하고 투자하는 일을 하면서, 문득 '인공지능 액셀러레이터'라는 개념이 현실화될 수도 있겠다는 다소 위험한 생각을 해본 적이 있다. 특정 데이터 안에서 정형화된 지식을 제공하고, 사업 계획서의 기본적인 검토를 수행하는 업무는 충분히 인공지능으로 대체할 수 있기 때문이다. 이런 변화를 생각할수록, 앞으로 개인의 경쟁력은 챗GPT 같은 도구를 얼마나 효과적으로 활용할 수 있는지에 따라 크게 나뉠 것이라는 확신이 든다.

그런 점에서 이 책은 단순히 챗GPT를 사용하는 법을 넘어, 다양한 실전 예시를 통해 누구나 실제 업무에 바로 적용할 수 있는 활용법을 매우 친절하고 쉽게 알려준다. 읽는 내내 '이 정도로 구체적이고 실용적인 팁을 얻을 수 있는 책이 또 있을까?'라는 감탄이 나왔다. 이런 유용한 내용을 담아 출판해준 저자께 진심으로 감사드린다.

장안나 탭엔젤파트너스 부대표

맡은 일을 제대로 수행하려면 단순히 도구를 사용해보거나 표면적으로만 공부하는 것으로는 부족하다. 성공적으로 목표를 달성하려면 다양한 방법을 시도하고 심화 내용을 꾸준히 학습하며, 더 나은 접근법을 찾아내는 노력이 필요하다. 이는 챗GPT를 활용할 때도 마찬가지다. 효과적으로 사용하려면 단순히 명령어 몇 가지를 익히는 것을 넘어, 도구의 특성과 잠재력을 제대로 이해하고 올바르게 활용하는 방법을 배우는 것이 중요하다.

이 책은 우리가 평소 상상하지 못했던 것들, 즉 가능하지만 몰랐던 '더 좋은 결과'를 얻을 수 있는 구체적인 아이디어를 제시해준다. 단순히 이론을 나열하는 데 그치지 않고, 실제 상황에서 바로 적용 가능한 사례와 팁을 통해 실질적인 변화를 체감하게 해준다. AI 시대를 앞서가기 위해, 그리고 더 효율적이고 스마트하게 일하고 싶은 모든 사람들에게 이 책은 강력히 추천할 만하다. 읽고 나면 '이렇게도 할 수 있구나!'라는 놀라움과 함께 새로운 가능성을 발견하게 될 것이다.

강대명 레몬트리 CTO

회사에서는 저를 '챗GPT 미친 업무 효율화의 달인 오대리'로 부릅니다. 줄여서 '챗달 오대리'입니다. 제가 그런 별명을 얻을 수 있었던 이유를 살짝 공개하자면요~

- **정확한 업무 파악** : 챗GPT가 어떤 업무에 필요한지 정확하게 파악하여 적재적소에 AI를 활용합니다.
- **혁신적인 AI 활용법** : 누구나 쉽게 챗GPT를 복잡하고 귀찮은 업무에 활용할 수 있는 방법을 찾고 제시합니다.
- **건설적인 피드백** : 실수가 발생하면 개선점을 제시하고, 이를 통해 챗GPT의 효율성을 지속적으로 향상하였습니다.
- **팀워크 증진** : 챗GPT를 활용하는 방법을 팀원들과 공유하여 모든 직원이 AI를 효과적으로 활용할 수 있게 돕습니다.
- **끊임없는 자기개발** : 챗GPT 활용법에 대한 새로운 트렌드와 기능을 지속적으로 학습하여, 팀과 회사에 최신 AI 기술을 적용할 수 있도록 앞장섭니다.

챗GPT를 활용한 업무 자동화로 저는 반복 업무를 챗GPT에게 맡기고, 중요한 업무에 더 많은 시간을 할애할 수 있게 되었습니다. 이로써 우리 팀은 항상 기한을 준수하면서도 누구보다 빠르고 높은 품질의 결과물을 만들고 있습니다. **또한 패스트캠퍼스, 휴넷, 멀티캠퍼스에서 생성형 AI를 활용 강의를 진행했습니다. 강의 노하우를 여기에 모두 담았습니다. 기대해주세요!**

7배 더 빠르게, 7배 나은 퀄리티로 일하고 싶다면
[챗GPT 미친 활용법] 오픈카톡에서 함께 연구해요!

함께 모여서 함께 공부하고, 토론하고, 네트워크를 쌓으며 완독하면 더 탄탄하게 성장할 수 있습니다. 저자 오대리와 함께 챗GPT 미친 활용법을 함께 공부하고 연구해보아요. 또한 책의 예제를 따라 실습할 때 필요한 이미지와 링크도 내려받을 수 있어요.

- 오픈카톡방 : open.kakao.com/o/gBWRpyvg
- 실습 파일 다운로드 : vo.la/ikHeUq

▼ 챗GPT 오픈카톡　　▼ 실습 파일 다운로드

왜 다르지? 당황하지 마세요! 챗GPT는 원래 그렇습니다.

책에 실린 챗GPT의 대답과 여러분이 받은 대답이 달라도 걱정하지 마세요. 질문을 자세히 하고, 원하는 걸 정확히 말해주세요. 만약 첫 번째 대답이 마음에 들지 않으면, 다시 물어보거나 질문을 조금 바꿔보세요. **중요한 것은 여러분이 원하는 결과물을 유도하는 방법을 익히는 겁니다.** 이것이 챗GPT 활용 방법을 배우는 이유입니다. 그러므로 앞으로 하는 실습들은 '아~ 이런 케이스에서도 사용할 수 있구나', 그리고 '어떻게 질문을 해볼 수 있구나' 생각하는 자세가 중요합니다.

 실습이 길거나, 코드를 다루는 프로젝트는 〈핵불닭 난이도〉로 표시했습니다. 실습을 완수하고 나면 확실하게 실무에 얻어갈 비법을 얻게 될 겁니다.

챗GPT는 유료 버전으로 유지해주세요!

챗GPT 유료 버전인 챗GPT 플러스에서 예제를 따라 해주세요. 무료 버전으로도 많은 걸 할 수 있지만, 유료 버전을 권장하는 이유는 무료 버전의 작은 사용량으로는 제대로 실습을 마칠 수 없기 때문입니다. 실습을 마칠 수 없다는 건 실제 활용에서도 사용하기 어렵다는 의미입니다. 이제 챗GPT를 업무에 활용하려는 사람에게는 유료 버전이 기본인 세상입니다. 유료 버전에 대한 더 자세한 설명은 Chapter 02 '질문 1 : 꼭 유료로 써야 하나요?'에서 진행합니다.

실습 환경에서 설정을 변경하지 마세요!

책에서는 챗GPT의 설정을 개인 맞춤형이 아닌 업무 활용에 필요한 기본 설정을 유지합니다. 설정을 변경하면 원래 작동해야 하는 기능도 실습에서 작동하지 않을 수 있습니다. 특히 챗GPT는 대부분 작업을 코드로 진행하기 때문에 코드 기능을 꺼버리면 실습을 진행할 수 없습니다. 되도록 책에서 제시하는 것 외 설정을 변경하지 말고 실습을 진행하세요.

구글 크롬 브라우저의 자동 번역 기능을 사용하지 마세요!

가장 많이 사용하는 웹 브라우저인 구글 크롬에는 자동 번역 기능이 있습니다. 챗GPT는 강력한 다국어 능력을 통해 한국어로 입력한 내용도 여러 언어를 사용해서 분석합니다. 번역 기능이 켜져 있으면 이 과정에서 생성하는 언어가 번역과 충돌하여 해석하기 어려운 문장이 생성된 것처럼 보이게 됩니다. 또한, 이미지 생성이나 데이터 분석 등 작업도 번역 기능 탓에 기능이 작동하지 않을 수 있습니다. 챗GPT를 사용할 때는 자동 번역 기능을 꼭 꺼야 합니다.

✔ 챗GPT와 이 책에 대한 5가지 문답 +

 하나, 챗GPT가 무엇이길래 필수 도구가 되었나요?

챗GPT는 단순히 '텍스트를 잘 생성하는 AI'에 그치지 않고, 업무 방식을 근본적으로 변화시킬 수 있는 도구입니다. 과거에는 인간이 모든 아이디어를 찾고, 반복되는 단순 업무를 직접 처리해야 했습니다. 챗GPT는 이 작업을 대체하고 보조하는 강력한 'AI 사원' 역할을 수행합니다. 비용은 월 22달러 수준으로 기존 인건비나 외주 비용과 비교하면 훨씬 경제적입니다. 이를 통해 인간은 더 이상 '삽질'(단순 반복 업무)에 시간을 뺏기지 않고, '포크레인을 조작하는 기술자'(업무 자동화)로 거듭납니다. 즉, 단순한 작업 과정보다 창의력과 전략적 사고에 더 많은 에너지를 할애할 수 있습니다. 예를 들어 마케팅팀은 챗 GPT로 빠르게 보고서 초안을 잡고, 인간의 통찰력을 더해 신속하게 의사 결정을 내릴 수 있습니다.

 둘, 챗GPT가 거짓말을 한다는데 어떻게 믿고 쓰나요?

모든 AI는 할루시네이션^{Hallucination}이라는 거짓 정보를 생성하는 문제를 가지고 있습니다. 이는 AI가 사실을 이해하고 판단하는 것이 아니라, 방대한 데이터에서 도출한 패턴을 기반으로 문장을 생성하는 과정에서 발생합니다. **그러나 오픈AI의 o1 모델은 강화 학습과 체계적 추론 과정을 통해 이러한 문제를 더욱 효과적으로 관리하며, 할루시네이션 발생 빈도를 낮추고 복잡한 문제에 대한 분석 능력을 향상시켰습니다.**

그러나 완벽한 오류 방지는 아직 어렵기 때문에 인간 전문가와의 협업은 여전히 필요하다는 사실을 잊지 마세요!

 셋, 챗GPT가 사람을 대체한다면 왜 공부해야 하나요?

챗GPT의 도입으로 업무 생산성이 높아지면 과거에 10명이 했던 일을 한 사람이 감당할 수 있는 환경이 만들어집니다. 이는 단순히 인력 감축의 문제가 아니라, 개인 한 명 한 명이 강력한 보조 수단을 얻어 '아이언맨 슈트'를 입은 상태와 같습니다. 예를 들어 시장 조사, 분석, 보고서 작성, 발표 자료 준비까지 과거에는 많은 시간이 필요했지만, 이제 챗GPT가 자료 수집과 초기 작업을 빠르게 처리해 인간이 핵심 전략과 의사결정에 더 집중할 수 있게 되었습니다. 이 과정에서 공부할 것은 'AI와 협업하는 방법'입니다. 전문 지식과 판단력을 갖춘 사람이 챗GPT를 적절히 활용하면, 개인의 업무 역량은 물론 조직 전체가 더 큰 성과를 낼 수 있습니다.

✋ 넷, 프롬프트 엔지니어링을 배워야 하나요?

초창기 인터넷 시대에 있었던 '인터넷 정보 검색사' 자격증이 검색 엔진의 발전과 사용자들의 적응으로 빠르게 사라졌듯, 프롬프트 엔지니어링 기술도 챗GPT와 같은 모델의 발전으로 점점 단순화·자동화되고 있습니다. 챗GPT의 ChatGPT 맞춤 설정, GPTs, 프로젝트 기능을 사용하면 별도의 전문적 프롬프트 기술 없이도 챗GPT에 역할을 부여하고 맞춤형 응답을 얻을 수 있습니다. 앞으로 모델이 더 발전하면 '어떤 문제를 AI로 해결할 수 있는지', 그리고 '어떤 전략으로 AI를 업무에 통합할 것인지'가 더욱 중요해질 것입니다. 단순히 '좋은 프롬프트 작성법'을 익히는 것보다 AI를 활용해 비즈니스 가치를 창출하는 사고 방식과 접근법을 갖춘 사람이 더 큰 경쟁력을 가질 것입니다.

✋ 다섯, 챗GPT 미친 활용법을 배우면 어떤 능력을 가질 수 있나요?

이 책에서 제안하는 '미친 활용법'은 단순히 '이메일을 영어로 번역해 줘' 수준의 기본 활용을 넘어선, 실제 비즈니스 현장에서 즉각 적용할 수 있는 고급 전략입니다. 프로그래밍 지식 없이 챗GPT를 통해 간단한 프로그램을 구현하거나, 구글 워크스페이스와 연계해 자동으로 데이터를 수집 및 가공하고, 방대한 양의 정보를 체계적인 보고서나 문서로 신속히 정리하는 등 고차원적 응용법을 제시합니다.

이 책을 통해 스타트업 창업자는 챗GPT를 활용해 대기업 수준의 시장 분석 보고서를 작성해 투자자를 설득할 수 있고, 데이터 분석가는 실시간 시장 데이터를 챗GPT와 협력해 모니터링하며 경영진에게 전략적 인사이트를 제공할 수 있습니다. 이처럼 '아이언맨 슈트'를 장착한 전문가가 된다면 개인과 조직 모두가 경쟁력을 확보하고 혁신적인 성과를 창출하는 기회를 얻을 수 있을 것입니다.

✔ 12일 동안 12가지 챗GPT 업데이트 소개   +

2024년 12월 5일부터 20일까지 오픈AI는 12일 동안 새로운 제품을 발표하거나 AI 기능을 시연하는 행사인 '12 Days of OpenAI'를 진행했습니다. 일반적인 기술 회사가 수개월 동안 발표할 내용을 단 12일로 압축하여 2025년에는 챗GPT를 어떻게 사용해야 하고, 어떤 기능이 추가되며, 어떤 발전이 있을지 보여줬습니다.

행사에서 발표된 수많은 기능이 발표되면서 챗GPT에 추가되었으며, 이 책에는 당장 사용할 수 있는 모든 신기능 예제로 담았습니다. 그러나 공개만 하고 서비스를 제공하지 않는 내용도 발표에 있었습니다. 해당 내용으로 2025년에 발전할 챗GPT, AI의 미래를 엿볼 수 있습니다.

그래서 '12 Days of OpenAI'에서 12일 동안 발표한 내용을 모두 정리했습니다. 본격적으로 챗GPT를 배우기 전에 AI가 어디까지 발전했는지, 우리는 무엇을 대비해야 하는지, 챗GPT를 왜 꼭 배워야 하는지 짚고 넘어가겠습니다.

Day 1 : 프로 요금제와 o1 프로

지난 9월 출시한 AI 모델인 o1은 강력한 추론 능력으로 수학, 과학, 코딩 등 분야에서 기존에 존재한 모든 AI 모델을 압도하였습니다.

'12 Days of OpenAI'의 첫 날에 프리뷰 버전으로만 서비스된 o1 정식 버전이 공개되었습니다. 정식 버전은 기존 프리뷰 버전보다 복잡한 질문에 대한 오류를 34% 줄었습니다. o1 프리뷰의 경우 2024년 수능국어 풀이에서 단 한 문제를 틀린 97점으로 1등급 성적을 받았는데요, 정식 버전은 그보다도 성능이 높아진 것입니다.

또한, o1보다 추론 능력을 더 강화한 o1 프로 모드(o1 Pro mode)라는 고성능 버전도 출시했습니다. o1 버전에 대한 자세한 설명은 Chapter 01 'Hello, 챗GPT'에서 진행합니다.

Day 2 : 개발자들을 위한 강화 학습 미세 조정

o1을 비롯한 o시리즈의 AI 모델을 특정 작업을 위해 맞춤화할 수 있는 기능인 RFT^{Reinforcement Fine-Tuning}이라는 기술을 발표했습니다. 챗GPT에서 사용자들이 사용할 수 있는 기술은 아니지만, 희귀 유전 질환 연구나 AI 법률 보조원 등 특수한 AI 서비스를 개발할 때 개발자들이 활용할 수 있습니다. 현재는 일부 연구자나 대학교, 기업에서만 연구 프로그램을 제공하고 있지만, 곧 대중들에게 공개할 계획이라고 발표했습니다. 더 똑똑하고 다양한 AI 서비스가 등장할 계기가 될 것입니다.

Day 3 : 동영상 생성 AI, 소라

텍스트를 생성하는 GPT, 이미지를 생성하는 달리(DALL-E)에 이어서 동영상을 생성하는 소라^{Sora}를 공개했습니다. 소라가 처음 발표된 건 연구용으로 개발된 2024년 2월인데요, 10개월 만에 정식 공개한 것입니다. 소라는 텍스트, 이미지, 동영상 등 소스를 활용해서 최대 1080p, 20초짜리 동영상을 생성할 수 있습니다. 챗GPT에 내장하지 않은 독립 제품이지만, 챗GPT 계정만 있으면 누구나 동영상을 생성할 수 있습니다. 소라에 대한 자세한 설명은 Chapter 06 '챗GPT로 동영상 생성하기'에서 진행합니다.

Day 4 : 캔버스 정식 버전 출시

글쓰기와 코딩에 특화한 기능인 캔버스의 베타 테스트를 종료하고, 무료 사용자들도 이용할 수 있는 정식 버전을 출시했습니다. 정식 버전 출시와 함께 파이썬 코드를 바로 실행하는 기능과 기존 콘텐츠에서 텍스트를 붙여넣는 기능이 새롭게 추가되었습니다. 캔버스는 챗GPT의 특별한 인터페이스로 향후 더 많은 기능을 제공할 예정이라고 밝혔습니다. 캔버스에 대한 자세한 설명은 Chapter 08 '챗GPT 캔버스 시작하기'에서 진행합니다.

Day 5 : 애플 인텔리전스 통합

아이폰, 아이패드, 맥 등 애플 제품과 챗GPT가 '애플 인텔리전스Apple Intelligence'라는 이름으로 통합되었습니다. 애플 인텔리전스는 아이폰 16 시리즈 이상, A17 프로 또는 M1 이상 칩이 탑재된 아이패드, 최신 운영체제를 지원하는 M1 이상 맥에서 작동합니다.

사용자는 애플 인텔리전스로 촬영한 사진의 분석을 음성비서인 시리를 통해 챗GPT에게 바로 질문할 수 있고, 챗GPT의 검색 결과를 시리에 반영할 수 있습니다. 또한, 단축어 기능을 사용하면 아이폰이나 아이패드에서 챗GPT를 활용한 자동화도 구현할 수 있습니다.

Day 6 : 고급 음성 모드의 라이브 카메라와 산타 음성

고급 음성 모드에서 실행할 수 있는 라이브 카메라는 사용자가 챗GPT와 음성 대화 중에 스마트폰의 카메라로 주변 환경을 보여주거나 화면을 공유할 수 있는 기능입니다. 산타 음성은 크리스마스를 기념하여 고급 음성 모드의 챗GPT 음성을 산타로 바꾸는 기능입니다. 목소리가 바뀌는 것 외 별다른 기능이 없기 때문에 재미로만 사용하세요. 고급 음성 모드에 대한 자세한 설명은 Chapter 07 '챗GPT 고급 음성 모드 활용하기'에서 진행합니다.

Day 7 : 맞춤형 GPT를 폴더처럼 관리하는 프로젝트 기능 발표

기존에도 맞춤형 GPT 기능은 있었습니다. 하지만 자주 사용하기에는 불편한 점이 많았기 때문에 대부분 사용자가 매번 새로운 채팅에서 대화로 맞춤형 설정을 하였습니다. 프로젝트 기능은 대화와 파일을 폴더 형식으로 그룹화하여 관리 및 대화하는 기능입니다. 특정 작업이나 주제와 관련한 지침을 추가하면 프로젝트를 만들면 향후 대화의 맥락에 해당 지침을 사용한 대화를 바로 실행할 수 있습니다. 프로젝트 기능에 대한 자세한 설명은 Chapter 30 '프로젝트 기능으로 맞춤형 GPT 만들기'에서 진행합니다.

Day 8 : 검색 기능 업데이트

검색 기능인 챗GPT 서치에 지도를 표시하는 인터페이스가 추가되었고, 고급 음성 모드에서도 검색을 요청할 수 있게 업데이트되었습니다. 또한, 기존에는 유료 사용자만 이용할 수 있었던 검색을 무료 사용자도 사용할 수 있게 제한을 풀었습니다.

이로써 고급 음성 모드의 라이브 카메라와 결합한 실시간 영상 검색이 가능해졌으며, 지도를 시작으로 다양한 검색 기능이 추가될 것을 기대할 수 있게 되었습니다. 그밖에 속도 향상 및 모바일 최적화도 진행했다고 오픈AI는 발표했습니다. 챗GPT 서치에 대한 자세한 설명은 Chapter 04 '챗GPT로 검색하기'에서 진행합니다.

Day 9 : o1 API 공개

개발자들이 자신들이 개발하는 애플리케이션에 o1을 탑재할 수 있도록 API 지원을 추가했습니다. o1을 추가하면서 기존 GPT-4o의 음성 버전인 오디오의 가격을 60% 인하하고, 오디오 요금의 10분의 1 수준인 GPT-4o 미니 옵션도 추가하였습니다.

또한, 실시간 애플리케이션에 API를 활용할 수 있도록 WebRTC 통합을 단순화하고, 개발자들이 맞춤형 GPT를 쉽게 개발할 수 있도록 사용자 선호 파인튜닝$^{Preference Fine-Tuning}$ 기술을 공개했습니다. Go 언어 및 자바 언어를 위한 소프트웨어 개발 키트의 베타 버전도 출시하여 개발자들이 좀 더 쉽게 챗GPT를 활용할 수 있도록 지원합니다.

Day 10 : 챗GPT와 전화하기

'1-800-CHATGPT'라는 무료 전화 번호와 모바일 메신저인 왓츠앱에 챗GPT 음성 및 메시지에 접속할 수 있는 기능을 발표했습니다. 미국 거주자는 월 15분 한도로 1-800-CHATGPT에 전화를 걸 수 있고, 미국 외 사용자는 동일 번호로 왓츠앱을 사용해서 메시지를 보낼 수 있습니다.

오픈AI는 인터넷 접속이 어려운 환경일 때 챗GPT에 접속해서 도움을 받을 수 있는 방법이라고 소개했는데요, 이 방법을 확장하면 챗GPT가 탑재된 다른 전화번호와 대화하거나 챗GPT가 전화를 거는 등 응용할 수 있을 것으로 예상합니다.

Day 11 : 공동 작업 업데이트

PC앱에서 챗GPT와 다른 애플리케이션을 연결해서 사용할 수 있는 공동 작업 기능의 업데이트를 발표했습니다. 파이참^{PyCharm}과 인텔리제이 IDEA$^{IntelliJ\ IDEA}$ 등 개발자들을 위한 도구와 애플 노트나 노션, 큅 등 일반 사용자들을 위한 도구도 공동 작업으로 챗GPT와 연결할 수 있습니다. 또한, 고급 음성 모드와의 호환성이 추가되어 음성으로 공동 작업을 진행할 수도 있습니다.

현재는 맥 버전 PC앱에서만 공동 작업을 실행할 수 있지만, 오픈AI가 곧 윈도 버전에도 추가할 예정이라고 발표했습니다. 공동 작업에 대한 자세한 설명은 Chapter 12 '폴더 정리하기'에서 진행합니다.

Day 12 : 공동 작업 업데이트

행사 마지막날에는 두 가지의 새로운 AI 모델을 공개했습니다. 바로 o1의 후속 모델인 'o3'와 'o3-mini'입니다. o3는 코드포스 프로그래밍 대회에서 2,727점을 기록했습니다. 그랜드마스터 (Grandmaster) 등급으로 상위 0.3%에게만 주어집니다. 또한, AIME 2024 수학 문제에서 96.7%의 점수를 받았습니다.

무엇보다 AI의 추론 능력을 평가하는 ARC-AGI 테스트에서 85% 이상 정확도를 보였습니다. GPT-4o가 50%, 인간의 평균 정확도가 85%임을 고려하면 기존 AI 모델의 한계를 뛰어넘어 거의 인간 수준의 추론 능력을 갖추게 되었다고 평가할 수 있습니다. 이미 강력한 o1을 한층 더 강화하였기 때문에 일상적인 환경에서의 대부분 문제는 해결할 수 있을 것으로 예상합니다.

오픈AI는 o3의 정확한 출시일은 발표하지 않았지만, 경량화 모델인 o3는 1월 말 출시한다고 말했습니다. o1 활용에 대한 자세한 설명은 Chapter 09 'o1 시작하기'에서 진행합니다.

✔ Contents ✚

챗GPT 이해하기

챗GPT 시작하기

Part 02

챗GPT로 일정 관리하기

챗GPT로 파일 정리하기

챗GPT로 OA 활용하기

Part 05 **챗GPT로 업무 자동화하기**

Part
06

챗GPT로 고객 관리하기

Part
09

GPTs 활용하기

이게 되네?

PART

00

챗GPT
이해하기

챗GPT가
그렇게 좋다고?

여기서 공부할 내용

2022년, 챗GPT의 등장은 AI와 생산성의 역사를 바꾸었습니다. 오늘날 직장인 사이에서는 챗GPT 없이 일을 못 하겠다는 말이 나올 정도입니다. 단순한 정보 검색부터 복잡한 자동화까지 모든 걸 해결해주는 만능 도구로써 한 번도 안 써본 사람은 있어도, 한 번만 써본 사람은 없는 존재가 되었습니다. 이 책은 직장인 필수 도구가 된 챗GPT 활용을 한 차원 더 업그레이드해줄 것입니다. 본격적인 학습을 시작하기 전에 챗GPT가 무엇인지, 앞으로 어떤 변화가 일어날지 알아보겠습니다.

💬 이 그림은 챗GPT에게 "토끼가 챗GPT를 이용해서 쉽게 일을 해결하는 장면을 그려줘."라고 요청하여 받았습니다.

Chapter 01

Hello, 챗GPT

💬 챗GPT가 무엇인가요?

챗GPT^{ChatGPT}는 오픈AI^{OpenAI}가 개발한 대화형 AI 챗봇입니다.

글로벌 1위 직장 평가 사이트 글래스도어^{Glassdoor}가 5,000명의 직장인을 조사한 바에 따르면, 2024년 직장인의 62%가 챗GPT와 같은 AI 도구를 사용하고 있다고 응답했습니다. 이는 43%였던 2023년과 비교해서 대폭 늘어난 추세입니다. 마케팅 분야에 한정하면 77% 수준으로 사실상 대부분의 기업이 AI를 업무에 활용하는 셈이죠. 오픈AI가 밝힌 챗GPT 주간 사용자 수는 3억 명 수준입니다. 그럼 챗GPT가 직장인들의 사랑을 받는 이유는 무엇일까요?

챗GPT는 직장인을 위한 그 어떤 도구보다 사용법이 간단하고, 활용 방법이 무궁무진합니다. 엑셀을 잘 사용하지 못하나요? 엑셀 사용법을 챗GPT에게 물어보면 알려줍니다. 업무를 자동화하고 싶나요? 챗GPT를 활용하면 코딩할 줄 몰라도 쉽게 자동화할 수 있습니다. 문서 작업, 파일 정리, 일정 관리, 데이터 분석, 고객 관리 등 해낼 수 있는 일이 너무도 많습니다. 전문가라면 전문성을 업그레이드할 수 있고, 전문성이 부족하다면 대신 일을 맡길 수 있는 동반자가 바로 챗GPT입니다. 기존 방식이 성냥이라면, 챗GPT는 라이터입니다. 간편한데 강력합니다. 단지 AI와 채팅만 할 뿐인데 생산성이 크게 증폭되는 효과를 누릴 수 있죠.

챗GPT는 어떻게 다양한 일을 해낼 수 있을까요?

인간의 언어를 자연어라고 합니다. 컴퓨터는 자연어$^{Natural\ Language}$를 이해하지 못합니다. 그래서 과거에는 컴퓨터에게 무언가를 명령할 때 프로그래밍 언어를 사용했습니다. 우리가 익히 사용하는 엑셀도 일면으로 고도로 추상화된 프로그래밍 언어의 일종으로 볼 수 있습니다. 반면, 챗GPT는 자연어로 인간과 대화할 수 있습니다. 대화의 맥락을 이해하여 알맞은 응답을 생성하죠. 즉, 맥락을 이해할 수 있는 일이라면 무엇이든 해낼 수 있습니다. 이처럼 자연어로 컴퓨터와 상호작용할 수 있는 AI를 **대규모 언어 모델**$^{LLM,\ Large\ Language\ Model}$이라고 부릅니다.

그렇다고 진짜 모든 걸 해낼 수 있는 건 아닙니다. 규정과 제약이 있기 때문에 자연어로 질문을 입력했을 때 자연어로 답변을 생성해서 요구 사항을 들어주는 방식으로 작동합니다. 여기서 입력하는 질문을 **프롬프트**^{Prompt}, 생성한 답변을 **응답**^{Response}이라고 말하며, 프롬프트를 입력하면 응답을 생성하는 방식의 AI를 **생성형 AI**$^{GenAI,\ Generative\ AI}$라고 부릅니다.

그러므로 맥락을 잘 이해하는 우수한 대규모 언어 모델이 좋은 응답을 생성하는 생성형 AI이며, 챗GPT는 현재 지구에서 맥락을 잘 이해하는 가장 강력한 성능의 대규모 언어 모델이자 응답 품질이 가장 높은 생성형 AI이기 때문에 AI 시대에 직장인들이 가장 사랑하는 AI 도구가 된 것입니다.

💬 챗GPT 버전, 제대로 쓰는 방법

챗GPT는 GPT$^{Generative\ Pre-trained\ Transformer}$라는 AI 모델을 탑재한 챗봇입니다. 챗봇의 '챗'과 AI 모델명인 'GPT'를 합쳐서 '챗GPT'라는 이름을 가지게 되었죠.

GPT는 버전이 있습니다. 2022년 세상에 처음 공개한 GPT 버전은 GPT-3.5였습니다. 그리고 2023년 3월에는 GPT-4를 출시했고, 2024년 4월에는 GPT-4 터보, 2024년 5월에는 GPT-4o를 출시했죠. 이후에도 경량화 버전인 GPT-4o 미니$^{GPT-4o\ mini}$와 GPT-4o에서 글쓰기 및 코딩 능력을 향상한 GPT-4o 위드 캔버스$^{GPT-4o\ with\ canvas}$, 모델명에 GPT를 뺀 오픈AI o1까지 다양한 버전이 출시되고, 챗GPT에서 사용할 수 있게 업데이트되었습니다. 2025년에 o3가 공개될 예정입니다.

GPT-4o의 출시까지는 각 버전을 성능의 차이로만 구분할 수 있었습니다. 하지만 현재는 버전마다 특징이 있고, 각 특징을 어떻게 활용하느냐에 따라서 똑같은 작업도 완전히 다른 품질의 결과물을 생성합니다. 챗GPT에서 지원하는 GPT 버전을 소개하고, 각 버전을 제대로 쓰려면 어떻게 활용해야 하는지 알아보겠습니다.

▼ 챗GPT에서 지원하는 GPT 버전 비교

버전	GPT-4o	GPT-4o mini	OpenAI o1
출시일	2024년 5월	2024년 6월	2024년 9월
요금	일부 기능 무료	무료	유료
특징	• 가장 기본적인 모델 • 텍스트, 이미지 처리 등 범용성 지원 • 글쓰기 및 코딩을 위한 캔버스 지원	• GPT-4o의 경량화 모델 • 누구나 무료 사용 가능 • 가장 빠른 속도로 텍스트 처리 지원	• 복잡한 문제 해결을 위해 설계된 AI 모델 • 과학, 코딩, 수학 등에서 월등한 성능

GPT-4o

챗GPT를 사용할 때 가장 많이 활용할 강력한 멀티모달^{Multi Madal} 모델입니다. 멀티모달이란 텍스트를 비롯해 이미지, 파일 등 멀티미디어의 입력을 받아 다양한 출력을 생성할 수 있는 AI 모델을 의미합니다. GPT-4o는 이미지에서 텍스트를 추출하거나 파일을 읽어서 데이터를 분석할 수 있습니다.

GPT-4o의 멀티모달은 무료 사용자도 일부 사용할 수 있습니다. 챗GPT 대부분의 기능과 편의성을 지원하는 모델인 만큼 챗GPT에서 가장 보편적으로 사용합니다. 또한, 지난 10월 공개된 GPT-4o 위드 캔버스(이하 캔버스)를 지원합니다. 캔버스는 GPT-4o를 기반으로 글쓰기 및 코딩에서 더 정교한 작업을 할 수 있게 만든 인터페이스입니다. 프로젝트 단위로 작업할 수 있게 도와주고, 문맥 이해력을 강화하여 정교한 피드백을 제공합니다. 되돌리기 버튼으로 이전 작업을 복구하거나 사용자가 직접 텍스트나 코드를 수정하여 GPT와 협업할 수 있습니다. 글쓰기와 코딩에는 캔버스를 사용하기 바랍니다.

GPT-4o 미니

GPT-4o 미니는 GPT-4o를 경량화하여 더 빠르게 텍스트를 생성하도록 조정한 모델입니다. 그래서 GPT-4o 성능을 유지하면서도 텍스트 출력만을 원할 때 효과적으로 사용할 수 있습니다. 무료 사용자도 이용할 수 있으니 챗GPT를 처음 사용한다면 GPT-4o 미니로 챗GPT와 대화하는 연습을 해보세요.

OpenAI o1

2024년 9월에 프리뷰가 공개되고, 12월에 정식 버전이 공개된 오픈AI o1은 기존 GPT 시리즈와는 별개의 독립적인 시리즈로, 챗GPT에서 활용 가능한 최첨단 AI 모델입니다. o1은 복잡한 문제 해결 과 고급 추론 능력을 갖추고 있어 과학, 수학, 코딩 등 다양한 분야에서 그 어떤 모델보다도 뛰어난 성 능을 자랑합니다. 데이터 분석, 정교한 실험 설계, 복잡한 공식 생성 및 수학 문제 풀이, 코드 디버깅 과 효율적인 알고리즘 설계 등 다양한 작업에서 탁월한 도움을 제공합니다.

챗GPT에서는 o1^{o1}와 o1-미니$^{o1\text{-}mini}$, 현재 가장 강력한 AI 모델 중 하나인 o1-프로 모드$^{o1\text{-}pro\ mode}$를 지원합니다. 이 중 원하는 것을 선택해서 사용할 수 있습니다. 다만, 유료 버전을 사용해도 o1은 한 주에 최대 50회, o1-미니는 일 최대 50회 사용할 수 있고, 프로 요금제에서만 무제한 사용할 수 있습 니다. 또한, 인터넷 검색과, 이미지나 파일 업로드를 지원하지 않아서 다양한 작업을 수행하기에는 제 한이 있습니다.

o1은 **지식 활용, 창의적 아이디어 생성, 글쓰기 지원, 학습 보조, 고객 지원, 프로그래밍 지원, 데이터 분 석, 번역, 개인 생산성 향상, 법률 자문, 건강 관리** 등 다양한 영역에서 유용하게 활용될 수 있는 다목적 도구입니다. 각자의 필요와 목적에 맞게 o1을 적절히 활용함으로써 일상 업무의 효율성을 높이고, 창 의적 문제 해결 능력을 강화할 수 있습니다. o1은 단순한 정보 제공을 넘어, 사용자의 다양한 요구를 충족시키는 강력한 파트너로 자리매김하고 있습니다.

o1은 왜 강력할까?

오픈AI o1 모델은 여러 면에서 기존의 AI 모델들을 능가하면서 강력함을 입증하고 있습니다.

첫째, o1은 강화 학습을 통해 복잡한 문제 해결 능력을 극대화했습니다. 대량의 데이터를 효율적으로 학 습하면서도, 생각의 사슬$^{Chain\ of\ Thought,\ CoT}$을 통해 내부적으로 심도 있는 사고 과정을 거쳐 답변을 도출 합니다. 그 결과 o1은 단순한 정보 제공을 넘어 사용자가 제시하는 복잡한 질문이나 문제에 논리적이 고 체계적인 해답을 제시할 수 있습니다.

둘째, o1 모델은 다양한 분야에서 경쟁력 있는 성과를 통해 그 우수성을 입증하고 있습니다. 2024년 국 제 정보 올림피아드^{IOI}에서 213점을 획득하며 49번째 백분위수를 기록하였으며, 코드포스^{Codeforces}와 같은 코딩 대회에서도 높은 Elo 등급을 달성하여 인간 경쟁자들의 93%를 능가했습니다. 이러한 성과 는 o1이 단순한 언어 모델을 넘어 실제 문제 해결 능력을 갖춘 강력한 도구임을 보여줍니다.

셋째, o1은 데이터 분석, 정교한 실험 설계, 복잡한 공식 생성 등 다양한 작업에서 탁월한 성능을 발휘합니다. 이는 o1이 단순히 사전에 학습된 데이터를 기반으로 응답하는 것이 아니라, 실시간으로 문제를 분석하고 최적의 해결책을 제시할 수 있는 능력을 갖추었기 때문입니다. 코드 디버깅과 효율적인 알고리즘 설계에서도 높은 성과를 보이며 개발자들에게 큰 도움을 주고 있습니다.

넷째, o1은 생각의 사슬을 통해 모델의 사고 과정을 투명하게 관찰할 수 있으며, 이는 모델의 응답을 인간의 가치와 원칙에 부합하도록 조정하는 데 중요한 역할을 합니다. 다양한 안전 테스트와 레드팀 평가를 통해 o1은 해킹 시도나 예외적인 상황에서도 견고한 안전성을 유지하며, 사용자에게 신뢰할 수 있는 서비스를 제공합니다.

종합하면 오픈AI o1 모델은 고도의 추론 능력, 다양한 작업에서의 탁월한 성능, 안전성 등 여러 측면에서 강력함을 입증하고 있습니다. 이런 성과들이 현재 o1을 과학, 수학, 코딩 등 다양한 분야에서 최적의 AI로 만들었으며 앞으로도 AI의 새로운 가능성을 여는 데 중요한 역할을 할 것으로 기대됩니다.

이게 되네?

100% 노하우 생각의 사슬이란?

생각의 사슬은 AI 모델이 복잡한 문제를 해결할 때 일련의 논리적 사고 과정을 거쳐 답변을 도출하는 방식을 의미합니다. 이는 단순히 최종 답변을 생성하는 것이 아니라 문제를 단계별로 분석하고 각 단계의 추론 과정을 명확하게 표시하여 정확하고 신뢰할 수 있는 결과를 제공하는 데 중점을 둡니다. 예를 들어 수학 문제를 풀 때 생각의 사슬을 사용하면 문제를 이해하고, 필요한 공식을 적용하며, 계산 일련의 과정을 단계별로 설명하는 방식으로 작동합니다. 이러한 접근 방식은 모델의 투명성을 높이고, 사용자가 모델의 사고 과정을 쉽게 이해할 수 있도록 도와줍니다.

Chapter 02

챗GPT, 가장 많이 하는 질문

질문 01 꼭 유료로 써야 하나요?

챗GPT를 꼭 유료로 써야 하는 것은 아닙니다. 하지만 유료 모델을 사용하면 다음과 같은 이점이 있습니다.

접속 및 서비스 품질이 더 안정적입니다. 무료 버전은 사용자가 많아 서버 부하가 심할 때 접속이 어려울 수 있지만, 유료 구독 시 혼잡한 시간대에도 상대적으로 원활한 이용이 가능합니다.

응답 속도가 빠르고 고급 모델을 사용할 수 있습니다. 유료 모델은 최신 버전이나 더 강력한 언어 모델(o1 등)에 접근할 수 있어 빠르고 수준 높은 응답을 기대할 수 있습니다.

추가 기능을 빨리 사용해볼 수 있고 개발자 친화적 툴을 제공합니다. 장기적으로 서비스를 개선하거나 챗봇을 활용한 업무 프로세스를 구축할 때, 신기능 우선 지원 등의 부가 혜택을 누릴 수 있습니다.

질문 02 챗GPT를 사용하려면 프롬프트 엔지니어링을 꼭 배워야 하나요?

프롬프트 엔지니어링Prompt Engineering을 꼭 배워야 하는 것은 아닙니다. 챗GPT의 핵심 가치는 사용자가 평범한 문장으로 질문하거나 명령을 내렸을 때도 충분히 유용한 정보를 제공하는 데 있습니다. 즉, 특별한 교육 없이도 기본 사용이 가능합니다.

챗GPT는 이미 대규모 데이터로 사전 학습된 모델이므로 사용자는 별도의 프로그래밍 기술 없이도 자연어로 질문하거나 요청할 수 있습니다. 특히 o1 등장 이후에는 AI에 강력한 추론 능력이 추가되어 프롬프트의 문맥에서 빠진 의도가 있어도 잡아내거나 빠진 의도를 되묻는 수준이 되었습니다. 프롬프트 엔지니어링을 몰라도 챗GPT는 누구나 사용할 수 있습니다.

하지만 API를 사용해서 AI 앱을 개발하는 등 고급 작업을 수행하려면 프롬프트 엔지니어링이 필요합니다. 더불어 프롬프트 엔지니어링을 이해하면 더욱 체계적으로 원하는 답변을 유도하고, 모델의 성능을 극대화하는 데 도움이 될 수 있습니다.

프롬프트 엔지니어링이 무엇인지 궁금한 독자를 위해 기본 프롬프트 엔지니어링 기법을 3가지 소개하겠습니다.

프롬프트 01 **제로샷**$^{Zero-shot}$: 사전 예시 없이도 챗GPT가 자연어 이해를 바탕으로 답변을 생성하는 방식입니다. 즉, 아무 정보 없이도 질문만 하면 답변을 만들어내는 형태입니다.

> 대한민국 국기를 뭐라고 불러?

프롬프트 02 **원샷**$^{One-shot}$: 모델에게 한 개의 예시를 제시한 뒤, 유사한 과업을 수행하라고 할 때, 모델이 그 예시를 토대로 답변 품질을 향상시키는 접근 방식입니다.

> '이 무선 청소기는 정말 놀라워요! 강력한 흡입력으로 깊숙한 곳까지 깨끗이 청소해주고, 무선이라 편하게 사용할 수 있어요. 배터리 지속 시간도 길어서 큰 집 청소도 문제없습니다. 최고의 성능이에요!' 지금부터 이런 방식으로 '다이슨 디지털 슬림 청소기'에 대한 리뷰를 작성해봐.

프롬프트 03 **퓨샷**$^{Few-shot}$: 모델에게 두 개 이상의 예시(대개 여러 개)를 제시한 뒤, 그 예시 패턴을 참조해 좀 더 일관성과 정확도가 높은 답변을 생성하도록 하는 방식입니다.

> 먼저 '프랑스 대혁명'의 배경을 설명하고, 그 사건이 '나폴레옹 보나파르트'에게 미친 영향을 분석한 다음, 그로 인해 '나폴레옹의 황제 즉위'가 어떻게 발생했는지 연결지어 설명해줘.

질문 03 챗GPT 답변이 책과 달라요

챗GPT가 매번 다른 답변을 하는 이유는 모델의 작동 방식과 생성 과정이 확률적(확률 분포를 기반)으로 이루어지기 때문입니다. 매 순간 입력된 문장, 대화 맥락, 그리고 내부 알고리즘에 의해 확률적으로 단어를 선택하여 문장을 생성합니다. 이로 인해 약간씩 표현 방식이나 정보 배치가 달라질 수 있으며, 업데이트된 모델 상태나 이용한 데이터에 따라 답변 내용의 변화가 있을 수 있습니다. 매번 다른 답변이 나오는 이유를 정리하면 다음과 같습니다.

- **확률 기반 응답 생성** : 미리 고정된 답안이 아닌 주어진 맥락 속에서 단어 선택 확률에 따라 결과를 도출하기 때문에 매번 다른 답변이 나옵니다.

- **데이터 업데이트 및 모델 개선** : 모델이 업데이트될 때마다 새로운 데이터나 규칙 반영으로 답변이 달라질 수 있습니다.

- **질문 및 대화 맥락에 따른 변동성** : 같은 질문이라도 이전 대화 내용이나 사용자 입력 방식에 따라 답변이 일부 변할 수 있습니다.

질문 04 챗GPT가 잘하는 건 뭐고, 못하는 건 뭐예요?

챗GPT는 한계점을 극복하면서 지속적으로 업데이트하고 있습니다. o1 출시 이후에는 GPT-4o까지 한계점이었던 대부분 문제를 해결했습니다. 또한, 검색, 그림, 캔버스가 추가되면서 AI의 부족한 성능을 다양한 기능으로 보완하고 있습니다. GPT-4o와 o1이 잘하는 것, 그리고 못하는 것을 각각 정리했습니다. 책에서는 실습마다 GPT-4o와 o1 중 예제에 어울리는 버전을 선택하여 사용합니다. 실습 전에 버전을 꼭 확인하세요.

GPT-4o가 잘하는 것과 못하는 것

잘하는 것

- **광범위한 정보 제공** : 다양한 주제에 대해 폭넓고 일반적인 정보 제공이 가능합니다.

- **창의적 아이디어 제안** : 글쓰기, 브레인스토밍, 광고 카피, 마케팅 아이디어 도출 등 창의적

활동에 도움됩니다.

- **학습 및 요약 능력** : 긴 텍스트를 요약하거나 핵심 정보 추출, 개념 정리 등에 유용합니다.

- **언어 변환 및 정교한 표현** : 다양한 언어 간 번역, 문장 다듬기, 스타일 변환 등 자연어 처리 능력이 탁월합니다.

못하는 것 / 한계점

- **고도로 전문적이거나 분야 특정 지식에 대한 한계** : 의학, 법률, 세무 등 특정 전문 분야에서는 잘못된 정보나 부정확한 안내를 줄 수 있습니다.

- **인증된 사실 검증 어려움** : 모델 자체가 출처를 명확히 밝히기 어렵고, 사실관계 검증 기능이 제한적이라 가짜 정보가 답변에 포함될 수 있습니다.

- **감정적 판단이나 자기 의사결정 불가능** : 모델은 감정을 갖지 않으며 가치 판단이나 주체적 결정이 아닌, 통계적으로 가장 적절한 출력을 내놓을 뿐입니다.

o1이 잘하는 것과 못하는 것

잘하는 것

- **복잡한 추론 능력 향상** : o1은 기존 모델(GPT-4o)에 비해 강화학습을 통해 체계적인 생각의 사슬Chain-of-Thought을 거쳐 복잡한 수학, 과학, 코딩 문제를 더 잘 풀어낼 수 있으며, 생각하는 시간과 비용을 늘릴수록 정답률이 향상되는 경향을 보입니다.

- **경쟁력 있는 대회 성능** : o1은 AIME(고난도 수학), Codeforces(프로그래밍 대회), GPQA(박사급 과학 문제) 등 어려운 대회형 평가에서 GPT-4o보다 월등히 높은 점수를 기록했습니다.

- **다양한 분야에서의 능력 향상** : 수학, 과학, 코딩, 데이터 분석 등 논리적 추론과 사실 기반 검증이 요구되는 영역에서 강점을 보이며, 전문적인 지식 문제에 대한 정확도 또한 높습니다.

- **향상된 안전성과 정책 준수** : 생각의 사슬 방식으로 안전 정책을 모델의 내부 사고 과정에 통

합한 결과, 비윤리적이거나 위험한 요청에 대한 거부율과 안정성이 크게 향상되었습니다.

- **고난도 문제에 대한 프로 모드 제공** : 프로 모드 사용 시 모델이 더 긴 시간, 더 많은 연산을 들여 문제를 더욱 철저히 분석하고, 높은 신뢰도의 답변을 제시할 수 있어 까다로운 문제 해결 능력이 개선됩니다.

못하는 것 / 한계

- **모든 자연어 작업에서의 우위 부족** : o1은 복잡한 추론이 필요한 분야에서 뛰어난 반면, 어떤 자연어 처리나 창의적 표현 분야에서는 GPT-4o 등 다른 모델보다 선호도가 낮게 나타날 수 있습니다. 즉, 단순 문학적 표현이나 감성적/문학적 텍스트 생성 면에서 o1이 항상 최상위는 아닙니다.

- **실시간 정보 반영 제한** : 모든 LLM이 그렇듯 o1 또한 학습 시점 이후의 최신 정보나 이벤트를 실시간으로 반영하기 어렵습니다.

- **출력 속도 및 비용 증가** : 프로 모드 등 더 높은 성능을 위한 추가 연산 활용 시 응답 생성 속도가 느려지며, 이를 위해서는 더 큰 비용이 필요할 수 있습니다.

- **일부 사용자 기대치 미충족** : 모델의 성능이 고도화되었으나, 모든 문제나 상황에서 완벽한 해답을 주는 것은 아니며, 특정 분야나 형식에서 모델이 여전히 불충분하거나 애매한 답변을 제공할 가능성이 있습니다.

질문 05 최종 결론! 그렇다면 챗GPT를 어디에 어떻게 써야 하는 걸까요?

챗GPT는 다양한 분야에서 효율성과 창의성을 증진시키는 강력한 도구로 활용될 수 있습니다. 다음의 표는 챗GPT의 주요 활용 분야와 그에 대한 상세 설명을 정리한 것입니다.

활용 분야	설명
아이디어 생성 및 브레인 스토밍	• **사업 기획 및 마케팅 전략** : 새로운 사업 아이디어를 발굴하거나 마케팅 캠페인을 기획할 때 다양한 관점을 제공하여 창의적인 전략 수립에 기여합니다. • **콘텐츠 기획** : 블로그 포스트, 유튜브 영상, 소셜 미디어 콘텐츠 등 다양한 매체에 적합한 아이디어를 제안합니다.

학습 및 교육 보조	• **개념 설명 및 이해 돕기** : 복잡한 학문적 개념이나 이론을 쉽게 설명하여 학습자의 이해를 돕습니다. • **연구 자료 요약** : 방대한 양의 학술 자료나 논문을 요약하여 핵심 내용을 신속하게 파악할 수 있게 합니다.
창작 활동 지원	• **글쓰기 보조** : 소설, 에세이, 기사 등 다양한 글쓰기 작업에서 문장 구조를 개선하고 초안을 작성하는 데 도움을 줍니다. • **창의적 표현 강화** : 시나리오 작성, 시 창작 등 창의적인 작업에서 독창적인 아이디어와 표현을 제공합니다.
고객 지원 및 자동화	• **FAQ 응답 생성** : 자주 묻는 질문에 대한 정확하고 일관된 답변을 자동으로 생성하여 고객 지원 효율성을 높입니다. • **챗봇 서비스** : 실시간 고객 문의에 대응하는 대화형 챗봇으로 활용되어, 사용자 경험을 향상시킵니다.
개발 및 프로그래밍 지원	• **코드 스니펫 제안** : 특정 프로그래밍 문제에 대한 코드 예제를 제공하여 개발 과정을 가속화합니다. • **디버깅 도움** : 코드 오류를 식별하고 수정 방안을 제안함으로써 개발자의 작업을 지원합니다. • **정규식 패턴 생성** : 데이터 처리나 텍스트 분석에 필요한 정규식을 신속하게 생성합니다.
데이터 분석 및 보고서 작성	• **데이터 해석** : 복잡한 데이터 세트를 해석하고, 의미 있는 인사이트를 도출하는 데 도움을 줍니다. • **보고서 작성** : 분석 결과를 기반으로 체계적이고 논리적인 보고서를 작성하는 데 기여합니다.
번역 및 언어 지원	• **다국어 번역** : 다양한 언어 간의 번역을 지원하여 글로벌 커뮤니케이션을 원활하게 합니다. • **문법 및 스타일 교정** : 작성한 문서의 문법 오류를 수정하고, 스타일을 개선하여 보다 전문적인 텍스트를 완성할 수 있도록 돕습니다.
개인 생산성 향상	• **일정 관리 및 계획 수립** : 개인의 일정 관리와 목표 설정을 지원하여 효율적인 시간 활용을 가능하게 합니다. • **할 일 목록 작성** : 일일 업무나 프로젝트 관리에 필요한 할 일 목록을 체계적으로 작성합니다.
법률 및 정책 자문	• **법률 문서 작성** : 계약서, 정책 문서 등 법률 관련 문서의 초안을 작성하는 데 도움을 줍니다. • **규정 해석** : 복잡한 법률 용어나 규정을 이해하고 해석하는 데 기여합니다.
건강 관리 및 상담 보조	• **기본 건강 정보 제공** : 일반적인 건강 관리 팁이나 정보 제공을 통해 사용자들의 건강 의식을 향상시킵니다. • **심리 상담 지원** : 스트레스 관리, 자기계발 등 심리적 지원이 필요한 상황에서 간단한 상담을 제공합니다.

정리하면 챗GPT는 지식 활용, 창의적 아이디어 생성, 글쓰기 지원, 학습 보조, 고객 지원, 프로그래밍 지원, 데이터 분석, 번역, 개인 생산성 향상, 법률 자문, 건강 관리 등 다양한 영역에서 유용하게 활용할 수 있습니다. 각자의 필요와 목적에 맞게 챗GPT를 적절히 활용함으로써 일상 업무의 효율성을 높이고, 창의적 문제 해결 능력을 강화해보세요. 챗GPT는 단순한 정보 제공을 넘어, 사용자의 다양한 요구를 충족시키는 다목적 도구로 자리매김하고 있습니다.

이 책에서는 챗GPT를 시작하고 쉽게 활용할 수 있는 71가지 예제를 담고 있습니다. 이 예제들만 체득해도 누구나 챗GPT를 효율적으로 활용할 수 있을 것입니다.

이게 되네?

PART

01

챗GPT
시작하기

배워보자,
챗GPT!

여기서 공부할 내용

챗GPT를 시작하는 모든 분을 위한 매뉴얼부터 첫 번째 실습인 '검색하기'와 두 번째 실습인 '이미지 생성'을 연이어 진행해서 사용법을 익히겠습니다. 챗GPT에게 질문 또는 명령하는 방법, 챗GPT가 답변을 내놓는 방식 등을 숙지하여 차근차근 실습을 진행하다 보면 실무에 챗GPT를 활용할 아이디어가 떠오를 겁니다.

💬 이 그림은 챗GPT에게 "출발선에 서서 달릴 준비를 하는 토끼의 뒷모습을 그려줘. 도착지에는 챗GPT가 보여."라고 요청하여 받았습니다.

Chapter 03

챗GPT를 시작하는 사람들을 위한 매뉴얼

2024년 11월 기준, 국내 챗GPT 사용자 수는 526만 명으로 2023년보다 7배 이상 증가했습니다. 모바일 앱을 기준으로 조사한 결과이므로 PC 사용자를 합치면 훨씬 많은 사람이 챗GPT를 사용하고 있겠죠. 하지만 그보다 더 많은 사람이 아직 챗GPT를 어떻게 시작해야 하는지, 구독은 어떻게 하며, 해지 방법은 무엇인지 모르지만, 용기 내 이 책을 펼쳤을 것입니다. 이번 챕터는 챗GPT를 처음 시작하는 분들을 위해 준비한 간단 안내서입니다.

💬 챗GPT 접속하기

01 챗GPT는 크롬이나 엣지 등 웹 브라우저에서 쉽게 접속할 수 있습니다. PC에서는 다음 링크로 접속할 수 있습니다.

- 챗GPT 접속 링크 : chatgpt.com

챗GPT 접속 링크

접속하면 메인 화면이 나타나고 ❶ [로그인]과 ❷ [회원 가입] 버튼을 확인할 수 있습니다. 곧바로 챗GPT를 사용할 수도 있지만, 그러면 대화 기록이 저장되지 않고 제한된 기능만 사용할 수 있으므로 로그인 후 사용하기 바랍니다. ❷ 계정이 없다면 [회원 가입] 버튼을 클릭해서 회원 가입 후 ❶ [로그인]합니다. 구글 로그인, 마이크로소프트 로그인, 애플 로그인을 모두 지원하고 평소 사용하는 이메일 주소로 가입해도 됩니다.

02 챗GPT는 윈도우와 맥용 PC 앱, 안드로이드와 iOS용 모바일 앱을 지원합니다. 챗GPT의 사용이 증가하면서 공인되지 않은 앱을 다운로드하는 피해 사례도 함께 늘고 있습니다. 다음 링크를 통해서 오픈AI의 공인된 앱을 다운로드해주세요.

- **PC(윈도우, 맥)** : openai.com/chatgpt/desktop

- **iOS** : apps.apple.com/us/app/chatgpt/id6448311069

- **안드로이드** : vo.la/KdWbnp

데스크톱 앱   iOS   안드로이드

PC 버전과 모바일 버전의 사용법은 일부 기능을 제외하면 큰 차이는 없지만 책에서는 PC 기준으로 설명하겠습니다.

💬 챗GPT 유료 구독하기

01 챗GPT에 로그인하면 다음과 같은 화면이 나타납니다. 이대로 무료 버전을 사용해도 좋지만, 앞서 설명한 것처럼 챗GPT 기능을 제대로 활용하려면 유료 플랜을 구독해야 합니다. 왼쪽 사이드바 하단의 [플랜 업그레이드] 또는 상단 [ChatGPT → 업그레이드]를 클릭합니다.

> **TIP** [플랜 업그레이드] 버튼은 '플러스 갱신' 또는 'Team 워크스페이스 추가' 등 다른 문구로 표시될 수 있습니다. 내용에 상관없이 해당 위치의 버튼을 클릭하세요.

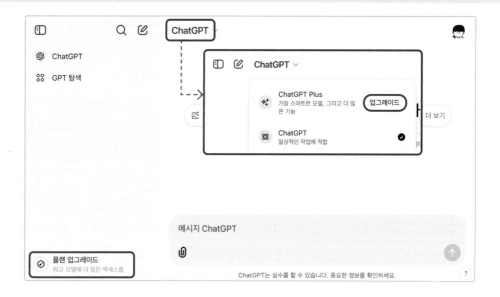

02 플랜 업그레이드 화면으로 이동하면 개인과 비즈니스가 보이는데, 비즈니스는 말그대로 회사나 기관에서 단체로 챗GPT를 활용할 때 사용하는 플랜입니다. 또한, 개인에는 월 22달러인 플러스^{Plus}와 월 220달러인 프로^{Pro}가 있는데요, 기본 기능은 플러스에서도 모두 사용할 수 있기 때문에 일반적으로는 [개인 → 플러스 플랜]을 구독합니다. ❶ [Plus로 업그레이드] 버튼을 클릭합니다.

결제 화면으로 이동하면 필요한 정보를 입력합니다. 결제 금액은 부가세를 포함하여 22달러입니다. 챗GPT 결제는 해외 결제를 허용한 카드로만 할 수 있고, 정보는 한국어로 입력해도 됩니다.

03 모든 정보를 입력하고 스크롤을 내리면 3개 항목이 보일 겁니다. ❶ '원클릭 체크아웃을 위해 내 정보를 안전하게 저장'은 이 구독 결제를 진행하는 링크^{Link}라는 서비스를 다른 곳에서 사용할 때 전화번호만 입력하면 결제되는 기능입니다. 선택 사항이므로 입력하지 않아도 괜찮습니다.

❷ '비즈니스 목적으로 구매합니다'라는 항목은 세금 처리를 위한 항목이지만 개인용 플러스 플랜은 해당하지 않으므로 체크하지 않습니다.

마지막으로 ❸ 'OpenAI의 이용약관 및 개인정보 보호 정책에 동의하는 것으로 간주합니다.'는 약관 동의입니다. 챗GPT를 이용하려면 약관에 동의해야 하므로 체크합니다. 모든 항목을 확인했으면 가장 아래 ❹ [구독하기] 버튼을 클릭합니다. 결제되었다면 챗GPT를 유료로 사용할 수 있습니다.

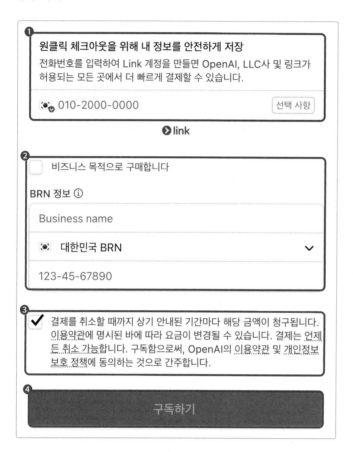

💬 챗GPT 유료 구독 해지하기

유료 구독 중인 상태라면 부가세 포함 매월 22달러가 등록된 카드에서 자동 결제됩니다. 만약 더는 챗GPT를 유료로 사용하고 싶지 않다면 언제든 해지할 수 있습니다.

01 플랜을 해지하려면 챗GPT 화면 오른쪽 상단의 [❶ 프로필 사진 → ❷ 설정]을 클릭합니다. 하단에 있는 ❸ [구독]을 클릭합니다.

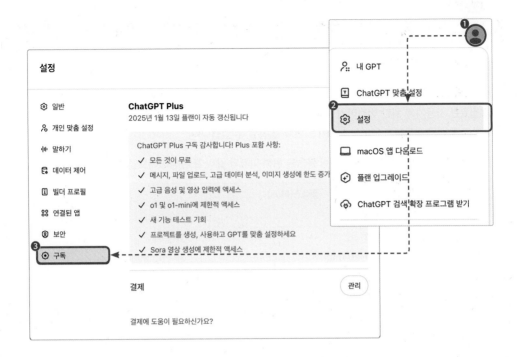

02 현재 구독 페이지 오른쪽에 있는 ❹ [관리 → 구독 취소] 버튼을 클릭하면 플랜을 해지할 수 있습니다. 해지해도 이미 결제된 내역은 유지되고 취소할 수 없습니다. 환불 절차도 까다롭기 때문에 꼭 구독 갱신일을 확인하여 해지하세요.

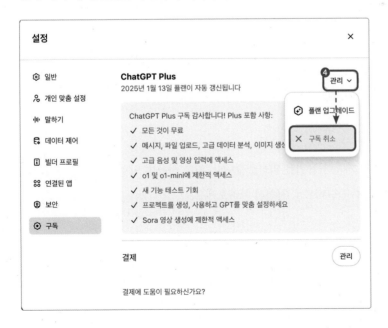

100% 노하우 유료 플랜별 차이

플러스만 구독해도 챗GPT의 일반적인 사용 및 이 도서의 모든 실습이 가능합니다.

플러스와 프로의 차이는 사용량과 o1 프로 모드의 사용 여부인데요, o1 프로 모드는 연구자 또는 고급 사용이 필요한 사용자를 위한 버전이기 떄문에 특별한 목적이 없거나 플러스의 사용량만으로도 충분하다면 굳이 프로 플랜을 구독하지 않아도 챗GPT를 99% 활용할 수 있습니다.

플러스와 프로 플랜의 차이가 궁금하실 분들을 위해 아래와 같이 표로 정리해보았습니다.

	플러스(Plus)	프로(Pro)
비용	22달러	220달러
지원 버전	GPT-4o GPT-4o mini o1 o1-mini	GPT-4o GPT-4o mini o1 o1-mini o1 pro mode
챗GPT 사용량	무료보다 많은 GPT-4o o1 : 매주 50회 o1-mini : 매일 50회	모든 챗GPT 버전 무제한
소라 사용량	• 비디오 최대 50개(크레딧 1,000) • 최대 해상도 720p • 최대 재생 시간 5초	• 비디오 최대 500개(크레딧 1,000) • 최대 해상도 1080p • 최대 재생 시간 20초 • 5개 동시 생성 • 워터마크 제거

💬 기본 사용법

챗GPT 기본 화면을 보면서 기본 사용법을 익히겠습니다. 기본 사용법 외 추가 기능들은 실습을 진행하면서 설명하겠습니다. 아주 간단하므로 천천히 따라오세요.

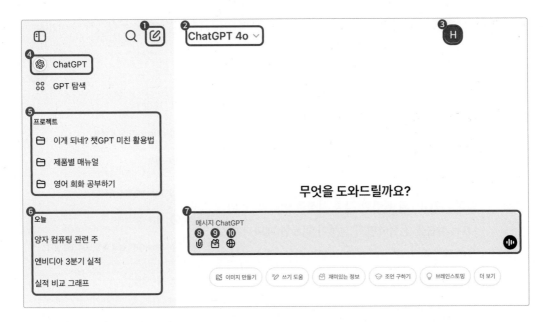

❶ **새 채팅** : 새로운 채팅을 생성합니다. 채팅이란 챗GPT와 대화하는 1개의 채팅방으로 이해하면 됩니다. 채팅 안에서 대화한 내용은 챗GPT가 맥락을 기억하여 이후 대화에 계속 영향을 줍니다. 예컨대 데이터 분석을 요청한 채팅방에서는 다른 질문을 해도 데이터 분석과 연관한 응답을 생성하는 경향을 보입니다. 그러므로 새로운 작업을 할 때마다 새 채팅을 생성하여 챗GPT와 새롭게 대화를 시작해야 합니다.

❷ **버전 선택** : 사용할 GPT 버전을 선택할 수 있습니다. 유료 구독 중일 때만 나타나는 메뉴이며, 버전은 각 채팅마다 적용됩니다. 이후 실습에서는 기본적으로 GPT-4o를 사용하지만, 예제에 따라서 버전을 바꾸어 실습합니다. 그때마다 새로운 채팅을 생성하고 버전을 변경하여 실습하세요.

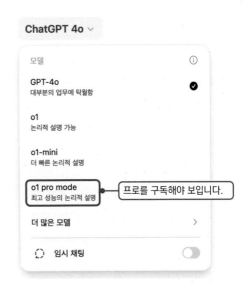

가장 하단에 있는 [임시 채팅]은 채팅 내용은 저장하지 않고 일시적으로 챗GPT를 사용하고 싶을 때 켜는 기능입니다. 자세한 내용은 뒤에서 더 설명하겠습니다.

❸ **계정 메뉴** : 계정 정보 및 각종 설정을 모두 포함하는 메뉴입니다.

- **내 GPT** : 내가 만든 GPTs를 확인하거나 새로운 GPTs를 만들 수 있습니다. GPTs는 Chapter 29 **유용한 GPTs 활용하기**에서 배우겠습니다.

- **ChatGPT 맞춤 설정** : 챗GPT가 응답할 때 고려했으면 하는 내용을 미리 설정하는 메뉴입니다.

- **설정** : 챗GPT와 관련한 각종 설정을 변경할 수 있습니다. 실습을 진행하면서 설정이 필요할 때마다 따로 설명하겠습니다. 설정으로 이동하라는 내용은 모두 이 계정 메뉴의 설정을 가리킵니다.

- **플랜 업그레이드** : 사용자의 유료 구독 상태를 확인할 수 있습니다.

- **Windows 앱 다운로드 / macOS 앱 다운로드** : PC 앱을 다운로드할 수 있는 메뉴입니다.

- **로그아웃** : 챗GPT에서 로그아웃합니다.

❹ **GPT 목록** : 사용하는 GPT 목록입니다. 목록에 있는 GPT를 선택하면 새 채팅을 시작합니다. ChatGPT는 기본 챗GPT를 의미합니다. GPT 탐색과 그 외 GPTs는 Chapter 29 **유용한 GPTs 활용하기**에서 설명하겠습니다.

❺ **프로젝트** : 맞춤형 GPT 기능인 프로젝트 기능입니다. 프로젝트 기능과 사용법은 Chapter 30 **프로젝트 기능으로 맞춤형 GPT 만들기**에서 설명하겠습니다.

❻ **채팅 목록** : 지금까지 챗GPT와 채팅한 목록입니다. 이전 채팅을 불러와서 채팅을 이어서 진행할 수 있습니다. 다만 데이터나 파일 분석 등 챗GPT의 코드 인터프리터 기능을 사용하는 작업의 세션은 기본 1시간 동안 활성화되므로 1시간이 지나면 결과가 소멸하여 '코드 인터프리터 세션이 만료되었습니다'라는 메시지만 나타날 수 있습니다. 중요한 내용이라면 세션이 만료되기 전에 복사, 캡처, 다운로드하여 따로 저장해야 합니다.

❼ **프롬프트 입력** : 챗GPT와 대화하기 위해 프롬프트를 입력하는 입력란입니다. 챗GPT와의 모든 작업은 입력란에 프롬프트나 파일 첨부 등 무언가를 입력해야만 진행됩니다.

❽ **파일 첨부** : 챗GPT에 이미지나 PDF 등 파일을 첨부하는 기능입니다. 해당 버튼을 클릭해서 첨부해도 되고, 파일을 입력란에 드래그 앤 드롭하여 첨부할 수도 있습니다.

❾ **도구 보기** : 그림, 검색, 논리적 설명, 캔버스 기능을 실행하는 메뉴입니다. 원하는 기능을 실행 후 프롬프트를 입력하면 챗GPT가 해당 기능을 적용한 응답을 생성합니다. 각 도구 기능은 뒤에서 자세하게 설명하겠습니다.

❿ **챗GPT 서치** : 챗GPT로 인터넷 검색을 하는 기능입니다. Chapter 04 **챗GPT로 검색하기**에서 자세히 배우겠습니다.

기본 01 **첫 질문하기**

기본 기능을 살펴보았으니 챗GPT에게 간단한 질문을 해보겠습니다. 일상 말투를 사용해도 괜찮습니다. 친구를 대하듯 편하게 질문하세요.

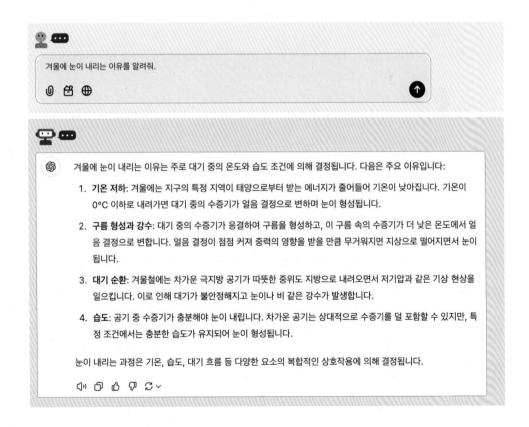

챗GPT에게 겨울에 눈이 내리는 이유를 물었습니다. 그랬더니 챗GPT가 기온 저하, 구름 형성과 강수, 대기 순환, 습도까지 눈이 내리는 이유 4가지를 설명하는 응답을 생성했습니다.

> **NOTE** 이제부터는 글씨가 더 잘 보이도록 프롬프트와 응답을 화면 캡처가 아니라 텍스트로 표현하겠습니다.

기본 02 이어서 질문하기

챗GPT와 대화 중 이전 질문이나 응답에서 더 궁금한 점이나 추가 질문이 필요할 때 2가지 방법으로 이어서 질문할 수 있습니다.

첫 번째 방법은 이어서 질문할 내용을 다시 입력하는 것입니다. 위의 눈이 내리는 이유를 물은 채팅에 이어서 질문하겠습니다.

> 🧑‍💬
>
> 기온 저하, 구름 형성과 강수, 대기 순환, 습도 외 눈이 내리는 다른 이유를 더 설명해줘.

> 🤖💬
>
> 눈이 내리는 이유를 더 깊이 이해하기 위해 앞서 언급한 요소 외에도 다양한 과학적 원리가 작용합니다. 다음은 추가적으로 눈이 내리는 데 영향을 미치는 요인들입니다:
>
> **1. 대기의 불안정성**
> - 차가운 공기가 따뜻한 공기 아래로 침투하거나, 따뜻한 공기가 차가운 공기를 타고 상승할 때 대기가 불안정해질 수 있습니다.
> - 이 과정에서 상승 기류가 형성되고, 공기가 더 높은 고도로 이동하면서 온도가 낮아져 눈구름이 생성됩니다.
> - … 생략 ·· ← 대답이 너무 길고, 생략해도 이 책의 학습에 영향이 없을 때는 이처럼 생략하겠습니다.

챗GPT가 이전 채팅 내용에 이어서 눈이 내리는 이유에 대한 추가 응답을 생성했습니다.

두 번째 방법은 응답 중 질문할 부분을 지정해서 묻는 것입니다. ❶ 챗GPT의 응답 중 이어서 질문하려는 부분을 마우스로 드래그하면 화면처럼 큰따옴표 아이콘이 생깁니다. ❷ 아이콘을 클릭하면 드래그한 내용이 입력란에 추가되면서 이어서 질문할 수 있습니다. 앞서 받은 답변에서 엘리뇨와 라니냐를 드래그 및 선택한 다음 ❸ 더 자세히 알려달라고 챗GPT에게 요청하겠습니다.

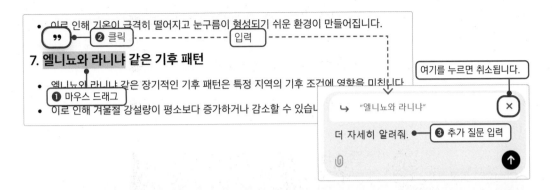

7. 엘니뇨와 라니냐 같은 기후 패턴

엘니뇨(El Niño)와 라니냐(La Niña)는 적도 태평양 해역의 해수면 온도 변동과 대기 순환 패턴의 변화로 인해 발생하는 기후 현상입니다. 이 두 현상은 전 세계의 날씨와 강수 패턴에 큰 영향을 미칩니다. 눈과 관련된 구체적인 영향을 자세히 살펴보겠습니다.

1. 엘니뇨 (El Niño)

엘니뇨는 적도 동태평양 지역의 해수면 온도가 평소보다 높아지는 현상입니다. 이로 인해 대기 순환이 변하고 전 세계적으로 강수와 기온에 영향을 미칩니다.

… 생략 …

2. 라니냐 (La Niña)

라니냐는 엘니뇨와 반대되는 현상으로, 적도 동태평양 지역의 해수면 온도가 평소보다 낮아지는 상황을 말합니다. 이로 인해 대기 순환이 또 다른 방식으로 변화하며 강수와 기온 패턴에 영향을 미칩니다.

… 생략 …

챗GPT가 엘리뇨와 라니냐에 대해서 더 자세한 설명을 생성했습니다. 이렇듯 상황에 따라서, 또는 사용하기 편한 방법으로 이어서 질문하세요.

💬 'ChatGPT 맞춤 설정'하기

챗GPT를 사용하다 보면 챗GPT가 특정한 응답을 일정하게 생성해주길 원할 때가 있습니다. 예를 들면 외국어를 입력했을 때 챗GPT가 응답을 꼭 한국어로 하거나 PDF 파일을 첨부하면 별다른 명령이 없어도 요약해줬으면 하거나 말이죠.

맞춤 설정 기능을 사용하면 역할을 부여하거나 스타일 지정, 답변 다듬기 등 챗GPT의 응답을 사용자가 선호하는 방식으로 설정할 수 있습니다. 지침은 ❶ 'ChatGPT가 더 나은 응답을 제공해드리기 위해 사용자님에 대해 알아두어야 할 것이 있다면 무엇인가요?'와 ❷ 'ChatGPT가 어떻게 응답했으면 하시나요?', 2가지 질문으로 구성되며, 각 질문에 대해 1,500자의 지침만 입력할 수 있습니다.

맞춤 설정 기능을 알아보겠습니다. [계정 메뉴 → ChatGPT 맞춤 설정]을 클릭하면 맞춤 설정 창이 나타납니다.

❶ ChatGPT가 더 나은 응답을 제공해드리기 위해 사용자님에 대해 알아두어야 할 것이 있다면 무엇인가요?

챗GPT가 사용자를 어떻게 인식했으면 하는지 입력하는 영역입니다. 거주 지역, 직업, 나이, 취미 등 정보를 입력하면 최대한 정보에 알맞은 답변을 제공합니다. 만약 지침에 '주 언어는 한국어'라고 입력하면 챗GPT는 주로 한국어로 답변을 생성합니다. 또는 '10세 초등학생'으로 설정하면 초등학생이 이해할 수 있는 어휘로 답변을 생성합니다. 아래는 챗GPT가 제시하는 지침 작성 팁입니다.

- 어느 지역에 기반을 두고 계신가요?

- 어떤 일을 하고 계신가요?

- 어떤 취미와 관심사를 갖고 계신가요?

- 몇 시간 동안 이야기할 수 있는 주제는 어떤 것인가요?

- 목표가 몇 가지 있다면 무엇인가요?

간단한 예시를 보겠습니다. 지침을 미설정한 챗GPT와 6살 아이로 설정한 챗GPT에게 각 '1+1이 왜 2인지 설명해줘.'라고 질문하고 받은 답변입니다.

▼ 지침 미설정 챗GPT

1+1이 2인 이유는 수학의 기본적인 개념과 원리에 기반합니다. 이를 이해하려면 자연수의 정의와 수학적 연산의 기초를 알아야 합니다.

자연수의 정의: 자연수는 1, 2, 3, 4, …와 같은 양의 정수입니다. 자연수는 가장 기본적인 수의 개념으로, 셀 수 있는 것들을 나타냅니다.

수학적 기호와 개념:

1은 하나의 객체를 나타내는 숫자입니다.

+는 덧셈을 나타내는 연산 기호입니다.

=는 등호로, 좌변과 우변이 같다는 것을 의미합니다.

… 생략 …

▼ 6살 아이로 설정한 챗GPT

1+1이 2가 되는 이유는 숫자의 기본적인 개념과 수학의 규칙 대문이야. 간단하게 설명해줄게.

1은 하나의 것을 의미해. 만약에 사과 한 개가 있다면, 그건 1개의 사과야. 이제 다른 사과 하나를 더하면, 두 개의 사과가 생겨. 이걸 수학적으로 표현하면 이렇게 돼:

1 (사과 한 개) + 1 (사과 한 개) = 2 (사과 두 개)

… 생략 …

6살 아이로 설정한 쪽이 미설정한 쪽보다 더 이해하기 쉽게 설명하는 것을 확인할 수 있습니다. 챗GPT를 교육용으로 사용한다면 꼭 설정해야겠죠.

❷ 챗GPT가 어떻게 응답했으면 하시나요?

챗GPT가 어떻게 답변했으면 하는지 입력하는 영역입니다. 어투, 호칭, 역할, 스타일 등을 지정할 수 있습니다. 다음을 참고해서 어떤 설정을 할지 고민해보세요.

- 챗GPT의 응답이 어느 정도의 격식을 갖추길 바라시나요?

- 응답의 일반적인 길이는 어느 정도가 좋을까요?

- 사용자님을 어떻게 불러드리면 좋을까요?

- 챗GPT가 여러 토픽에 대해 고유한 의견을 가져야 할까요, 아니면 중립을 유지해야 할까요?

'사장님을 호칭으로 불러줘.'라고 역할을 설정한 경우와 그렇지 않은 경우의 응답을 비교해보겠습니다. 질문은 '오늘 점심 메뉴를 정해줘.'입니다.

▼ 호칭 미설정 챗GPT

오늘 점심 메뉴로 다양한 옵션을 추천해드릴게요. 아래에서 마음에 드는 메뉴를 골라보세요!

1. 한식:
   ◦ 비빔밥
   ◦ 김치찌개
   ◦ 불고기
2. 일식:
··· 생략 ···
이 중에서 가장 끌리는 메뉴가 무엇인가요? 선택하시면 더 구체적인 추천도 가능해요!

▼ 사용자를 사장님으로 설정한 챗GPT

사장님, 오늘 점심 메뉴로 여러 가지 추천을 드리겠습니다:

1. 한식: 비빔밥이나 된장찌개, 불고기 정식은 어떠세요? 건강한 한국식 식단입니다.
2. 일식: 초밥이나 라멘, 돈까스도 좋은 선택입니다.
··· 생략 ···
어떤 메뉴가 좋으신지 말씀해 주시면 바로 준비하겠습니다!

사장님으로 설정했을 호칭과 대화하는 느낌이 달라졌죠? 이처럼 맞춤 설정을 활용하면 챗GPT에게 질문 또는 명령할 때마다 채팅으로 설정하지 않아도 됩니다. 책의 내용은 보편성을 위해서 따로 설정 없이 진행하지만, 실습을 모두 끝낸 후에는 자신의 업무에 맞는 설정을 찾아서 적용하여 챗GPT를 활용하기 바랍니다.

## Chapter 04

챗GPT로 검색하기

기본적으로 GPT는 최신 데이터를 처리하지 못합니다. 미리 학습한 정보를 조합하여 알맞은 답변을 생성하는 AI 모델이기 때문에 학습하지 못한 데이터, 즉 실시간으로 변하는 날씨와 주식 같은 새로운 정보는 응답하지 못한다는 단점이 있습니다.

이런 단점을 극복하기 위해 오픈AI는 2024년 10월 챗GPT에 구글 검색과 같은 검색 엔진 기능인 **챗 GPT 서치**^{ChatGPT Search}를 추가했습니다. 이 기능을 사용하면 챗GPT로 실시간 정보를 얻을 수 있을 뿐만 아니라 명확한 출처를 확인하여 신뢰할 수 있는 정보를 토대로 챗GPT와 대화할 수 있습니다.

미친 활용 01 **챗GPT 서치로 검색하기**

챗GPT 서치 기능을 활용하여 챗GPT에게서 원하는 정보를 얻어보겠습니다.

01 입력란에 있는 ❶ [⊕ 웹에서 검색] 버튼을 클릭하여 챗GPT 서치 기능을 활성화하세요. ❷ '검색'이라는 글자가 생기면서 현재 검색이 활발한 실시간 검색어가 나타납니다. 이 상태로 프롬프트를 입력하면 챗GPT 서치를 이용해서 정보를 검색합니다.

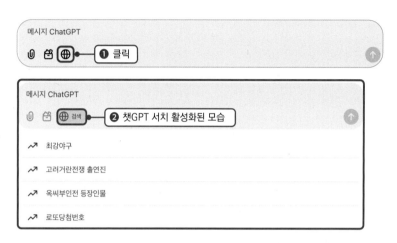

02 검색 기능을 활성화한 상태로 미국 대선 결과를 물어보겠습니다.

미국 대선 결과를 알려줘.

⑤ GPT-4o ON 챗GPT 서치

실습에 사용한 GPT
모델을 확인하세요!

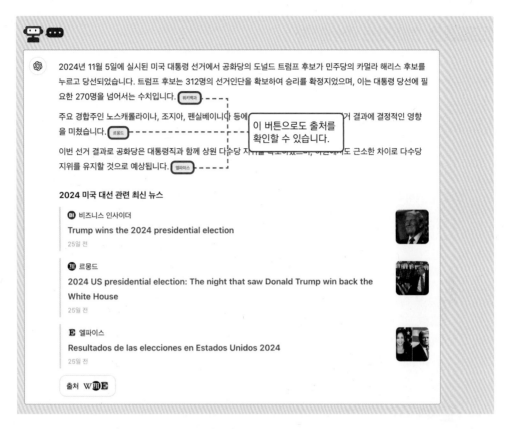

따로 연도를 묻지 않았는데도 챗GPT가 최신 뉴스를 기반으로 2024년 미국 대선 결과를 검색했습니다. 무엇보다 비즈니스 인사이더, 르몽드, 엘파이스 등 챗GPT와 파트너십을 맺은 신뢰할 수 있는 주요 해외 미디어가 출처인데, 영어로 된 기사 내용을 정리하여 한국어로 응답합니다. 이로써 사용자는 가짜 뉴스를 걸러내고 다양한 출처의 내용을 조합하여 정확하고 믿을 수 있는 정보를 얻을 수 있습니다.

챗GPT 서치를 사용하면 날씨, 주식, 스포츠 경기, 뉴스, 지도 등 검색이 필요한 정보를 구글이나 네이버 없이도 쉽게 검색할 수 있습니다. 또한 검색한 정보를 자동으로 정리해주기 때문에 검색한 정보를 보기 위해서 뉴스 사이트 등에 이동하거나 번역기를 사용하는 등 불편함도 없습니다.

챗GPT 사용자라면 이제 정보를 검색할 때 챗GPT 서치를 이용하세요.

미친 활용 02 이미지로 검색하기

챗GPT의 이미지 처리 능력을 활용하면 이미지도 검색할 수 있습니다. 다만, 챗GPT 서치 기능을 켠 상태에서는 이미지를 첨부할 수 없기 때문에, 서치 기능을 *끄고* 이미지를 첨부한 후 '{이미지의 내용}을 검색해줘.'라고 프롬프트를 입력해야 합니다.

01 챗GPT에 상품 이미지를 추가하여 검색을 요청하겠습니다. 파일 첨부하기 또는 드래그 앤 드롭으로 검색하려는 이미지를 챗GPT에 추가한 다음 '이미지를 분석한 다음 내용을 검색해줘'라고 입력합니다.

첨부한 음료 이미지를 분석해서 어떤 음료인지 파악한 다음 해당 음료를 검색까지 해줍니다.

이런 방식으로 이미지로도 챗GPT 검색을 할 수 있습니다. 이미지 검색을 할 때는 챗GPT가 이미지의 내용을 파악할 수 있을 만큼 해상도가 높거나 선명한 이미지를 사용해야 합니다. 또한 한 번에 분석 및 검색 명령을 수행하지 못할 때도 있는데 먼저 분석을 시킨 후 이어서 검색까지 요청하면 됩니다. 매번 결과가 같지 않기 때문에 이미지를 검색할 때는 꼭 참고하세요.

100% 노하우 이미지 검색을 이렇게도 쓸 수 있어요

챗GPT의 이미지 처리 능력은 검색뿐만 아니라 훨씬 많은 곳에 활용할 수 있는데요, 몇 가지 활용법을 추가로 알아보겠습니다.

첫째, 챗GPT로 이미지 속 물건이나 사람의 수를 셀 수 있습니다.

약이 몇 개인지 세어줘.

이 사진에는 14개의 파란 알약이 있습니다.

둘째, 사물이나 풍경의 색상 코드를 추출할 수 있습니다.

사진 속 책의 색상 코드를 찾아줘.

사진 속 주요 색상의 RGB 코드는 다음과 같습니다.

1. 보라색 텍스트 : (191, 179, 157)

2. 크림색 텍스트 : (159, 135, 144)

3. 검정색 배경 : (155, 112, 153)

4. 보라색 아이콘 : (182, 113, 199)

이 색상 코드를 참고하여 디자인 작업을 진행하시면 됩니다.

셋째, 이미지의 외국어를 번역할 수 있습니다.

EN
*1 Available when feature is supported by game.
- A USB cable is not included. To connect or charge the controller, use the USB cable supplied with the PS5 console.
- Always update your PS5 system software and the wireless controller device software to the latest version.
- The export, commercial use or leasing of this product are prohibited.
- Design and specifications are subject to change without notice.

한국어로 번역해줘.

*1 게임에서 지원되는 기능을 사용할 수 있습니다.

- USB 케이블은 포함되지 않습니다. 컨트롤러를 연결하거나 충전하려면 PS5 콘솔에 제공된 USB 케이블을 사용하십시오.

- 항상 PS5 시스템 소프트웨어와 무선 컨트롤러 장치 소프트웨어를 최신 버전으로 업데이트하십시오.

- 이 제품의 수출, 상업적 사용 또는 임대는 금지되어 있습니다.

- 디자인 및 사양은 예고 없이 변경될 수 있습니다.

넷째, 약이나 식품의 성분을 인식하여 효과 또는 효능을 설명해줍니다.

이 약의 주요 성분 및 효과에 대한 설명은 다음과 같습니다.

주요 성분:

- 유효성분 : 덱시부프로펜 (KP) 300mg

- 첨가제(동물 유래 성분) : 속실산질연탄 (돼지)

- 기타 첨가제 : 부틸히드록시톨루엔, 소르비톨 소루션, 수산화칼슘, 정제수, 치자 청색소, 폴리에틸렌 글리콜 600

약의 성분과 효과를 설명해줘.

이 약은 덱시부프로펜을 주성분으로 하는 진통제/소염제로, 통증 및 염증 완화에 사용됩니다. 사용하기 전 제품 설명서를 꼼꼼히 읽고, 용법 및 용량을 정확히 지켜 사용해야 합니다.

이 밖에도 챗GPT가 이미지로 할 수 있는 일은 무궁무진합니다. 이후 실습에서 더 자세히 알아보겠습니다.

## Chapter 05

챗GPT로 이미지 생성하기

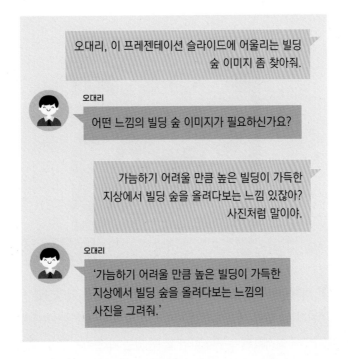

챗GPT에게 프롬프트만 입력하면 이미지도 생성할 수 있습니다. 이번에는 챗GPT로 이미지를 생성하는 방법과 생성한 이미지를 편집 도구를 사용해서 수정하는 방법을 배워보겠습니다.

💬 DALL-E란?

GPT가 입력한 프롬프트에 알맞은 텍스트를 생성하는 AI라면, 달리^{DALL-E}
는 이미지를 생성하는 AI입니다. GPT와 마찬가지로 오픈AI가 개발한 이
미지 생성 AI로 챗GPT를 통해 누구나 사용할 수 있는데요, 도구에서 [그
림]을 선택하고 프롬프트만 입력하면 됩니다.

다음은 '책을 읽는 토끼'라는 명령으로 간단하게 이미지를 생성한 예시입
니다.

그림책을 읽는 토끼의 그림이 완성되었습니다. 따뜻하고 동화 같은 분위기를 담았습니다! 마음에 드셨으면 좋겠어요. 😊

귀여운 토끼 이미지가 만들어졌네요. 하지만 챗GPT는 명령에 따른 이미지를 무작위로 생성하므로
여러분이 상상한 이미지가 한 번에 나오지 않을 가능성이 큽니다. 원하는 이미지를 생성하려면 노하
우가 필요합니다. 챗GPT에 최적화된 누구나 따라 할 수 있는 가장 기초적인 기법을 설명하겠습니다.

미친 활용 03 다양한 스타일의 이미지 생성하기

달리를 사용한 이미지 생성은 오직 정교한 프롬프트에 의존해야 합니다. 자세하게 설명할수록 고품질
의 이미지를 생성할 수 있다는 겁니다. 하지만 초보자는 어떤 프롬프트를 어떻게 작성해야 정교하게

되는 건지 알지 못합니다. 무작정 긴 프롬프트를 작성한다고 자세한 설명이라고 볼 수도 없죠.

이번 실습에서는 다양한 스타일의 프롬프트를 소개하고, 어떤 이미지들을 만들 수 있는지 배워보겠습니다. 스타일을 잘 활용하면 원하는 고품질의 이미지를 쉽게 생성할 수 있을 것입니다.

아래 예제 프롬프트는 모두 도구에서 [그림]을 선택 후 입력하세요.

디지털 네온 에어브러시드

> 디지털 네온 에어브러시드의 네온 (색상명)과 {색상명}의 부드러운 그라데이션 {생성하려는 사물, 인물, 배경 설명}

네온 스타일의 이미지를 생성하는 프롬프트입니다. 네온톤의 대조적인 그라데이션 색상을 사용하여 강렬한 시각적 효과를 제공합니다. 비현실적으로 매끈한 질감과 현대적이고 미래적인 느낌의 레트로-퓨처리즘으로 패션 일러스트레이션, 네온 팝아트 스타일의 이미지를 생성할 수 있습니다.

예제 프롬프트

디지털 네온 에어브러시드의 네온 라임색과 코발트색의 부드러운 그라데이션, 도도한 모습의 네발로 걷는 고양이	디지털 네온 에어브러시드의 네온 보라색과 파란색의 부드러운 그라데이션, 짧은 웨이브러시 옆으로 휩쓸린 머리카락, 빨간 입술과 손톱, 선글라스, 스티플 렌즈를 쓴 파란색 비현실적인 여성, 우아하게 만지는 선글라스 프레임

디지털 아트 사진 스타일

색상과 질감의 역동적인 혼합, 생동감 있는 초현실적인 스타일, 디지털 아트를 연상시키는 대담한 사진 매크로 이미지, 정교한 품질 {생성하려는 사물, 인물, 배경 설명}

강렬한 색상과 텍스처가 어우러진 디지털 아트를 세부적으로 표현하고, 거친 질감과 다양한 색상이 어우러진 서사적이고 판타지적인 분위기의 이미지를 생성할 수 있습니다.

예제 프롬프트

색상과 질감의 역동적이 혼합, 생동감 있는 초현실적인 스타일, 디지털 아트를 연상시키는 대담한 사진 매크로 이미지, 정교한 품질, 하늘을 나는 날개 달린 천사	색상과 질감의 역동적인 혼합, 생동감 있는 초현실적인 스타일, 디지털 아트를 연상시키는 대담한 사진 매크로 이미지, 정교한 품질, 하얀 설원을 걷는 사냥꾼, 짐승의 털이 달린 가죽옷, 거친 눈보라

잉크 랜더링 스타일

잉크 랜더링, 어두운 대비 강조, 섬세한 스트로크 {생성하려는 사물, 인물, 배경 설명}

흑백의 잉크 스타일 렌더링 이미지를 생성하는 프롬프트입니다. 강렬한 명암과 대비의 섬세한 필치로 잉크 아트 특유의 고전적이고 서사적인 감각의 이미지를 생성할 수 있습니다.

예제 프롬프트

잉크 랜더링, 어두운 대비 강조, 섬세한 스트로크, 삿 갓을 쓰고 길을 걷는 동양의 무사	잉크 랜더링, 어두운 대비 강조, 섬세한 스트로크, 한 국적인 고궁 풍경, 넓은 정원과 연못, 물레방아, 비가 내리고 번개가 치는 날씨

극현실주의 스타일

극현실주의, 세밀한 광택과 질감, 자연스럽게 확산하는 조명, 초사실적인 미코 스플래쉬, 사진 매크로 이미지 {생성하려는 사물, 인물, 배경 설명}

극도로 사실적이고 디테일이 풍부한 하이퍼리얼리즘 스타일의 이미지를 생성하는 프롬프트입니다. 실사와 같은 섬세한 질감과 실제로 존재하는 듯한 배경, 생동감이 느껴지는 사진 이미지를 생성할 수 있습니다. 생성하려는 사물, 인물, 배경이 현실적인 존재일 때 더욱 고품질의 이미지를 생성합니다.

예제 프롬프트

극현실주의, 세밀한 광택과 질감, 자연스럽게 확산하는 조명, 초사실적인 미코 스플래쉬, 사진 매크로 이미지, 어두운 정글에 숨어있는 호랑이	극현실주의, 세밀한 광택과 질감, 자연스럽게 확산하는 조명, 초사실적인 미코 스플래쉬, 사진 매크로 이미지, 바위가 많은 넓은 들판, 다양한 풀과 꽃, 바위를 뛰어다니는 사슴

극현실주의 정면 스타일

> 고해상도 디테일한 사진, 확산하는 조명, 하이퍼 디테일, 리얼한, 전문적인 사진 촬영, 50mm 렌즈 {생성하려는 사물, 인물, 배경 설명}

하이퍼리얼리즘 스타일의 정면 이미지를 생성하는 프롬프트입니다. 생성하려는 사물, 인물, 배경을 극사실적인 정면 스타일로 인물은 빛이 비추는 중앙, 배경을 흐릿한 실루엣으로 처리하여 공간적인 깊이가 있는 이미지를 생성할 수 있습니다. 초자연적인 대상도 현실적인 모습으로 생성할 수 있습니다.

예제 프롬프트

고해상도 디테일한 사진, 확산하는 조명, 하이퍼 디테일, 리얼한, 전문적인 사진 촬영, 50mm 렌즈, 귀여운 사모예드	고해상도 디테일한 사진, 확산하는 조명, 하이퍼 디테일, 리얼한, 전문적인 사진 촬영, 50mm 렌즈, 51구역 외계인, 회색빛과 녹색빛의 피부, 악수를 청하는 모습

래피드 모션 스타일

{스타일} 드라마틱한 일러스트레이션, 빠른 움직임과 극적인 긴장감 {생성하려는 사물, 인물, 배경 설명}

속도감 있는 이미지를 생성하는 프롬프트입니다. 사물이나 인물, 배경과 함께 스타일만 추가하면 속도감 있는 이미지를 생성할 수 있습니다.

예제 프롬프트

디지털 페인팅 스타일, 드라마틱한 일러스트레이션, 빠른 움직임과 극적인 긴장감, F1 레이스	극현실주의, 세밀한 광택과 질감, 자연스럽게 확산하는 조명, 초사실적인 미코 스플래쉬, 사진 매크로 이미지, 드라마틱한 일러스트레이션, 빠른 움직임과 극적인 긴장감, 빔샤벨과 에너지 윙을 탑재하고 우주 전장을 누비는 메카닉 로봇

로맨티시즘 아트 스타일

로맨티시즘 아트 스타일, 매혹적인3D 수채화 렌더링, 복잡한 질감과 부드러운 빛 놀이, 부드러운 파스텔과 풍부한 베리 톤, 조화로운 컬러 팔레트 {생성하려는 사물, 인물, 배경 설명}

로맨티시즘 예술 스타일의 이미지를 생성하는 프롬프트입니다. 3D 수채화 렌더링으로 섬세한 질감과 부드러운 빛 연출, 풍부한 색감과 평화로운 분위기를 이미지를 생성할 수 있습니다. 감각적이고 낭만적인 이미지를 표현할 때 주로 사용합니다.

예제 프롬프트

로맨티시즘 아트 스타일, 매혹적인3D 수채화 렌더링, 복잡한 질감과 부드러운 빛 놀이, 부드러운 파스텔과 풍부한 베리 톤, 조화로운 컬러 팔레트, 아름다운 정원을 날아다니는 나비	로맨티시즘 아트 스타일, 매혹적인3D 수채화 렌더링, 복잡한 질감과 부드러운 빛 놀이, 부드러운 파스텔과 풍부한 베리 톤, 조화로운 컬러 팔레트, 눈이 내린 산맥에서 흘러내리는 계곡물

지금까지 다양한 스타일의 이미지를 생성할 수 있는 방법을 알아보았습니다. 위에서 소개한 프롬프트들은 고정적인 스타일의 이미지를 생성하는 가장 기초적인 프롬프트입니다. 각 프롬프트의 요소를 조합하거나 새로운 프롬프트를 추가하면 완전히 다른 스타일의 이미지를 생성할 수 있습니다. 기초적인 프롬프트를 응용하여 더욱 고품질의 이미지를 생성하는 연습을 해보시길 바랍니다.

미친 활용 04 생성한 이미지 수정하기

앞서 다양한 스타일의 이미지를 생성하는 방법을 배워보았는데요, 스타일은 같더라도 달리는 무작위로 이미지를 생성하기 때문에 완벽히 원하던 이미지를 생성할 수는 없습니다. 가끔 일부만 지우면 좋을 것 같을 때가 있죠. 그럴 때는 챗GPT의 이미지 편집 기능을 사용하면 간단하게 수정할 수 있습니다. 이미지 편집 기능의 장점은 기존 이미지를 크게 변경하지 않고, 선택한 부분만 수정하는 것입니다. 차근차근 배워보겠습니다.

선택한 부분의 이미지 지우기

생성한 이미지에서 마음에 들지 않는 부분이 있을 때 지우는 방법입니다.

01 먼저 아무 이미지나 생성하겠습니다.

색상과 질감의 역동적인 혼합, 생동감 있는 초현실적인 스타일, 디지털 아트를 연상시키는 대담한 사진 매크로 이미지, 정교한 품질, 많은 사람이 있는 스키장

02 생성한 이미지를 클릭하면 아래 이미지처럼 이미지 편집 화면이 나타납니다. 이미지 편집의 각 메뉴를 알아보겠습니다.

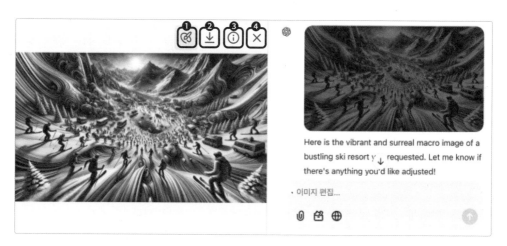

❶ **선택** : 수정할 곳을 선택할 수 있습니다.

❷ **다운로드** : 현재 보고 있는 이미지를 내려받습니다.

❸ **프롬프트** : 이미지를 생성할 때 사용한 프롬프트를 볼 수 있습니다.

❹ **종료** : 이미지 편집을 종료합니다.

03 이제 이미지를 편집해봅시다. [선택] 아이콘을 클릭합니다. 왼쪽 상단에 브러시 크기 조절바, 되돌리기/재실행, 선택 항목 지우기 버튼이 생깁니다.

스키장 모습을 이미지로 생성해달라고 요청했습니다. 그런데 [프롬프트] 메뉴를 클릭하면 영문으로 된 처음 보는 프롬프트가 나타납니다.

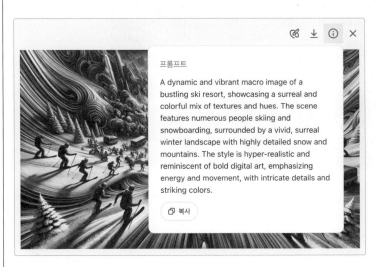

이는 챗GPT가 직접 이미지를 생성한 것이 아니라 우리가 입력한 프롬프트를 이해한 후 재구성하여 다시 달리에게 요청했기 때문입니다.

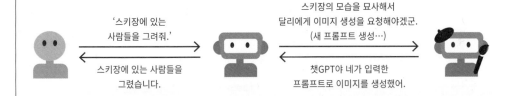

그래서 실제로 이미지를 생성한 프롬프트는 생성된 이미지의 프롬프트입니다. 또한, 앞서 배운 기초적인 프롬프트는 생성할 때 프롬프트와 생성된 이미지의 프롬프트의 간극을 좁히기 위한 목적입니다. 챗GPT의 이미지 생성 원리를 이해하면 더 좋은 이미지를 쉽게 생성할 수 있습니다.

04 이미지를 보면 사람의 크기보다 작은 나무나 자동차들이 보입니다. 이런 요소들을 지우겠습니다. 편집할 부분을 [선택] 기능으로 선택합니다. 잘못 선택한 부분이 있다면 [선택 항목 지우기]를 클릭하여 선택을 취소하세요. 편집할 부분을 선택하면 아래 이미지처럼 점선으로 영역이 선택된 걸 확인할 수 있습니다.

05 편집할 부분을 선택한 상태로 화면 오른쪽 하단의 입력란에 지워달라고 요청합니다.

선택했던 자동차와 나무들이 모두 삭제된 걸 확인할 수 있습니다.

똑같은 스타일의 다른 이미지 생성하기

생성한 이미지의 스타일은 마음에 들지만, 다른 이미지로 생성하고 싶을 때 사용할 수 있는 방법입니다.

01 이미지 편집 기능을 실행한 상태에서 '똑같은 스타일로'를 앞에 붙이고, 생성하려는 이미지를 설명하는 프롬프트를 입력합니다. 앞서 생성한 스키장 이미지를 다른 이미지로 바꿔보겠습니다.

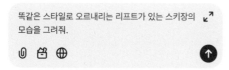

02 그러면 스키장 이미지의 스타일은 유지한 상태로 리프가 원근감 있게 그려진 새로운 이미지를 생성하는 걸 확인할 수 있습니다.

Chapter 06

챗GPT로 동영상 생성하기

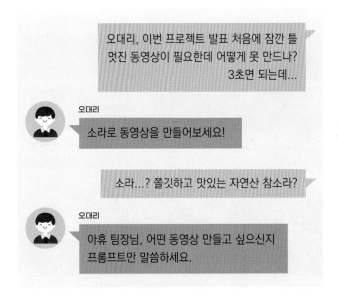

생성형 AI는 생성하는 결과가 무엇인가에 따라서 종류를 구분합니다. 텍스트, 이미지, 동영상, 오디오 등이 있죠. 2024년까지 오픈AI는 텍스트 생성 AI인 GPT, 이미지를 생성하는 AI인 달리만 지원했습니다. 2025년부터는 드디어 동영상을 생성하는 AI인 소라^{Sora}를 서비스하기 시작했습니다. 소라가 무엇인지, 어떻게 동영상을 생성할 수 있는 알아보겠습니다.

💬 Sora란?

2024년 12월 출시된 소라는 텍스트나 이미지, 또는 비디오를 활용해서 동영상을 생성하는 AI 모델입니다. 챗GPT에 내장된 서비스는 아니지만 유료 구독 사용자라면 사용할 수 있는 오픈AI의 제품입니다. 챗GPT 사용자는 소라를 사용하면 필요한 동영상도 쉽게 만들 수 있습니다. 유료 플랜별 소라 사용량과 지원 기능은 Chapter 03 **챗GPT를 시작하는 사람들을 위한 매뉴얼**에서 확인할 수 있습니다. 소라에 접속하는 방법과 기본 화면을 살펴보겠습니다.

01 앞서 설명한 것처럼 소라는 챗GPT가 아닌 별도 서비스입니다. 다음 링크로 접속하세요.

- **소라 링크** : sora.com

02 소라에 접속하면 아래 이미지처럼 소라로 생성된 다양한 동영상이 나타납니다. 우측 상단에 [Log in] 버튼을 클릭 후 챗GPT 계정으로 접속하면 바로 소라를 사용할 수 있습니다.

03 소라의 기본 화면입니다. 기본 기능을 차례대로 알아봅시다.

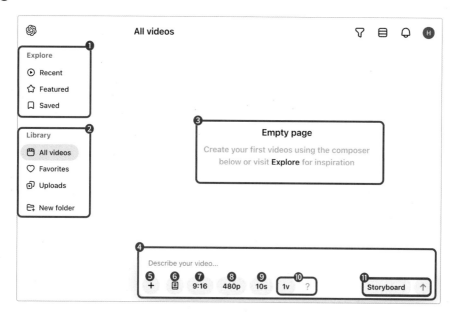

❶ **익스플로어**Explore : 소라로 생성된 다양한 동영상을 탐색할 수 있는 메뉴입니다. 최근 동영상과 추천 동영상, 저장된 동영상을 볼 수 있습니다.

❸ **동영상 목록** : 각 메뉴의 동영상이 나열되는 영역입니다.

❺ **파일 첨부** : 동영상 생성에 참고할 이미지나 동영상을 첨부합니다. 또는 라이브러리에 저장된 동영상을 불러올 수 있습니다.

❷ **라이브러리**Library : 사용자가 생성한 동영상을 모은 곳입니다. 모든 동영상을 보거나 좋아하는 동영상을 따로 보관할 수도 있습니다.

❹ **프롬프트 입력** : 동영상을 생성할 프롬프트를 입력합니다. 챗GPT의 입력란과 동일합니다.

❻ **프리셋**Presets : 원하는 스타일의 동영상을 쉽게 생성할 수 있도록 미리 저장해둔 설정입니다. 현재는 총 6개의 프리셋을 지원합니다.

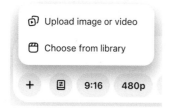

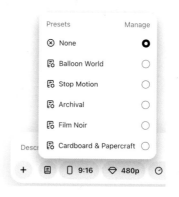

❼ **가로세로비**Aspect ratio: 생성하는 동영상의 가로 세로비를 16:9, 1:1, 9:16 중에서 선택합니다.

❽ **해상도**Resolution : 생성하는 동영상의 해상도를 480p, 720p, 1080p 중에서 선택합니다.

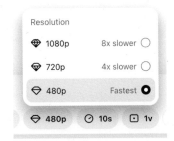

❾ **재생시간** Duration : 생성하는 동영상의 재생시간을 5초, 10초, 15초, 20초 중에서 선택합니다.

❿ **동영상 수**Variations : 한 번에 생성하는 동영상의 수를 선택합니다.

⓫ **스토리보드**Storyboard : 스토리보드는 일종의 동영상 편집기입니다. 생성하려는 동영상의 개별 프레임과 타임 스탬프를 선택하여 프롬프트를 지정할 수 있습니다. 편집기의 카드에서 동영상이나 이미지를 업로드하거나, 동영상의 특정 시간에 어떤 일이 일어나는지 텍스트로 설명할 수 있습니다. 또한, 각 카드를 드래그해서 동영상의 속도도 조절할 수 있습니다.

지금까지 소라에 접속하여 기본 기능을 살펴보았습니다. 소라의 기본 사용법은 챗GPT와 크게 다르지 않습니다. 프롬프트만 입력해도 알맞은 동영상을 쉽게 생성할 수 있죠. 다음 실습에서는 간단한 동영상을 생성해보겠습니다.

미친 활용 05 동영상 생성하기

소라에 간단한 사진을 주고, 원하는 프롬프트를 입력한 후 동영상을 생성해보겠습니다.

01 파일 첨부 기능으로 실습용 사진을 추가합니다. 실습용 사진은 파란색 물고기를 들고 있는 수달 인형입니다.

- **실습 파일 다운로드** : vo.la/ikHeUq

사진을 첨부했으면 '수달 인형이 신나서 방방 뛰고 있어.'라는 프롬프트를 입력한 후 프리셋, 가로세로비, 해상도, 재생 시간, 동영상 수를 설정합니다. 실습에서는 None 프리셋, 9:16 비율, 480p 해상도, 10초, 1개로 생성하겠습니다. 설정을 완료하면 [● 생성] 버튼을 클릭합니다.

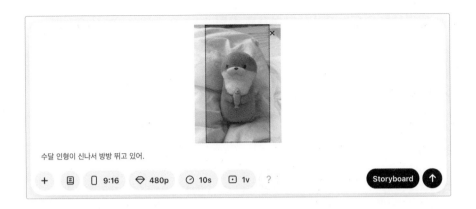

수달 인형이 신나서 방방 뛰고 있어.

+ · 9:16 · 480p · 10s · 1v · ? · Storyboard · ↑

02 생성 버튼을 클릭하면 우측 상단 진행 메뉴에서 생성 중인 상황을 확인할 수 있습니다.

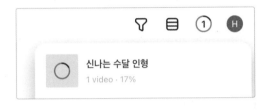

신나는 수달 인형
1 video · 17%

03 동영상이 생성되었습니다. 수달 인형이 방방 뛰는 동영상이 만들어졌네요.

All videos · 신나는 수달 인형
480p   Dec 15, 5:44PM

Image prompt 수달 인형이 신나서 방방 뛰고 있어.

소라로 좋은 동영상을 만드는 3가지 프롬프트 꿀팁

챗GPT와 마찬가지로 소라도 입력하는 프롬프트가 자세할수록 좋은 결과물을 생성하는데요, 소라에 적용하면 좋은 프롬프트 꿀팁이 있습니다. 3가지로 정리했습니다.

첫 번째, 원근감을 설명하세요. 피사체부터 배경까지 거리를 가늠할 수 있는 프롬프트를 입력하면 공간감이 있는 동영상을 생성할 수 있습니다.

- **프롬프트 예시** : 넓은 풍경 속에서 점점 작아지는 길과 사물의 원근감을 강조해줘.

두 번째, 물리 법칙을 설명하세요. 작용과 반작용, 포물선 운동, 등가속도 운동 등 물리 법칙을 프롬프트에 포함하면 좀 더 현실감 있는 동영상을 생성할 수 있습니다.

- **프롬프트 예시** : 전경에서 물체가 점점 가속하며 움직이고, 잔상 효과로 등가속 운동을 시각적으로 강조해줘.

마지막으로 빛의 방향을 설명하세요. 빛의 방향이나 형태를 설명하면 광원을 활용한 듯한 자연스러운 동영상을 생성할 수 있습니다.

- 왼쪽 위에서 오른쪽 아래로 기울어진 빛이 물체에 닿아 명암을 뚜렷하게 강조해줘.

이게 되네?

100% 노하우 원하는 동영상이 잘 생성되지 않아요!

이미지 생성과 마찬가지로 소라는 입력한 프롬프트로 동영상을 무작위 생성합니다. 그래서 원하는 동영상을 한 번에 생성하지 않을 가능성이 큽니다. 동영상을 잘 생성하는 꿀팁도 중요하지만, 동일한 프롬프트로 여러 개의 동영상을 생성해보고 그중에서 마음에 드는 동영상을 선택하는 것이 동영상 생성 AI의 기초적인 사용 방식입니다.

그러므로 원하는 동영상이 잘 생성되지 않는 것이 소라가 이상하거나 잘못 사용하고 있어서만은 아닙니다. 다양한 동영상을 생성해보면서 원하는 스타일의 동영상을 찾아가는 것이 중요합니다.

## Chapter 07

챗GPT 고급 음성 모드 활용하기

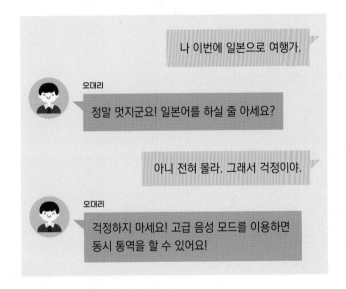

💬 고급 음성 모드란?

고급 음성 모드^{Advanced Voice Mode}는 유료 구독 후 사용할 수 있는 챗GPT 음성 대화 모드입니다. 챗GPT와 텍스트 채팅이 아닌 음성으로 대화할 수 있습니다. 일반 음성 모드와 달리 감정 표현, 말 속도 등까지 고려해 챗GPT가 음성 대화의 맥락을 이해하며, 도중에 말을 끊거나 추가 질문을 해도 자연스럽게 이어서 대화할 수 있습니다.

고급 음성 모드는 웹과 PC 앱 또는 모바일 앱을 설치한 후 사용해야 합니다. 책에서는 PC 앱을 기준으로 설명하겠습니다. 여러분의 실행 환경에 따라 화면의 모습이 조금씩 다를 수 있습니다. 다음 링크를 통해 앱을 설치하고 준비해주세요. 고급 음성 모드를 사용하는 방법을 알아봅시다.

- **PC 앱 설치 링크** : openai.com/chatgpt/desktop

NOTE 고급 음성 모드로는 챗GPT 서치를 이용할 수 없습니다. 2023년 10월까지의 정보로 학습해서 그 이후 정보는 제공하지 못합니다.

01 프롬프트 입력란 오른쪽 아래에는 ⏸ 버튼이 있습니다. 이 버튼이 고급 음성 모드입니다. 클릭해주세요.

NOTE 처음 사용하면 목소리를 선택하는 절차가 진행됩니다.

NOTE 왼쪽에 [마이크] 버튼이 있다면 이것은 고급 음성 모드가 아닌 [음성 입력] 버튼입니다. 헷갈리지 않게 주의하세요.

02 그러면 구름이 지나가는 듯한 원 모양이 화면에 나타납니다. 이 상태에서 음성으로 말하면 챗GPT가 인식하여 응답합니다. 대화를 잠깐 멈추고 싶다면 오른쪽 위 ❶ [일시정지] 버튼을, 대화를 그만하고 싶다면 왼쪽 위 ❷ [←] 버튼을 클릭합니다.

03 대화를 종료하면 다음과 같이 대화 내용이 채팅으로 기록됩니다. 이 상태에서 텍스트로 채팅을 이어가거나 고급 음성 모드를 재실행하여 사용할 수 있습니다.

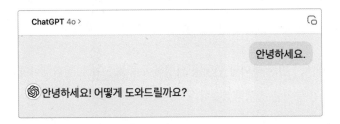

04 고급 음성 모드는 ❺ 여러 가지 음성을 지원합니다. [❶ 프로필 사진 → ❷ 설정 → ❸ 말하기]에서 음성을 변경할 수 있습니다. ❹ [재생] 버튼을 클릭하면 음성을 미리 들어볼 수 있으니 원하는 음성으로 변경하세요.

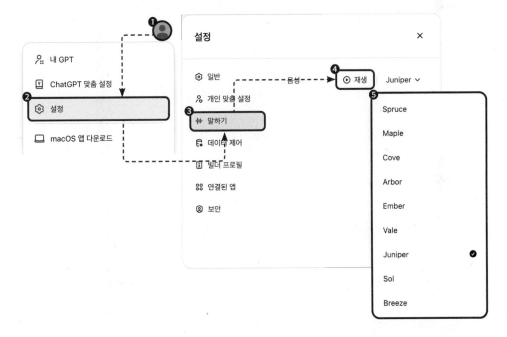

미친 활용 06 **챗GPT에게 통역 맡기기**

고급 음성 모드를 사용해서 챗GPT에게 외국어 통역을 맡겨보겠습니다. 챗GPT와 음성 대화한 내용을 텍스트로 정리했습니다. 실제 사용할 때는 고급 음성 모드를 실행하여 진행하세요.

01 고급 음성 모드를 실행한 상태에서 먼저 통역할 언어를 설명하여 통역 모드로 전환해야 합니다. 예제에서는 한국어와 일본어 간 통역을 진행하겠습니다.

GPT-4o | ON 고급 음성 모드

한국어로 입력하면 일본어로 통역해주고, 일본어로 입력하면 한국어로 통역해줘.

알겠습니다! 요청하신 대로 한국어와 일본어 간 통역을 진행하겠습니다.

02 통역 모드로 전환했습니다. 이제 챗GPT가 한국어로 말하면 해당 문장을 일본어로, 일본어로 말하면 해당 문장을 한국어로 통역할 겁니다. 통역 모드로 챗GPT와 대화해보겠습니다.

안녕하세요.

こんにちは。

天気はどうですか?

날씨가 어떤가요?

좋네요.

いいですね。

챗GPT가 두 언어를 잘 통역해주는 걸 확인할 수 있습니다. 외국어 소통이 어려울 때 고급 음성 모드를 통역 모드로 바꾼 후 서로 다른 언어를 사용하는 두 사람이 번갈아 대화하면 챗GPT가 중간에서 완벽하게 통역해줄 것입니다. 여행을 가거나 외국어 공부를 할 때 활용해보기 바랍니다.

미친 활용 07 라이브 카메라로 실시간 영상 번역하기

2024년 12월, 고급 음성 모드에 '라이브 카메라' 기능이 추가되었습니다. 고급 음성 모드를 실행한 상태로 카메라를 실행하면 챗GPT가 카메라로 보이는 주변 환경을 인식하여 대화할 수 있습니다. 가구 조립 설명서를 읽어주거나 보이는 사물이 무엇인지, 얼굴의 표정을 보고 기분이 어떤지 알려주고, 뜨개질 방법을 실시간으로 조언해주는 등 다양한 방법으로 활용할 수 있습니다.

현재 고급 음성 모드는 모바일 버전에서만 지원합니다. 실습도 모바일로 진행하겠습니다. 실습에서는 라이브 카메라를 실행하는 방법을 알아보고, 간단한 영상 번역을 요청해보겠습니다.

01 고급 음성 모드를 실행하면 왼쪽 하단에 카메라 아이콘을 확인할 수 있습니다. 클릭합니다.

02 그러면 카메라가 실행되면서 실시간으로 주변 환경이 보입니다. 카메라가 챗GPT의 눈이 되는 거죠. 카메라로 영문이 쓰인 스낵 상자를 비추겠습니다.

🤖💬 이 박스에 든 과자가 정말 많네요! 포장이 깔끔하고 좋아 보여요. 무엇을 도와드릴까요?

프롬프트를 입력하지 않아도 카메라로 가만히 상자만 바라보면 챗GPT가 보고 있는 것에 대해서 대화를 시작합니다. 챗GPT가 보고 있는 것에 실시간으로 반응한다는 걸 확인할 수 있죠.

03 상품 정보 부분은 확대해서 보여준 다음 한국어로 읽어달라고 요청하겠습니다.

👤💬 〔⑥ GPT-4o〕〔ON 고급 음성 모드〕

한국어로 읽어줘.

🤖💬 'SKY FLAKES CRACKERS'라고 적혀 있어요. 주 재료는 밀가루, 코코넛 오일, 야채 쇼트닝, 소금, 설탕 등이 포함되어 있네요. 'NOT LABELED FOR INDIVIDUAL SALE' 'FOR EXPORT MARKET'라고 적혀 있어요. 이는 개별 판매용이 아니고 수출용 시장이라는 의미예요. 또한 알레르기 정보로 밀과 코코넛이 포함되어 있다는 문구도 있어요. 이 제품은 콩, 우유, 아황산염을 처리하는 장비에서 제조되었다고 하네요.

카메라로 바라본 상품 정보를 한국어로 읽어달라는 요청만으로 챗GPT가 번역한 결과를 설명해줬습니다.

이제 라이브 카메라를 활용해서 주변에 대한 대화를 챗GPT와 쉽게 이어가시길 바랍니다.

미친 활용 08 라이브 카메라로 실시간 상품 검색하기

고급 음성 모드에 라이브 카메라와 함께 추가된 기능이 바로 '검색'입니다. 고급 음성 모드로 대화하면서 궁금한 내용을 검색 요청하거나 라이브 카메라로 보고 있는 걸 검색할 수도 있죠.

이번에는 라이브 카메라로 챗GPT에게 상품 정보를 물어보고, 가격도 검색해보겠습니다. 실습할 때 주변에 있는 물건을 바로 검색해보시길 바랍니다.

01 고급 음성 모드를 실행하고, 왼쪽 하단에 카메라 아이콘 눌러서 라이브 카메라를 실행합니다. 카메라로 아무 물건이나 비춘 다음 무슨 물건인지 물어보겠습니다.

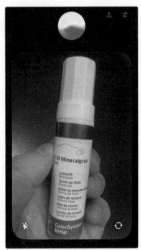

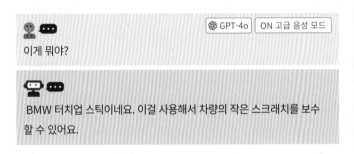

> 🧑💬   ⑤ GPT-4o   ON 고급 음성 모드
>
> 이게 뭐야?

> 🤖💬
>
> BMW 터치업 스틱이네요. 이걸 사용해서 차량의 작은 스크래치를 보수할 수 있어요.

02 챗GPT가 어떤 물건인지 맞췄습니다. 이번에는 가격을 검색하겠습니다.

> 🧑💬
>
> 가격을 검색해줘.

> 🤖💬
>
> BMW 터치업 스틱 B39 미네랄 그레이 메탈릭의 가격은 판매처에 따라 다르지만, 일반적으로 약 30달러 정도입니다. 구매하려면 온라인 마켓플레이스나 BMW 공식 딜러를 통해 확인해보세요. (이베이)

03 상품을 이베이에서 검색하여 가격을 달러로 알려줬네요. 한국 가격을 요청하겠습니다.

> 🧑💬
>
> 한국 가격을 알려줘.

BMW 터치업 스틱 B39 미네랄 그레이의 가격은 판매처마다 다를 수 있습니다. 예를 들어, G마켓에서는 약 41,800원에 판매되고 있습니다. 구매 시 참고하세요. G마켓

이번에는 국내 G마켓에서 상품 정보를 검색하여 가격을 알려줬습니다. 이렇게 라이브 카메라와 검색 기능을 활용하면 궁금한 정보를 쉽고 빠르게 챗GPT에게 보여주고 답을 얻을 수 있습니다.

미친 활용 09 챗GPT와 함께 회의하기

회의할 때 고급 음성 모드를 실행하면 챗GPT가 함께 회의를 진행할 수 있습니다. 고급 음성 모드는 사용자가 대화할 때는 끼어들지 않습니다. 대화를 듣다가 답변이 필요한 경우, 또는 답변을 요청한 경우를 판단하여 응답합니다. 그러므로 챗GPT와 함께 회의를 진행해도 회의를 방해하지 않으면서 필요할 때 바로 챗GPT를 활용할 수 있다는 장점이 있습니다. 고급 음성 모드를 실행한 상태로 가상의 회의를 진행해보겠습니다.

01 고급 음성 모드를 실행하고 회의를 진행합니다. 주제는 마케팅 회의이며 팀장과 오대리, 그리고 챗GPT가 등장합니다. 우선 일반적인 회의를 진행합니다. 팀장과 오대리의 대화입니다.

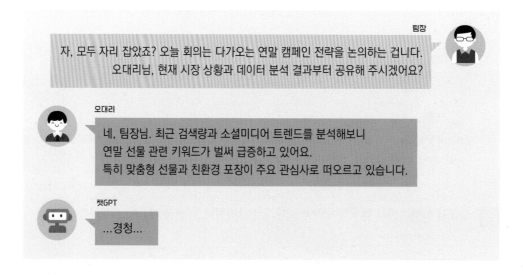

자, 모두 자리 잡았죠? 오늘 회의는 다가오는 연말 캠페인 전략을 논의하는 겁니다. 오대리님, 현재 시장 상황과 데이터 분석 결과부터 공유해 주시겠어요?

팀장

오대리

네, 팀장님. 최근 검색량과 소셜미디어 트렌드를 분석해보니 연말 선물 관련 키워드가 벌써 급증하고 있어요. 특히 맞춤형 선물과 친환경 포장이 주요 관심사로 떠오르고 있습니다.

챗GPT

...경청...

02 팀장과 오대리의 대화 이후 해당 내용에 대해서 챗GPT에게 의견을 물어보겠습니다.

> 👤 💬 ⬤⬤⬤ ⬛ GPT-4o ⬛ ON 고급 음성 모드
>
> 좋습니다. 그러면 이 데이터를 반영한 콘텐츠 아이디어는 어떤 게 있을까요? 챗GPT 답변해주세요.

> 👤 💬 ⬤⬤⬤
>
> 네, 그렇다면 맞춤형 선물과 친환경 포장을 강조한 콘텐츠 아이디어로는 몇 가지를 생각해볼 수 있습니다.
>
> 첫 번째로, 고객들이 자신만의 선물을 제작할 수 있는 인터랙티브 툴을 제공하는 캠페인을 진행할 수 있습니다. 예를 들어, 선물 디자인을 커스터마이징할 수 있는 온라인 플랫폼을 활용하는 거죠. 두 번째로는 친환경 포장 사용을 강조하면서, 포장 과정과 재료의 스토리를 담은 콘텐츠를 제작하면 고객들에게 공감과 신뢰를 얻을 수 있을 겁니다. 마지막으로, '나만의 특별한 연말 선물'을 주제로 한 고객 참여형 이벤트를 통해 바이럴 효과를 노릴 수도 있을 것 같아요.
>
> 이 중 어떤 아이디어가 팀장님께서 보시기에 가장 실행 가능할 것 같으신가요?

회의 중인 상황을 인지하여 응답했을 뿐만 아니라 대화 상대를 '팀장'이라고 지칭합니다.

03 이제 회의를 마무리했다고 가정하고 회의 내용 정리를 맡기겠습니다.

> 👤 💬 ⬤⬤⬤
>
> 좋아요, 회의 내용을 정리해주세요.

> 🤖 💬 ⬤⬤⬤
>
> 오늘 회의에서는 다가오는 연말 캠페인 전략에 대해 논의했습니다. 주요 내용은 다음과 같습니다.
>
> **1. 시장 데이터 및 트렌드 분석**
> - 연말 선물 관련 키워드 검색량 급증.
> - 맞춤형 선물과 친환경 포장이 주요 관심사로 부상.
>
> **2. 콘텐츠 아이디어 제안**
> - 고객이 커스터마이징할 수 있는 맞춤형 선물 제작 툴 활용.
> - 친환경 포장 과정을 강조하는 스토리텔링 콘텐츠 제작.
> - '나만의 특별한 연말 선물' 고객 참여형 이벤트 기획.
>
> **3. 고객 참여형 이벤트 구체화**
> - 고객이 디자인한 선물을 소셜미디어에 공유하도록 유도.
> - 베스트 디자인 콘테스트를 통해 우수작 선정 및 상품 제공.

회의 내용을 잘 정리했네요. 이렇게 챗GPT와 회의를 진행하면 회의 중 새로운 인사이트를 발견할 수 있을 뿐만 아니라 회의 정리도 한 번에 해결할 수 있습니다.

주의할 점은 너무 긴 음성 대화 내용은 챗GPT가 판단하지 못할 수 있습니다. 그러므로 너무 빠르게 얘기하거나 긴 내용을 입력하지 않도록 회의의 속도를 조절할 필요가 있습니다.

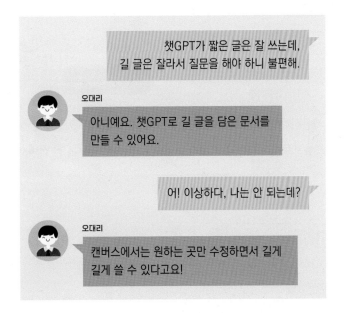

💬 챗GPT 캔버스란?

캔버스^{canvas}는 챗GPT를 활용한 글쓰기 및 코딩 작업을 효율적으로 진행할 수 있도록 돕는 새로운 인터페이스입니다. 챗GPT 화면에 별도의 창을 실행하는 방식으로 단순 채팅을 넘어서 창작과 아이디어 수정, 협업까지 더욱 유용하게 챗GPT를 사용할 수 있습니다. 캔버스라는 기능 자체도 우수하지만 챗GPT 출시 이후 처음으로 시도한 인터페이스 변화이자 인간과 AI 간 협업에 관한 업데이트이기 때문에 앞으로 챗GPT 발전에서 아주 중요한 기능이라고 할 수 있습니다.

기존 챗GPT는 1개 프롬프트에 1개 응답을 생성하며 응답은 사용자가 따로 수정할 수 없었습니다. 응답 내용 중 일부를 수정해달라고 요청하면 챗GPT는 모든 내용을 수정한 새로운 응답을 생성합니다. 그래서 일관된 글을 쓰기 어렵고 코드도 특정한 부분만 편집하기 어려웠습니다.

그런데 이 기능은 캔버스라는 작업 단위 안에 글이나 코드 등 내용을 생성하여 사용자와 챗GPT가 자유롭게 캔버스의 전체 또는 일부 내용을 수정할 수 있게 지원합니다. 예를 들면 글의 일부 문장 또는 코드의 일부만 편집할 수 있습니다. 이제 캔버스를 실행하는 방법과 사용하는 방법을 간단하게 배워 보겠습니다.

01 GPT-4o인 상태로 도구 보기에서 [캔버스]를 클릭합니다. 입력란에 파란색으로 캔버스가 표시되면 이후 채팅이 캔버스로 진행됩니다.

02 캔버스 기능을 사용하려면 캔버스 창을 실행해야 합니다. 캔버스를 실행한 상태로 캔버스에 작성하려는 내용을 프롬프트로 입력하면 캔버스를 실행합니다. 여기서는 빈 캔버스를 실행하겠습니다.

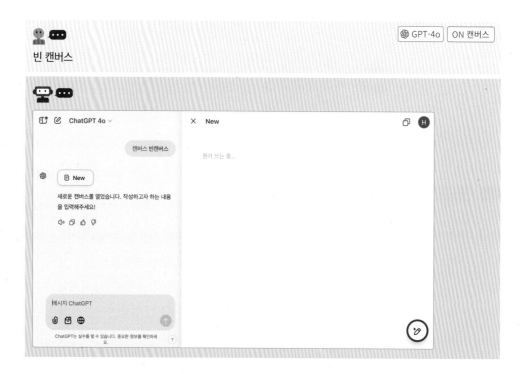

새로운 문서라는 이름의 빈 캔버스가 생성되었습니다. 이 캔버스가 AI와 협업하는 작업 공간입니다. 빈 캔버스를 클릭하면 다음 이미지처럼 화면이 둘로 나누어집니다.

오른쪽 화면에 '뭔가 쓰는 중…'이라는 메시지와 함께 연필 모양의 새로운 버튼이 생겼네요.

03 ✐ 버튼은 캔버스에서만 지원하는 편집 기능입니다. 마우스 커서를 버튼에 올리면 메뉴가 열리면서 총 5개 기능이 나타납니다. 모두 캔버스에 작성한 문서를 수정하는 기능으로 특정 문장이나 문단을 드래그로 선택해서 기능을 사용하면 선택한 부분만, 선택하지 않고 사용하면 전체 내용을 수정합니다. 각 기능의 설명은 다음과 같습니다.

❶ **이모지 추가** : 글에 포함된 단어에 알맞은 이모지를 추가합니다.

❷ **마지막으로 다듬기** : 글의 맞춤법, 구조 등 마지막으로 다듬어야 할 부분을 수정하여 개선합니다.

❸ **독해 수준** : 독자 수준을 고려하여 글을 수정합니다. 유치원생부터 대학원생까지 설정할 수 있습니다.

❹ **길이 조절** : 글의 길이를 수정합니다. '가장 짧게'부터 '가장 길게'까지 총 9단계로 길이를 조절할 수 있습니다.

❺ **편집 제안** : 글을 어떻게 수정할지 모르겠을 때 챗GPT에게 편집 제안을 요청합니다. 그러면 챗GPT가 알맞은 수정 방안을 제시해줍니다.

캔버스를 생성하는 방법과 기본 편집 기능을 살펴보았습니다. 이제 사례로 실습하면서 기능들을 어떻게 활용할 수 있는지 알아보겠습니다.

미친 활용 10 캔버스로 제안서 쓰기

캔버스를 사용해서 붕어빵 사업을 투자자에게 제안하는 제안서를 작성해보겠습니다. 실습에서는 가상의 내용으로 작성하지만 실무에서는 실제 내용을 가지고 캔버스를 활용해보길 바랍니다.

01 제안서를 쓰기에 앞서 작성하려는 문서의 양식을 만들어야 합니다. 그래야 양식을 바탕으로 필요한 내용을 채운 제안서를 완성할 수 있습니다. 새 채팅을 시작하고 도구에서 캔버스를

선택 후 제안서 양식을 요청하겠습니다.

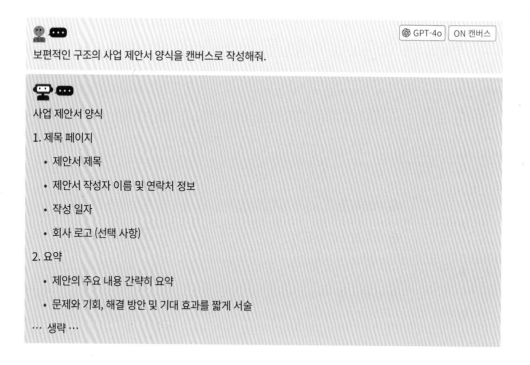

제안서 양식이 캔버스에 생성되었습니다. 이제 내용을 챗GPT와 협업하여 채워넣겠습니다.

02 먼저 제목 페이지 부분을 채워넣겠습니다. 제목 페이지 텍스트를 드래그하여 선택한 다음 [ChatGPT에게 묻기]를 클릭합니다. [ChatGPT에게 묻기]를 사용하면 선택한 텍스트만 편집할 수 있는 입력란이 나타납니다.

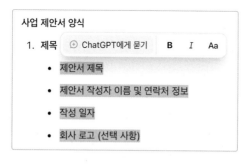

입력란에 수정할 내용을 입력합니다. 제안서 제목과 작성 일자를 입력하고, 나머지 항목은 제거 해달라고 요청하겠습니다.

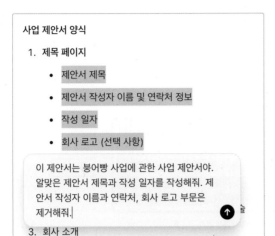

그랬더니 제안서 제목을 '붕어빵 사업 제안서'로 수정하고 작성 일자를 변경한 걸 확인할 수 있습니다.

사업 제안서 양식

1. **제목 페이지**
   - 붕어빵 사업 제안서
   - 작성 일자: 2024-12-02
2. 요약

03 같은 방식으로 요약 부분을 수정하겠습니다. 요약 항목을 드래그해서 선택한 후 다음과 같이 요청합니다. 실무에서는 정확한 사업 내용을 입력하여 제안서를 수정해달라고 요청하세요.

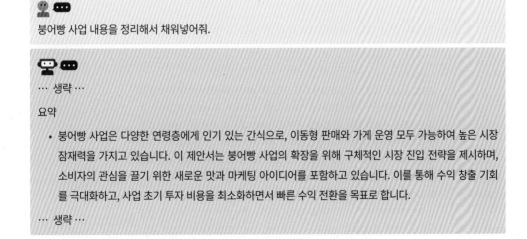

붕어빵 사업 내용을 정리해서 채워넣어줘.

… 생략 …

요약

- 붕어빵 사업은 다양한 연령층에게 인기 있는 간식으로, 이동형 판매와 가게 운영 모두 가능하여 높은 시장 잠재력을 가지고 있습니다. 이 제안서는 붕어빵 사업의 확장을 위해 구체적인 시장 진입 전략을 제시하며, 소비자의 관심을 끌기 위한 새로운 맛과 마케팅 아이디어를 포함하고 있습니다. 이를 통해 수익 창출 기회를 극대화하고, 사업 초기 투자 비용을 최소화하면서 빠른 수익 전환을 목표로 합니다.

… 생략 …

붕어빵 사업 내용을 간략하게 요약해서 캔버스에 반영한 걸 확인할 수 있습니다.

04 편집 기능을 사용해서 앞서 만든 요약을 조금 더 길고 전문적인 인상이 들게 개선해보겠습니다. ❶ 요약 부분의 내용을 선택한 후 ❷ [✎ 편집 제안] 기능에서 ❸ [↕ 길이 조절]을 클릭하고 ❹ [가장 길게]까지 위로 드래그한 다음 ❺ [↑] 버튼을 클릭합니다.

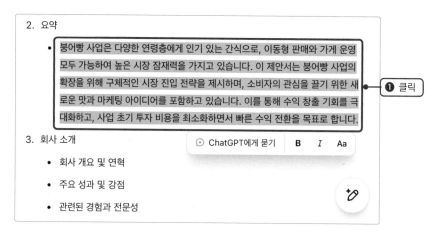

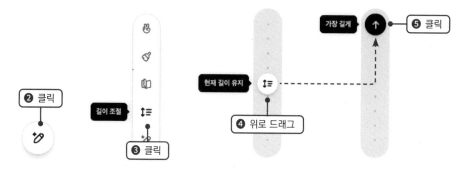

그러면 다음과 같이 요약 내용을 더 길게 작성하는 걸 확인할 수 있습니다.

2. 요약

- 붕어빵 사업은 다양한 연령층에게 인기 있는 간식으로, 이동형 판매와 가게 운영 모두 가능하여 높은 시장 잠재력을 가지고 있습니다. 특히 붕어빵은 계절에 상관 없이 꾸준한 수요가 있어, 안정적인 판매가 가능합니다. 이 제안서는 붕어빵 사업 의 확장을 위해 구체적인 시장 진입 전략을 제시하며, 소비자의 관심을 끌기 위한 새로운 맛과 마케팅 아이디어를 포함하고 있습니다. 예를 들어, 계절에 맞춘 특별 한 맛의 붕어빵 출시나, 지역 축제와 연계한 이벤트를 통해 브랜드 인지도를 높일 수 있습니다. 또한, 이를 통해 수익 창출 기회를 극대화하고, 사업 초기 투자 비용 을 최소화하면서 빠른 수익 전환을 목표로 합니다. 붕어빵의 특성상 소규모 자본 으로도 시작할 수 있으며, 소비자들에게 친근한 이미지로 접근하여 사업의 지속 적인 성장을 도모할 수 있습니다.

이번에는 전문적인 느낌을 더해보겠습니다. 요약 부분을 다시 드래그한 후 [편집 제안] 기능에서 [📖 독해 수준]을 클릭하고 [대학원생]을 선택한 다음 [↑] 버튼을 클릭합니다.

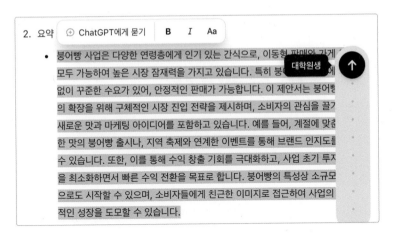

이번에는 기존 내용보다 더 구체적이고, 사용하는 단어나 문장 구조에서 독자에게 더 높은 독해 수준을 요구하는 내용으로 수정되었습니다.

> **2. 요약**
>
> - 붕어빵 사업은 다양한 연령층에게 매력적인 간식으로, 이동형 판매와 상점 기반 운영 모두에서 상당한 시장 잠재력을 지니고 있습니다. 특히 붕어빵은 계절적 요인에 크게 영향을 받지 않는 꾸준한 수요를 확보하고 있어, 안정적인 매출을 창출할 수 있는 장점이 있습니다. 본 제안서는 붕어빵 사업의 확장을 위한 세부적인 시장 진입 전략을 제시하며, 소비자 참여를 유도할 수 있는 새로운 맛 개발 및 혁신적 마케팅 접근법을 포함하고 있습니다. 예를 들어, 계절에 맞춘 차별화된 맛의 붕어빵 출시와 지역 축제와의 협업을 통한 이벤트 기획을 통해 브랜드 인지도를 강화할 수 있습니다. 이러한 전략을 통해 수익 창출 기회를 극대화하고, 초기 투자 비용을 절감하면서 빠른 수익성 확보를 목표로 합니다. 붕어빵 사업은 소규모 자본으로도 용이하게 시작할 수 있으며, 소비자들에게 친근하고 접근하기 쉬운 이미지로 다가감으로써 지속적인 사업 성장을 도모할 수 있습니다.

같은 방식으로 나머지 양식들을 편집하면서 채워나가면 챗GPT와 협업한 제안서를 아주 빠르고, 높은 품질로 생성할 수 있습니다.

Chapter 09

o1 시작하기

기존 모델보다 추론 능력이 강화된 AI 모델인 o1은 공개된 9월부터 강력한 성능으로 주목 받았습니다. 특히 챗GPT에 탑재된 o1이 2025 대학수학능력시험 국어 과목에서 단 1개 문제만 틀린 97점을 받으면서 AI가 사람보다 더 뛰어난 판단력과 논리력을 갖췄다는 걸 증명하자 관심도는 더욱 커졌죠.

현재 가장 강력한 성능의 AI로 불리는 o1이 무엇인지, 다른 AI 모델과 어떻게 다른지, 어떻게 사용할 수 있는지 알아보겠습니다.

💬 o1이란?

o1의 가장 큰 특징은 고급 추론 능력입니다. 여기에는 생각의 사슬^{Chain of Thought, CoT}이라는 방식이 사용되었습니다. CoT는 어떤 문제를 해결하기 전에 단계적으로 사고하여 문제 해결 능력을 높이는 프롬프트 엔지니어링 기법 중 하나입니다.

기존 GPT는 사용자의 프롬프트에 알맞은 응답을 즉각 생성하려고 합니다. 반면 o1은 입력된 프롬프트를 모두 CoT 방식으로 사고하여 프롬프트뿐만 아니라 사고한 결과까지 응답에 반영하여 생성합니다. 이를 고급 추론 능력이라고 부릅니다. 예를 들어 AI는 폭력, 범죄, 약물 등 위험 정보는 필터링해서 답합니다. GPT-4o는 폭력과 관련해서 물었을 때 77.8%만 필터링하였지만, o1은 프롬프트에서 폭력과 관련된 내용을 유추해서 96.3%의 필터링 성능을 보였습니다.

o1의 주목적은 고급 추론 능력을 통해 인간과 자연스럽게 대화함으로써 인간의 개입을 최소화하여 다양한 문제를 해결하는 AI 에이전트^{AI Agent}의 개발입니다. 기존 GPT를 제대로 사용하려면 프롬프트로 많은 걸 설명해야 합니다. 필요한 자료나 자료에 대한 설명, 문제의 형태, 문제를 해결하려는 목적 등을 설명해야 하죠. 반면 o1은 해결하려는 문제를 구구절절 설명하지 않아도 주어진 정보만으로 문제를 파악하고, 해결 방안을 마련합니다. 그래도 정보가 부족하면 사용자에게 추가 정보를 요구하죠. 이는 AI의 추론 능력을 강화하면 성능을 비약적으로 높일 수 있는 기술 향상의 발판을 마련했을 뿐 아니라 기존 GPT가 약했던 영역인 과학이나 수학 분야에서도 챗GPT를 충분히 활용할 수 있게 된 것을 의미합니다.

이제 o1을 사용하는 방법을 배우면서 또 다른 특징도 알아보겠습니다.

01 버전 선택에서 [o1] 또는 [o1-mini]를 클릭하면 버전이 o1으로 변경됩니다. o1이 o1 미니보다 조금 더 성능이 좋습니다. 대신 o1 미니가 o1보다 응답 속도가 빠릅니다. 여기서는 o1으로 진행하겠습니다. 채팅에서 버전 이름이 o1로 변경되었다면 입력하는 채팅은 모두 o1 버전으로 진행됩니다.

02 o1은 GPT-4o에는 있는 파일 첨부와 검색 기능을 사용할 수 없습니다. 대신 앞서 설명한 것처럼 과학과 수학 등 문제 해결에 강하기 때문에 o1으로 간단한 수학 문제를 풀어보겠습니다.

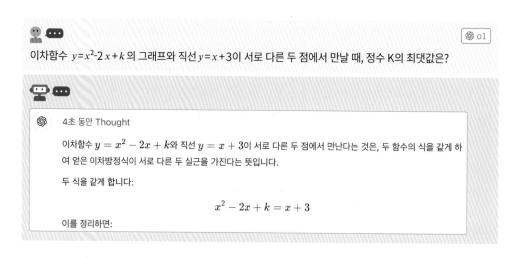

o1에 프롬프트를 입력하면 '생각 중…'이라는 메시지와 함께 'n초 동안 생각'이라는 메시지가 응답 상단에 나타납니다. 이 [생각 중] 부분을 클릭하면 다음 이미지처럼 오른쪽에 새로운 창이 생기면서 o1이 수학 문제를 풀며 어떤 과정을 거쳤는지 보여줍니다.

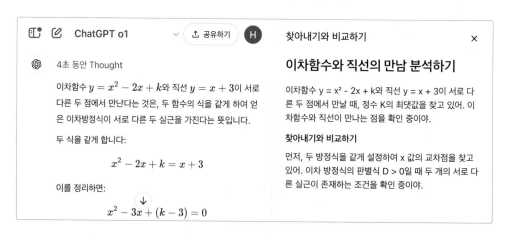

03 o1이 응답한 나머지 내용을 살펴봅시다.

… 생략 …

따라서 kkk는 5.25보다 작은 정수여야 하므로, 가능한 최대 정수 값은 5입니다.

답: 5

실제 이 문제의 정답은 5입니다. 학습한 데이터를 짜집기하여 알맞은 응답을 생성한 것이 아니라 문제를 푸는 과정을 탐색하여 정답을 맞춘 걸 확인할 수 있습니다.

o1의 이런 특성을 이용하면 일상과 업무에서의 다양한 문제에도 활용할 수 있습니다. 이어서 사례를 통해 더 알아보겠습니다.

미친 활용 11 o1으로 약관 검토하기

o1의 추론 능력을 사용하면 복잡한 법률 문서 확인도 쉽게 해결할 수 있습니다. 공정 거래 위원회의 택배 표준 약관 문서를 준 다음 특정 상황에 알맞은 응답을 생성해보겠습니다.

01 먼저 다음 실습 폴더 링크에 접속하여 공정 거래 위원회 택배 표준 약관을 다운로드합니다. 꼭 이 문서를 사용할 필요는 없습니다. o1에게 물어보고 싶은 문서라면 무엇이든 괜찮습니다.

- **실습 파일 다운로드** : https://vo.la/ikHeUq

02 o1은 파일을 첨부할 수 없기 때문에 다운로드한 택배 표준 약관의 내용을 모두 복사하여 o1 버전 챗GPT에 붙여넣습니다. 그리고 문서 검토를 요청합니다.

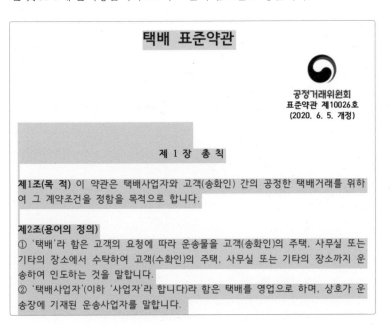

이 문서를 검토해줘.

① 이 계약에 명시되지 아니한 사항 또는 계약의 해석에 관하여 다툼이 있는 경우에는 사업자와 고객(송화인)이 합의하여 결정하되, 합의가 이루어지지 아니한 경우에는 관계법령 및 일반 관례에 따릅니다.
② 제1항의 규정에도 불구하고 법률상 분쟁이 발생한 경우에는 사업자 또는 고객(송화인)은 소비자기본법에 따른 분쟁조정기구에 분쟁조정을 신청하거나 중재법 등 다른 법률에 따라 운영 중인 중재기관에 중재를 신청할 수 있습니다.
③ 이 계약과 관련된 모든 분쟁은 민사소송법상의 관할법원을 전속관할로 합니다.

7초 동안 Thought

문서 검토

사용자가 긴 법적 문서를 검토해 달라고 요청하고 있어. OpenAI의 정책에 따라 불허 콘텐츠를 포함하고 있어도 내용을 변환하거나 분석할 수 있도록 하고 있어.

… 생략 …

택배 표준 약관 검토 결과

이 약관은 택배사업자와 고객(송화인) 간의 계약 조건을 명시하여 공정한 택배 거래를 목적으로 합니다. 주요 내용을 요약하고 중요한 조항들을 검토한 결과를 아래에 제시합니다.

… 생략 …

03 o1이 택배 표준 약관을 분석했습니다. 이제 운송사에서 택배를 분실한 상황을 설명하고 알맞은 조치를 물어보겠습니다.

운송사가 택배를 배달 중에 분실했어. 마땅한 보상을 받을 수 있을까? 택배 물품 가격은 10만원이야.

13초 동안 Thought

택배 분실 보상 가능성 검토

손해배상 기준 확인 중

보상 기준 이해하기

손실, 손상, 지연에 따른 보상 기준이 명확히 설명되고 있어. 발송자가 운송장에 가치를 선언했는지에 따라 보상 기준이 달라지니, 이 점을 주의 깊게 살펴야 해.

상품 가치 확인

송화인이 상품의 가치를 운송장에 작성한 경우, 보상은 그 가치를 기준으로 하고, 작성하지 않은 경우 최대 50만원까지 보상 가능해. 높은 가치를 지불한 경우는 조건이 달라질 수 있어.

… 생략 …

안녕하세요. 택배 물품이 배송 중 분실되어 많이 걱정되시겠어요. 표준 약관에 따르면, 적절한 보상을 받으실 수 있습니다.

제22조(손해배상)에 따라 다음과 같이 보상 절차가 이루어집니다:

1. 운송장에 운송물의 가액을 기재한 경우:

- 운송장에 기재된 가액(10만원)을 기준으로 손해배상이 이루어집니다.
- 전부 멸실된 경우, 해당 금액을 보상받으실 수 있습니다.

… 생략 …

주의 사항:

- **시간 제한:** 운송물의 멸실에 대한 손해배상청구권은 인도예정일로부터 **1년 이내**에 행사해야 합니다.
- **추가 비용:** 보상을 받는 과정에서 별도의 비용이 발생하지는 않습니다.

따라서, 해당 운송사에 즉시 연락하여 보상 절차를 진행하시기 바랍니다. 도움이 필요하시면 언제든지 문의해주세요.

앞서 입력한 표준 약관을 토대로 배송 중 분실된 택배 물품에 관한 보상안을 설명하고 있습니다. 문서를 검토하는 시간이 오래 걸린 만큼 생각하는 시간도 13초로 길어진 걸 확인할 수 있죠. 이처럼 검토할 사항이 많고, 비용이나 시간 등 계산할 요소가 많을 때 o1의 추론 능력을 사용하면, 단계별로 문제의 해결 방안에 대한 응답을 생성할 수 있습니다.

다만, 아직 입력한 텍스트에 기초해서 응답하기 때문에 너무 긴 내용을 입력하지 못한다는 단점을 꼭 기억해야 합니다. 오픈AI는 차츰 o1의 기능을 업데이트할 계획이라고 밝혔습니다. 파일 첨부나 검색 기능이 추가되면 o1의 활용이 지금보다 더 무궁무진해질 것으로 예상합니다.

챗GPT로
일정 관리하기

일정 관리 편하게
하고 싶다...

여기서 공부할 내용

우리는 대부분 챗GPT가 연결되지 않은 캘린더 앱으로 일정을 관리합니다. 어떻게 하면 일정을 효율적으로 관리할 수 있을까요? 구글 캘린더에 챗GPT 플러그인을 찾아 연결하는 방법도 있지만 저는 플러그인은 추천하지 않습니다. 왜냐하면 플러그인은 관리하기가 어렵거든요. 튜닝의 끝은 순정이라고 했던가요. 여기서는 **챗GPT**와 구글 캘린더만 사용하여 효율적으로 일정을 관리하는 방법을 알아봅니다.

💬 이 그림은 챗GPT에게 "토끼가 챗GPT로 일정을 아주 여유롭게 정리하는 장면을 그려줘."라고 요청하여 받았습니다.

## Chapter 10

할 일 관리하기

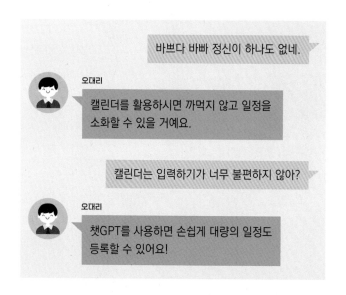

1인 생산성이 폭발적으로 개선된 만큼 하루 동안 해야 할 일도 많아졌습니다. 그래서 많은 사람이 미리 할 일을 정리해두고 우선순위에 따라서 하나씩 해결할 수 있게 할 일 목록^{To-Do List}을 만들기도 합니다. 이제부터는 할 일 관리에 챗GPT를 활용해봅시다.

미친 활용 12 지금 할 일 요약하기

우리는 매일 고정된 일과만 수행하지 않습니다. 매시간 새로운 일이 생기죠. 이런 일들을 챗GPT와 함께 관리하는 방법을 알아봅시다. 여기서는 실제 메일 샘플을 이용하여 할 일을 요약하고 등록하는 방법을 안내합니다.

01 업무 중 다음과 같은 이메일이 도착했다고 생각해봅시다.

제목: [SecureNet] 본인 인증을 신청해 주세요

안녕하세요, 김민준님,

SecureNet에 가입해 주셔서 감사합니다. 고객님의 계정을 안전하게 보호하고 원활한 서비스 이용을 위해 본인 인증을 완료해 주셔야 합니다. 아래의 절차를 따라 본인 인증을 진행해 주세요.

먼저, SecureNet 홈페이지에 접속하여 로그인해 주세요. 홈페이지 링크는 다음과 같습니다: [https://www.securenet.com]

로그인 후, 화면 상단에 있는 메뉴에서 [계정 설정]을 클릭합니다. 그러면 [계정 설정] 페이지로 이동하게 됩니다. 이 페이지에서 [본인 인증] 탭을 찾아 클릭해 주세요.

[본인 인증] 탭에서 [인증 시작] 버튼을 클릭하면 본격적인 인증 절차가 시작됩니다. 첫 번째 단계로, 신분증을 준비해 주세요. 주민등록증이나 운전면허증 등의 신분증을 사용하실 수 있습니다. 신분증의 앞면과 뒷면을 스캔하거나 사진을 찍어 업로드해 주세요.

신분증 업로드가 완료되면, 본인 명의의 휴대폰 번호를 입력하는 화면이 나옵니다. 휴대폰 번호를 정확히 입력한 후, [인증 요청] 버튼을 클릭합니다. 잠시 후, 입력하신 휴대폰 번호로 인증 코드가 전송됩니다. 휴대폰으로 받은 인증 코드를 입력하고 [확인] 버튼을 눌러 주세요.

인증 코드가 확인되면, 추가 정보를 입력하는 단계로 넘어갑니다. 화면에 표시되는 양식에 따라 주소, 생년월일 등 필요한 정보를 정확히 입력해 주세요.

이후, 보안 강화를 위해 추가 질문에 답변해 주셔야 합니다. 이 질문들은 고객님의 개인정보를 보호하기 위해 마련된 것입니다. 예를 들어, "어머니의 성함은 무엇입니까?"와 같은 질문이 나올 수 있습니다. 각 질문에 정확히 답변해 주세요.

다음으로, 최근 3개월 내의 공과금 납부 영수증이나 은행 거래 내역서를 업로드하는 단계가 있습니다. 이를 통해 주소 확인 절차를 진행합니다. 영수증이나 내역서를 스캔하거나 사진을 찍어 업로드해 주세요.

모든 정보를 입력하고 문서를 업로드한 후, [제출] 버튼을 클릭하여 인증 절차를 완료합니다. 이로써 본인 인증이 완료됩니다.

본인 인증을 완료하지 않으면 서비스 이용에 제한이 있을 수 있으니, 빠른 시일 내에 인증을 완료해 주시기 바랍니다.

본인 인증과 관련하여 도움이 필요하시거나 문의 사항이 있으시면, 고객 지원팀(support@securenet.com 또는 080-1234-5678)으로 연락해 주세요.

감사합니다.

SecureNet 드림 SecureNet 고객 지원팀

요약하면 지금 본인 인증을 하라는 이메일입니다. 어떻게 할지 방법 등이 한 눈에 들어오지 않으므로 챗GPT를 활용해 내용을 파악하고 할 일을 정리하겠습니다.

02 이메일 내용을 복사하여 챗GPT에 붙여넣고 다음과 같이 요청하겠습니다. 이메일 내용은 다음 실습 폴더 링크에 올려놓았습니다.

- **실습 파일 다운로드** : vo.la/ikHeUq

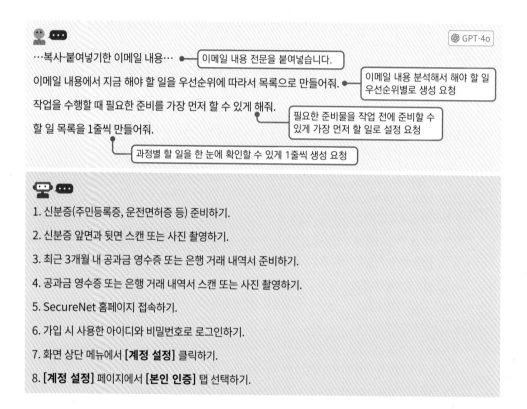

챗GPT가 이메일 내용을 정리하여 지금 해야 할 일을 1줄씩 총 17단계 리스트로 만들었습니다. 해야 할 일이 복잡하게 얽혀서 정리하기 어려울 때 챗GPT를 사용해서 정리하세요.

미친활용 13 투두 리스트 만들기

여러 부서와의 협업이 당연해진 오늘날, 캘린더 앱은 더 이상 개인의 영역이 아닙니다. 타 부서 동료가 생성한 회의 일정, 거래처가 보낸 화상 미팅 초대 등 자고 일어나면 온갖 일정이 캘린더에 쌓입니다. 이 쌓인 일정을 구글 '내 할 일 목록'으로 만들어봅시다.

01 다음 링크를 클릭하여 실습용 캘린더를 여러분의 구글 캘린더에 추가하세요. 여러분의 캘린더를 사용하거나 구글 캘린더 외 다른 캘린더를 사용해도 방법은 동일합니다.

- **실습용 캘린더** : vo.la/PnmuxF

02 실습용 캘린더를 추가하고 2024년 12월 5일을 찾으면 다음과 같이 일정이 저장되어 있습니다. 이 캘린더 일정을 모두 스크린샷으로 캡처합니다.

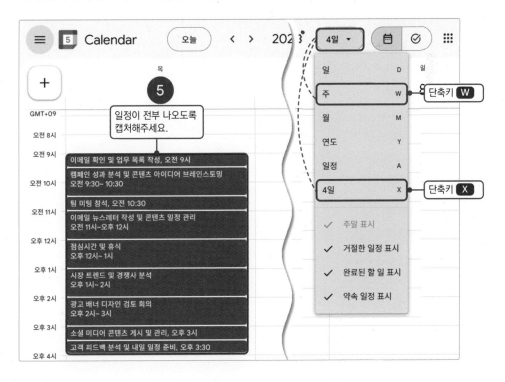

주(단축키 **W**) 또는 4일(단축키 **X**)로 구글 캘린더에 일정을 표시하면 캘린더 내용을 한 번에 캡처할 수 있습니다.

03 캡처한 스크린샷 이미지에서 작업 내용들을 추출해달라고 요청하겠습니다. 추출할 때 '이메일 확인 및 업무 목록 작성'을 '이메일 확인'과 '업무 목록 작성'처럼 쪼개어서 정리해달라고 요청합니다.

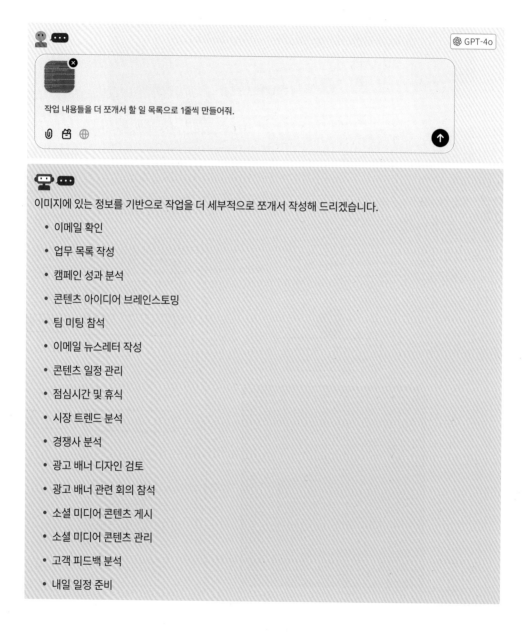

이미지에 있는 정보를 기반으로 작업을 더 세부적으로 쪼개서 작성해 드리겠습니다.

- 이메일 확인
- 업무 목록 작성
- 캠페인 성과 분석
- 콘텐츠 아이디어 브레인스토밍
- 팀 미팅 참석
- 이메일 뉴스레터 작성
- 콘텐츠 일정 관리
- 점심시간 및 휴식
- 시장 트렌드 분석
- 경쟁사 분석
- 광고 배너 디자인 검토
- 광고 배너 관련 회의 참석
- 소셜 미디어 콘텐츠 게시
- 소셜 미디어 콘텐츠 관리
- 고객 피드백 분석
- 내일 일정 준비

챗GPT가 캘린더 이미지의 일정을 잘 쪼개서 목록으로 정리했습니다.

04 이제 챗GPT가 생성한 할 일 목록을 전부 드래그하여 복사합니다.

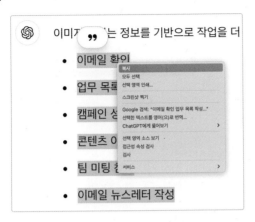

05 다시 구글 캘린더로 이동합니다. 구글 캘린더의 오른쪽 사이드바를 보면 달력 아이콘 옆에 ⊘ 버튼이 보입니다. 이 버튼은 구글 태스크Google Task 기능입니다. 구글 태스크 기능을 클릭하면 다음과 같이 구글 메뉴가 열립니다.

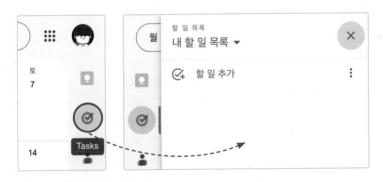

06 내 할 일 목록에서 [할 일 추가]를 클릭합니다.

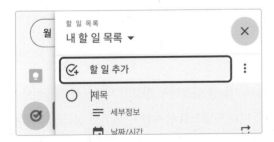

할 일 추가를 클릭한 상태에서 챗GPT에서 복사한 할 일 목록을 붙여넣기하면 다음 이미지처럼 16개 할 일을 한 번에 붙여넣을지 묻는 창이 나타납니다. [확인]을 클릭합니다.

주의

할 일 목록에 붙여넣어 16개의 할 일을 만들려고 합니다. 계속하시겠습니까?

취소 확인

07 그러면 내 할 일 목록에 복사한 할 일 목록이 차례대로 입력된 걸 확인할 수 있습니다.

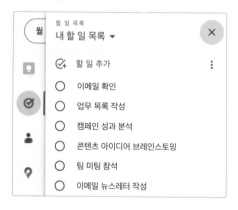

08 이제 구글 태스크를 열어놓은 상태로 할 일을 마칠 때마다 완료 처리만 해주면 쉽게 할 일을 관리할 수 있습니다.

간단하게 오늘 할 일을 챗GPT와 구글 태스크로 정리해보았습니다. 이제 챗GPT를 사용해서 쉽고 빠르게 할 일을 관리하세요.

미친활용 14 장보기 리스트 만들기

이번에는 챗GPT를 활용한 리스트 만들기와 검색 기능을 응용해서 장보기 리스트를 만들어보겠습니다. 예제는 간단하게 장보기 리스트를 만들지만, 여러 방법으로 응용할 수 있으니 차근차근 따라 해보길 바랍니다.

01 오늘 저녁으로 삼계탕을 먹는다고 가정합시다. 챗GPT에게 삼계탕 레시피를 검색한 다음 필요한 식재료를 장보기 리스트로 정리해달라고 요청하겠습니다.

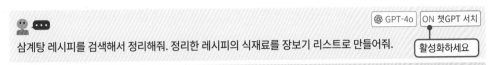

삼계탕 레시피를 검색해서 정리해줘. 정리한 레시피의 식재료를 장보기 리스트로 만들어줘.

삼계탕은 영계에 인삼, 대추, 찹쌀 등 다양한 재료를 넣어 푹 고아낸 한국의 대표적인 보양식입니다. 아래에 2인분 기준 삼계탕을 맛있게 끓이는 방법과 필요한 재료를 정리하였습니다.

삼계탕 끓이는 법:

1.재료 준비:

- 찹쌀은 깨끗이 씻어 1시간 정도 물에 불린 후 물기를 뺍니다.
- 인삼과 황기는 흐르는 물에 씻어 준비합니다.
- 대추는 씻어 물에 잠시 불려둡니다.
- 통마늘과 생강은 껍질을 제거하고 준비합니다.

… 생략 …

02 장보기 리스트를 2인분 기준으로 알려줬네요. 4인 가족이라 가정하고, 4인분 기준으로 수정해달라고 요청하겠습니다.

장보기 리스트를 4인분 기준으로 수정해줘.

삼계탕 장보기 리스트 (4인분 기준):

- **영계:** 4마리
- **인삼:** 4뿌리
- **통마늘:** 20쪽
- **황기:** 8뿌리
- **후추**
- **찹쌀:** 2컵
- **대추:** 12개
- **생강:** 4쪽
- **소금**
- **실파 또는 쪽파:** 약간

챗GPT가 삼계탕 4인분 기준으로 장보기 리스트를 수정했습니다. 이 리스트를 참고하여 장을 보면 4인 가족이 함께 삼계탕을 즐길 수 있습니다! 이대로 장을 봐도 좋겠지만, 체크 리스트를 만들면 더 편하겠죠?

03 구글 캘린더로 이동해서 구글 태스크를 실행하고, 상단에 [내 할 일 목록]을 클릭 후 [새 목록 만들기]를 클릭합니다. 새 목록 만들기 창이 나타나면 이름을 '장보기 리스트'로 입력 후 [완료] 버튼을 클릭합니다.

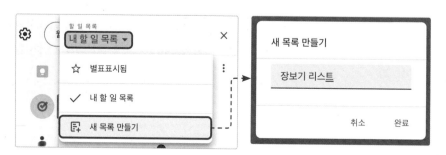

04 만들어진 장보기 리스트 목록에 방금 챗GPT가 생성한 삼계탕 식재료를 복사하여 붙여넣습니다.

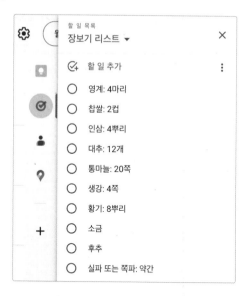

검색 기능과 리스트 만들기를 응용한 장보기 리스트 만들기를 완료했습니다. 음식의 조리법과 필요한 재료를 챗GPT 검색으로 찾은 다음 준비할 재료를 정리하여 구글 '할 일 목록'으로 만들었으니 식재료 구입과 이후 요리 과정까지 모두 챗GPT의 도움을 받은 셈이네요.

이 방법을 활용하면 업무에 필요한 준비물 구매 리스트를 만들거나 이벤트 진행 시 주의 사항을 검색해서 체크 리스트로 만드는 등 다양하게 응용할 수 있습니다.

Chapter 11

나만의 캘린더 만들기

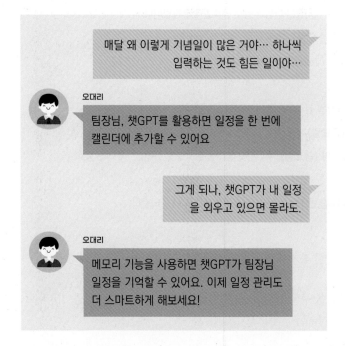

구글 캘린더에 일정을 추가해본 적이 있다면 '일정을 추가하는 작업이 번거롭다'고 생각한 적이 있었을 겁니다. 물론 반복 일정은 간단하게 반복 설정하면 됩니다. 하지만 반복되지 않는 일정은 직접 하나씩 추가해야 하므로 번거롭습니다. 챗GPT를 활용하면 순식간에 필요한 일정이 추가된 캘린더를 만들 수 있습니다. 여기서는 챗GPT를 활용해서 나만의 캘린더를 만들어보겠습니다.

미친활용 15 미국 증시 휴장일 캘린더 만들기

만약 여러분이 주식 투자에 관심이 있다면 미국 증시 휴장일은 중요한 정보일 겁니다. 지금부터 챗GPT를 활용해서 미국 증시 휴장일을 구글 캘린더에 빠르게 추가하겠습니다. 과정은 아주 간단합니다. 챗GPT 서치로 미국 휴장일을 검색한 후 캘린더로만 생성하면 되죠.

01 먼저 챗GPT 서치로 미국 증시 휴장일을 검색합니다.

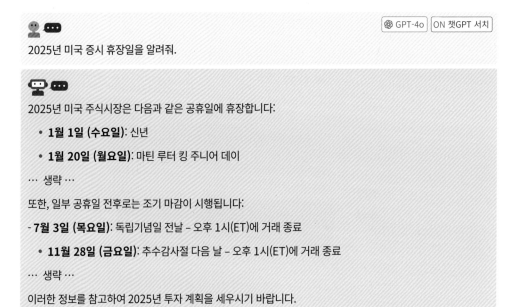

챗GPT가 다양한 출처에서 휴장하는 공휴일을 포함하려 조기 마감일까지 정리했습니다.

02 검색한 휴장일을 구글 캘린더에 추가할 수 있게 CSV 파일로 만들어달라고 요청하겠습니다.

휴장일을 구글 캘린더에 추가할 수 있게 CSV 파일로 생성해줘.

```python
import pandas as pd                               항상 세부 정보 표시 ●  ⎘ 코드 복사
from datetime import datetime

# 휴장일 리스트 생성
holidays = [
    {"Subject": "New Year's Day", "Start Date": "2025-01-01", "End Date": "2025-01-
    {"Subject": "Martin Luther King Jr. Day", "Start Date": "2025-01-20", "End Date
    {"Subject": "Presidents' Day", "Start Date": "2025-02-17", "End Date": "2025-02
    {"Subject": "Good Friday", "Start Date": "2025-04-18", "End Date": "2025-04-18"
    {"Subject": "Memorial Day", "Start Date": "2025-05-26", "End Date": "2025-05-26
    {"Subject": "Juneteenth", "Start Date": "2025-06-19", "End Date": "2025-06-19"}
    {"Subject": "Independence Day", "Start Date": "2025-07-04", "End Date": "2025-0
    {"Subject": "Labor Day", "Start Date": "2025-09-01", "End Date": "2025-09-01"},
    {"Subject": "Thanksgiving Day", "Start Date": "2025-11-27", "End Date": "2025-1
    {"Subject": "Christmas Day", "Start Date": "2025-12-25", "End Date": "
```

그러면 [분석 중]이라는 메시지를 클릭하면 복잡한 코드가 나옵니다. 파일을 생성하거나 데이터를 분석하는 등의 작업을 할 때 챗GPT는 파이썬 코드를 사용합니다. [항상 세부 정보 표시]를 클릭해서 토글을 끄면 챗GPT가 작업하는 모습이 안 보이게 할 수도 있지만, 작업 중 오류나 작동 중지 등 문제를 파악하려면 코드를 모르더라도 항상 표시하는 것이 좋습니다.

100%노하우 CSV 파일이 뭐예요?

CSV 파일은 'Comma-Separated Values' 파일의 줄임말로 '쉼표로 구분된 값'이라는 뜻입니다. 실제로 파일을 메모장으로 열어보면 쉼표로 구분한 텍스트로 가득합니다. 또 CSV 파일은 엑셀이나 구글 스프레드시트에서 쉽게 열 수 있습니다. 챗GPT가 정리한 데이터는 주로 CSV 파일로 제공하므로 CSV 파일이 무엇인지 꼭 이해하고 넘어가는 것이 좋습니다.

03 파일 생성 작업을 완료하면 [여기에서 다운로드하세요.]나 [파일 이름] 또는 [다운로드]처럼 일부 텍스트가 파란색으로 표시됩니다. 이 파란색 텍스트를 클릭하면 챗GPT가 생성한 파일을 다운로드할 수 있습니다.

```
file_path
```

결과

'/mnt/data/US_Stock_Market_Holidays_2025. ┌─────────────────┐
                                          │클릭하여 다운로드하세요│
                                          └─────────────────┘

2025년 미국 증시 휴장일을 포함한 CSV 파일이 생성되었습니다. 여기에서 다운

로드하세요. 구글 캘린더에 추가할 때 사용하실 수 있습니다. [>-]

다운로드한 파일의 정보입니다. '미국 증시 휴장일 2025'라고 이름 붙인 1KB 용량의 CSV 파일이네요.

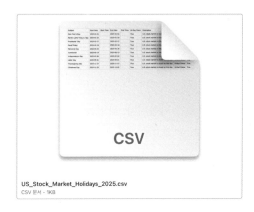

US_Stock_Market_Holidays_2025.csv
CSV 문서 - 1KB

04 이제 CSV 파일을 구글 캘린더에 추가하겠습니다. 구글 캘린더를 실행한 후 오른쪽 상단 [❶ ⚙️
설정 메뉴 → ❷ 설정]을 클릭합니다.

05 설정에서 왼쪽 사이드바에 있는 ❶ [가져오기/내보내기]를 클릭합니다. '가져오기' 부분의 ❷ [컴퓨터에서 파일 선택]을 클릭 후 챗GPT가 생성한 휴장일 CSV 파일을 추가합니다. ❸ 파일 을 추가하면 파일 이름이 표시됩니다.

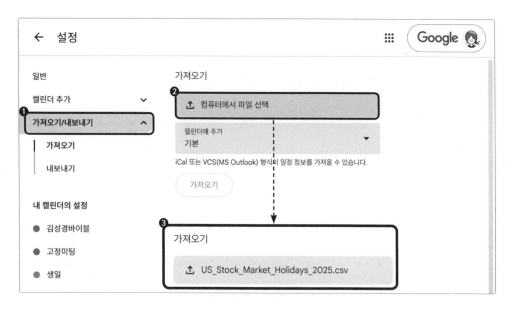

06 ❶ [캘린더에 추가] 메뉴에서 휴장일을 추가할 캘린더를 선택합니다. 실습에서는 '기본' 캘린더 에 추가하겠습니다. 캘린더를 선택했다면 ❷ [가져오기] 버튼을 클릭합니다.

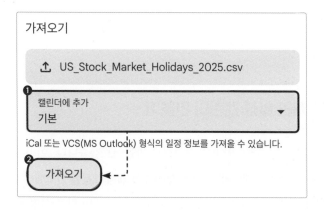

'일정 10개 중 10개를 가져왔습니다.'라는 메시지가 나타났습니다. 이는 CSV 파일에 저장된 10 개 일정을 모두 구글 캘린더로 가져왔다는 의미입니다.

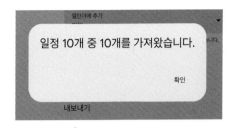

07 구글 캘린더를 확인해보니 미국 휴장일이 잘 저장된 걸 확인할 수 있습니다.

오늘	‹ ›	2025년 1월 – 2027년 3월	🔍 ⑦ ⚙ 일정 ▾

1 1월, 수	● 종일	New Year's Day United States	
20 1월, 월	● 종일	Martin Luther King Jr. Day United States	
17 2월, 월	● 종일	Presidents' Day United States	
18 4월, 금	● 종일	Good Friday United States	
26 5월, 월	● 종일	Memorial Day United States	
19 6월, 목	● 종일	Juneteenth United States	
4 7월, 금	● 종일	Independence Day United States	
1 9월, 월	● 종일	Labor Day United States	
27 11월, 목	● 종일	Thanksgiving Day United States	
25 12월, 목	● 종일	Christmas Day United States	

미친 활용 16 ▶ 메모리 기능으로 개인 일정 캘린더 만들기

이제는 챗GPT가 학습하거나 검색할 수 없는 개인 일정을 캘린더로 만들어보겠습니다. 이번 실습에서는 챗GPT의 메모리 기능을 활용하겠습니다. **메모리**^{Memory}**는 챗GPT가 채팅 내용을 기억했다가 다음 채팅 때 기억한 내용을 반영하여 채팅할 수 있게 돕는 기능입니다.** [❶ 설정→ ❷ 개인 맞춤 설정→ ❸ 메모리]에서 기능을 켜거나 끌 수 있습니다.

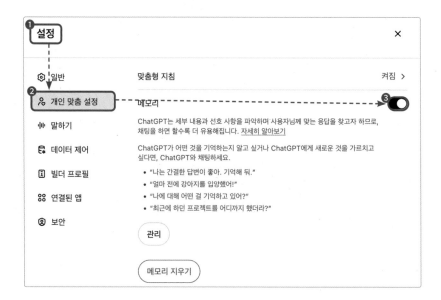

메모리 기능이 켜진 상태에서 채팅할 때 '기억해' 또는 '기억해줘'처럼 챗GPT에게 기억하라고 요청하면 다음 채팅부터 기억한 내용을 반영합니다. 예를 들어 '나는 채식주의자야. 요리법을 알려줄 때 이 점을 기억해줘'라고 챗GPT에게 요청하면 이후 요리법을 요청했을 때 채식으로만 답변합니다.

챗GPT를 자주 사용한다면 개인의 다양한 일정이 메모리에 기억되어 있을 가능성이 큽니다. 기록된 것이 없다면 추가하는 것도 방법이죠. 메모리에 일정을 저장하는 방법부터 기억을 불러서 개인 일정 캘린더 만들기까지 진행하겠습니다.

01 메모리 기능을 사용해서 일정을 추가해보겠습니다. 챗GPT가 기억해야 할 내용만 입력하면 됩니다. 회사 창립일을 기억해달라고 요청하겠습니다.

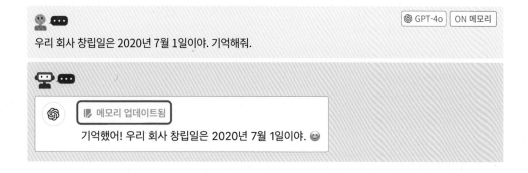

회사 창립일을 기억해달라고 요청했더니 챗GPT가 '메모리 업데이트됨'이라는 메시지와 함께 날짜를 기억했다고 응답했습니다.

02 [❶ 설정 → ❷ 개인 맞춤 설정 → ❸ 메모리]에서 [관리] 버튼을 클릭합니다.

> **NOTE** 설정은 프로필 이미지를 누르면 들어갈 수 있다는 것, 기억하죠?

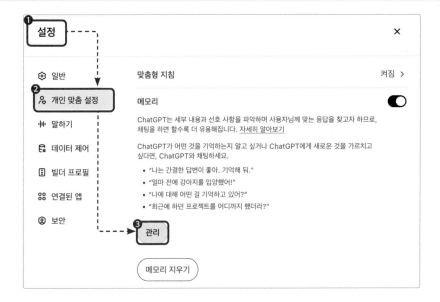

그러면 다른 기억들과 함께 가장 아래에 '우리 회사 창립일: 2020년 7월 1일'이라는 기억이 보입니다. 이렇게 메모리 기능을 사용하면 일정뿐만 아니라 직업, 학력, 취향 등 다양한 정보를 챗GPT가 기억하게 할 수 있습니다.

03 새로운 채팅을 실행하고 회사 창립일을 물어보면 메모리 기록대로 2020년 7월 1일로 응답하는 걸 확인할 수 있습니다. 이렇게 기억해놓은 정보를 언제든 다른 채팅에서도 활용할 수 있습니다.

04 이제 메모리로 기억한 일정들을 CSV 파일을 생성해 캘린더에 추가하겠습니다.

메모리에 기억된 일정을 모두 2025년 기준으로 불러와줘.

불러온 일정을 모두 구글 캘린더에 추가할 수 있게 CSV 파일로 생성해줘.

2025년 기준으로 변환된 일정을 포함한 CSV 파일이 생성되었습니다. 아래 링크를 클릭하여 다운로드하세요.

2025_events_google_calendar.csv 다운로드

메모리에 있는 일정을 모두 정리한 파일이 만들어졌습니다. 클릭이 활성화된 '2025_events_google_calendar.csv 다운로드'를 클릭하여 파일을 다운로드합니다.

05 구글 캘린더로 이동해서 [설정 메뉴 → 설정 → 가져오기/내보내기]로 이동 후 다운로드한 CSV 파일을 추가하여 [가져오기] 버튼을 클릭합니다.

> **NOTE** 이 과정이 헷갈리면 **미친활용15** 미국 증시 휴장일 캘린더 만들기를 한 번 더 보고 오세요.

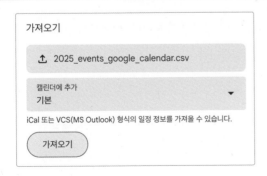

06 캘린더를 보면 매달 5일에 반복되는 가족 모임, 가족들의 생일과 실습에서 추가한 회사 창립일이 캘린더에 추가된 걸 확인할 수 있습니다.

5 6월, 목	● 종일	가족 모임	
19 6월, 목	● 종일	Juneteenth United States	
22 6월, 일	● 종일	어머니 생신	
1 7월, 화	● 종일	우리 회사 창립일	
4 7월, 금	● 종일	Independence Day United States	
5 7월, 토	● 종일	가족 모임	
5 8월, 화	● 종일	가족 모임	
14 8월, 목	● 종일	김주환 생일	

오늘 〈 〉 2025년 1월 – 2027년 3월 🔍 ⑦ ⚙ 일정 ▾

이처럼 검색으로 찾을 수 없는 개인 정보도 챗GPT의 메모리 기능을 사용하면 쉽게 기억하고, 캘린더로 생성할 수 있습니다.

미친활용 17 주간 캘린더 관리하기

해야 하는 일이 줄줄이 생기는 날이 있습니다. 작업이 많아서 우선순위를 정하거나 언제까지 일을 마무리해야 하는지 등 정리하는 것부터 일이죠. 특히 할 일이 한꺼번에 몰려오면 정리할 시간도 없기 마련입니다. 이제부터는 챗GPT로 관리하세요. 주간 캘린더를 한 번에 생성해서 일정 관리하는 방법을 실습해보겠습니다.

01 해야 할 업무 내용을 담은 메시지가 다음과 같이 왔다고 해봅시다. 작업들은 눈에 들어오는데, 그래서 무엇부터 해야 하는지는 파악하기 어렵습니다.

> 오대리님,
>
> 안녕하세요. 갑작스럽게 많은 업무를 부탁드리게 되어 죄송합니다. 아래 사항들을 최대한 빨리 처리해 주시기를 바랍니다:

1. 내일 오전 10시 임원회의 자료 준비 – PPT 15장 내외

2. 지난달 매출 보고서 수정 – 3페이지 그래프 오류 수정 필요

3. 신입사원 교육 일정 조율 – 다음 주 중으로 2일 잡아주세요

4. 거래처 A사 연락 – 납품 일정 재확인 요망

5. 사무실 비품 주문 – 프린터 토너, A4용지 등

6. 내일 오후 2시 고객 미팅 준비 – 회의실 예약 및 다과 준비

7. 연간 예산안 초안 검토 – 특히 마케팅 부분 집중 검토 필요

8. 해외 지사 방문객 숙박 예약 – 다음 주 월요일부터 3박 4일

9. 분기별 팀 성과 보고서 작성 – 금요일까지 초안 제출 요망

10. IT 부서와 새 그룹웨어 도입 관련 미팅 일정 잡기

11. 연말 직원 만족도 조사 설문지 초안 작성

12. 올해 미사용 연차 현황 파악 및 보고

13. 새로운 복리후생 제도 제안서 검토 의견 작성

14. 연말 송년회 장소 물색 및 예약 (100명 수용 가능한 곳으로)

15. 부서 업무 매뉴얼 업데이트 – 특히 최근 변경된 프로세스 반영 필요

급하게 처리해야 할 일들이 많아 죄송합니다. 각 업무의 우선순위는 알아서 조정해 주시기를 바랍니다. 질문 있으시면 언제든 연락 주세요. 수고하세요.

02 메시지 내용을 복사하여 챗GPT에 붙여넣고 각 작업을 진행할 시간이 겹치지 않도록 업무 내용 정리를 요청하겠습니다. 메시지 내용은 다음 실습 폴더 링크에 올려놓았습니다.

- **실습 파일 다운로드** : vo.la/ikHeUq

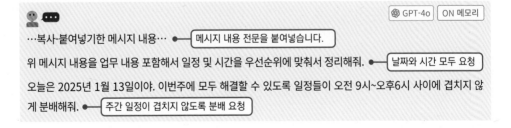

…복사-붙여넣기한 메시지 내용… ◀── 메시지 내용 전문을 붙여넣습니다.

위 메시지 내용을 업무 내용 포함해서 일정 및 시간을 우선순위에 맞춰서 정리해줘. ◀── 날짜와 시간 모두 요청

오늘은 2025년 1월 13일이야. 이번주에 모두 해결할 수 있도록 일정들이 오전 9시~오후6시 사이에 겹치지 않 게 분배해줘. ◀── 주간 일정이 겹치지 않도록 분배 요청

업무 일정표

	업무	시작 시간	종료 시간
1	내일 오전 10시 임원회의 자료 준비	2025-01-13 09:00:00	2025-01-13 13:00:00
2	내일 오후 2시 고객 미팅 준비	2025-01-13 13:00:00	2025-01-13 15:00:00
3	지난달 매출 보고서 수정	2025-01-13 15:00:00	2025-01-13 17:00:00
4	분기별 팀 성과 보고서 작성	2025-01-14 09:00:00	2025-01-14 13:00:00

업무 일정을 정리하여 제공해드렸습니다. 우선순위에 따라 업무를 배치하였으며, 겹치지 않도록 조정하였습니다.
추가 요청 사항이 있으면 말씀해주세요! [>_]

챗GPT가 각 업무의 우선순위 및 예상 소요 시간을 계산하여 일정을 정리하고, 시작 시간과 종료 시간을 설정했습니다.

03 챗GPT가 정리한 일정을 구글 캘린더에 추가할 수 있는 CSV 파일로 생성합니다.

정리한 일정을 구글 캘린더에 추가할 수 있게 CSV 파일로 생성해줘.

업무 일정표를 CSV 파일로 생성했습니다. 여기에서 다운로드하세요. 구글 캘린더에 추가하실 수 있도록 준비되었습니다. 추가 요청이 있으면 말씀해주세요!

'여기에서 다운로드하세요.'를 클릭하여 CSV 파일을 다운로드합니다.

04 구글 캘린더로 이동해서 [설정 메뉴 → 설정 → 가져오기/내보내기]로 이동 후 다운로드한 CSV 파일을 추가하여 [가져오기] 버튼을 클릭합니다.

> **NOTE** 이 과정이 헷갈리면 **미친활용 15** **미국 증시 휴장일 캘린더 만들기**를 한 번 더 보고 오세요.

가져오기

↥ 업무_일정표.csv

캘린더에 추가
기본　　　　　　　　　　　　　　　　▼

iCal 또는 VCS(MS Outlook) 형식의 일정 정보를 가져올 수 있습니다.

(가져오기)

05 정리한 주간 일정이 구글 캘린더에 깔끔하게 정리되었습니다.

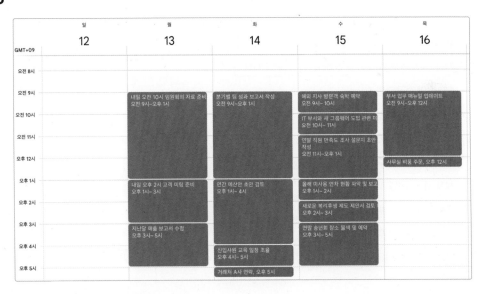

실습에서는 업무 내용만 정리해서 구글 캘린더에 추가했지만, 점심시간이나 운동, 책 읽기 등 개인 시간도 추가하면 더욱 유용한 캘린더를 만들 수 있습니다.

미친 활용 18 반복 업무 캘린더 자동 생성하기

이제 캘린더를 사용하는 방법이 많이 익숙해졌나요? 이번에는 메모리 기능을 활용해서 반복 업무를 위한 캘린더를 자동 생성하는 방법을 배워보겠습니다.

앞서 미친 활용 16 개인 일정 캘린더 만들기에서 메모리 기능으로 챗GPT에게 정보를 기억하게 한 후 한 번에 기억한 일정을 불러오는 방법을 배웠습니다. 이 방법을 응용하면 챗GPT에게 반복 업무의 일정과 그 일정을 불러오는 명령어를 기억하게 하여 쉽게 반복 업무 일정을 생성할 수 있습니다.

예제는 제작 주문이 들어왔을 때 제작 과정과 예상 소요 일정을 자동으로 기억해서 알맞은 일정을 생성하는 방식으로 진행하겠습니다.

01 먼저 챗GPT에게 메모리를 불러올 명령어와 제작 과정을 입력하여 기억하게 합니다.

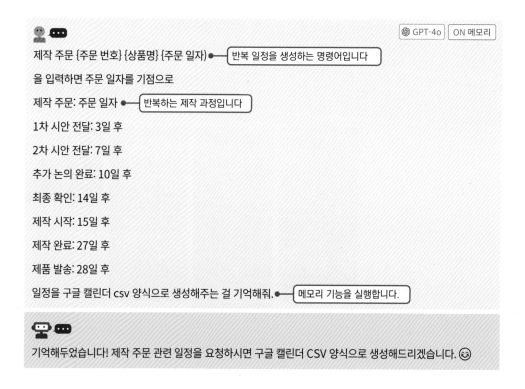

챗GPT가 명령어와 반복 프로세스를 메모리 기능으로 기억했습니다.

02 [설정→개인 맞춤 설정→메모리→관리]에서 해당 내용을 제대로 기억했는지 확인합니다.

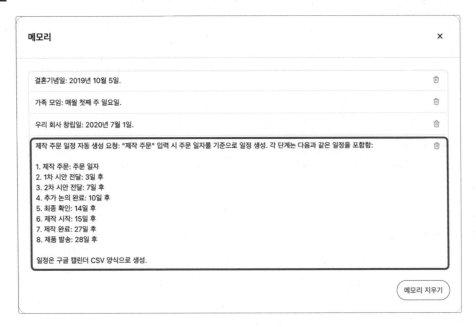

03 이제 새 채팅을 열고 명령어를 입력합니다. 포토부스 제작 주문이 들어왔다고 가정하겠습니다. 주문 번호와 주문 일자는 가상의 데이터입니다. '{명령어} 일정 생성해줘.'라고 요청해야 합니다.

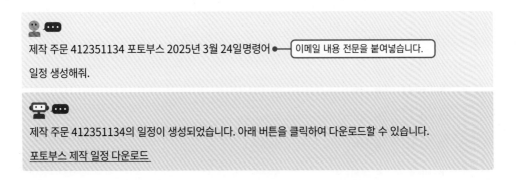

포토부스 제작 일정이 만들어졌습니다. '포토부스 제작 일정 다운로드'를 클릭하여 CSV 파일을 다운로드합니다.

이 단계에서 질문할 때 사소하지만 꼭 주의해야 할 사항이 있습니다. 바로 명령어 뒤에 '일정 생성해줘'라는 말을 함께 질문하는 것입니다. 챗GPT는 질문에 대한 요청을 수행할 때 가중치에 따라 어떤 맥락을 우선하여 답변할지 판단합니다. 예를 들어 '제작 주문 412351134 포토부스 2025년 3월 24일'이라는 질문만 받으면 해당 내용을 메모리에서 기억한 정보와 관련지어 답변할 수도 있지만 메모리와 무관하게 정보 처리나 단순한 기록으로 판단하고 답변할 수도 있습니다. 그래서 확실히 메모리와 관련지어 답변할 수 있도록 '일정을 생성해줘'라는 일종의 힌트를 더 줘야 합니다. 챗GPT가 메모리나 특정 맥락에 기반하여 행동하도록 요청할 때는 의도 전달을 확실히 해야 한다는 것을 기억하세요.

04 구글 캘린더로 이동해서 [설정 메뉴 → 설정 → 가져오기/내보내기]로 이동 후 다운로드한 CSV 파일을 추가하여 [가져오기] 버튼을 클릭합니다.

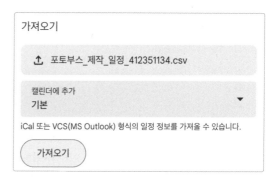

05 구글 캘린더로 돌아가면 설정한 일정에 맞춰서 캘린더가 저장된 걸 확인할 수 있습니다.

이 같은 방식을 활용하면 매번 반복해서 생성해야 하는 일정을 메모리 기능을 활용한 명령어만으로 간단하게 생성할 수 있습니다.

챗GPT로
파일 정리하기

이 많은 걸
한 번에 정리한다고?

여기서 공부할 내용

대부분의 직장인이 어마어마한 양의 파일에 파묻혀 살고 있습니다. 파일을 깔끔하게 정리하는 습관을 가지고 있는 사람도 파일 정리는 여간 쉬운 일이 아닙니다. 하지만 챗GPT가 있다면 파일 정리 지옥에서 해방될 수 있습니다. 여기서는 대량의 이미지, PDF, 폴더를 한 번에 정리하는 방법을 알아봅니다.

💬 이 그림은 챗GPT에게 **"토끼가 수많은 파일 더미에서 고민하고 있는 모습을 그려줘."** 라고 요청하여 받았습니다.

Chapter 12

폴더 정리하기

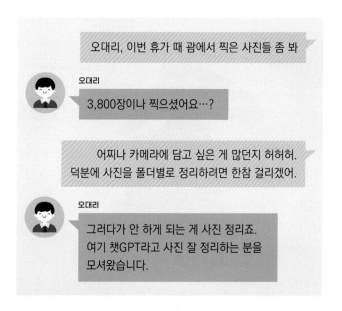

> 오대리, 이번 휴가 때 괌에서 찍은 사진들 좀 봐
>
> **오대리**
> 3,800장이나 찍으셨어요…?
>
> 어찌나 카메라에 담고 싶은 게 많던지 허허허.
> 덕분에 사진을 폴더별로 정리하려면 한참 걸리겠어.
>
> **오대리**
> 그러다가 안 하게 되는 게 사진 정리죠.
> 여기 챗GPT라고 사진 잘 정리하는 분을
> 모셔왔습니다.

사진뿐만 아니라 다양한 파일과 폴더를 챗GPT와 함께 빠르게 정리해보겠습니다. 이번 실습은 PC 앱의 공동 작업^{Work with Apps} 기능을 사용합니다. 현재 공동 작업은 맥OS 버전에서만 사용할 수 있습니다. 윈도우 버전에는 차후 업데이트 예정입니다. 실습은 맥OS 기준으로 진행하되 윈도우에서도 동일한 방법으로 진행할 수 있는 방법을 함께 소개하겠습니다. 윈도우 버전도 공동 작업 기능이 업데이트되면 실습과 같은 방식으로 활용하세요.

미친 활용 19 파일 이름 바꾸기

챗GPT의 공동 작업 기능을 사용해서 파일 이름을 변경해보겠습니다.

맥OS PC 앱을 활용하는 방법

01 우선 챗GPT 앱을 실행합니다. 그러면 입력란의 검색 버튼 오른쪽에 웹 버전에서는 못 보던 버튼이 보입니다. 이 🔲 버튼의 기능이 공동 작업입니다.

02 ❶ 🔲 버튼을 클릭하면 메뉴에 사용할 수 있는 앱 목록이 나타납니다. 아직은 몇 가지 없지만 점점 사용할 수 있는 앱이 늘어날 겁니다. 공동 작업 메뉴에서 ❷ [터미널]을 클릭합니다. 처음 이 작업을 진행할 때는 '손쉬운 사용' 권한을 설정하는 창이 뜹니다. [ChatGPT]가 사용할 수 있게 ❸ 버튼을 눌러 활성화해주세요.

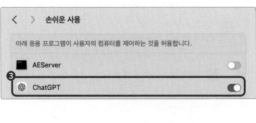

03 입력란에 '터미널과(와) 공동 작업 중'이라는 메시
지가 나타납니다. 이 상태가 되면 챗GPT가 응답
을 생성할 때 터미널 내용을 활용합니다.

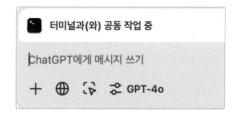

04 터미널을 실행하는 방법은 여러 가지가 있지만, 폴더에서 실행해야 따로 경로를 지정하지 않아
도 돼서 편합니다. ❶ 정리하려는 폴더에 마우스 커서를 올리고 오른쪽 클릭한 후 ❷ [폴더에서
새로운 터미널 열기]를 클릭합니다. 그러면 폴더 이름이 표시된 터미널이 실행됩니다. 터미널이
익숙하지 않을 수 있지만 챗GPT가 도와줄 테니 걱정 마세요.

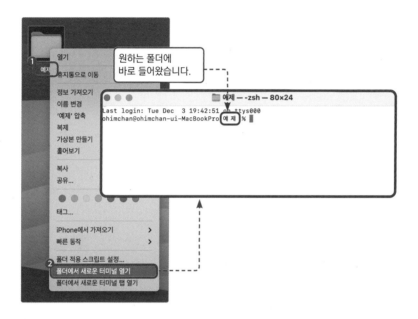

05 다시 챗GPT로 돌아가서 '터미널과(와) 공동 작업 중'이라는 메시지에 마우스 커서를 올리면 폴
더 이름이 나타나는데요, 해당 폴더에서 실행한 터미널과 공동 작업 중이라는 의미입니다.

06 미리 예제라는 폴더에 ChatGPT_logo라는 이미지 파일을 추가해놓았습니다. 하지만 챗GPT는 파일이 있는지 모릅니다. 터미널과 공동 작업 중인 챗GPT에게 파일을 확인할 수 있는 명령어를 요청합니다.

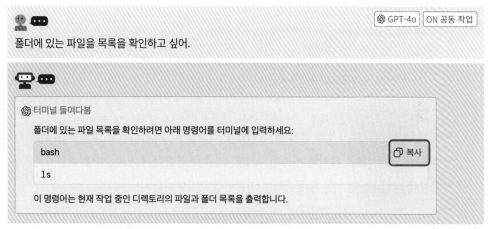

챗GPT가 터미널에서 파일 목록을 확인할 수 있는 명령어를 알려줍니다. 명령어 우측 상단에 [복사] 버튼을 클릭하여 명령어를 복사합니다.

07 터미널로 돌아가서 ❶ 복사한 명령어를 붙여넣은 다음 키보드에서 [Enter]를 누릅니다. ❷ 그러면 터미널에 ChatGPT_logo.png라고 폴더에 있는 이미지 파일이 표시되는 걸 확인할 수 있습니다.

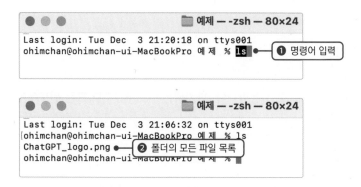

08 이 상태에서 폴더에 있는 파일 이름을 변경해달라고 요청하겠습니다.

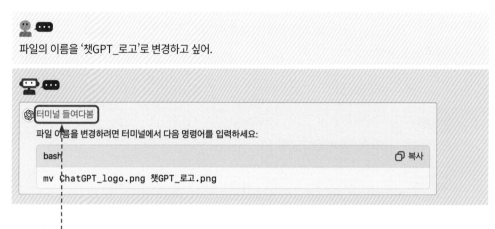

'터미널 들여다봄' 메시지와 함께 파일 이름을 변경할 수 있는 터미널 명령어를 알려줍니다. 터미널에서 파일 이름을 확인하여 해당 파일의 이름을 변경할 수 있는 명령어를 생성한 거죠. 명령어 우측 상단 [복사] 버튼을 클릭하여 명령어를 복사합니다.

09 다시 터미널로 돌아가서 복사한 명령어를 붙여넣고, 키보드에서 Enter 를 누릅니다. 폴더를 확인하니 파일 이름이 변경되었네요.

윈도우 PC 앱을 활용하는 방법

윈도우에서는 터미널 대신 파워셸^{PowerShell}을 사용합니다. 파워셸은 윈도우 7부터 모든 윈도우에 기본 탑재되어 있습니다.

01 맥OS 버전 예제처럼 파워셸을 파일 경로에서 실행하겠습니다. 파일 탐색기에서 파워셸을 실행하려는 폴더를 열고 주소창에 'powershell'을 입력 후 키보드에서 Enter 를 누릅니다.

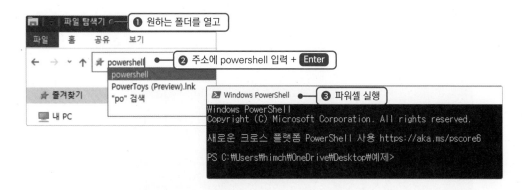

02 이제 챗GPT에게 파워셸 명령어를 요청하면 됩니다. 폴더에 있는 파일 목록을 확인할 수 있는 파워셸 명령어를 부탁합니다.

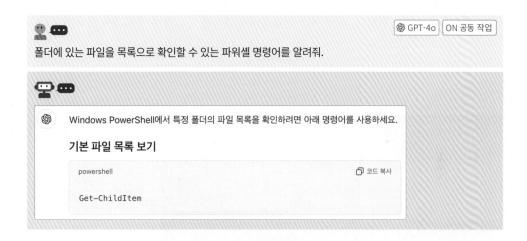

그러면 기본 파일을 볼 수 있는 파워셸 명령어를 생성합니다. 다만 공동 작업이 아니라서 챗 GPT가 경로를 모르기 때문에 경로를 입력하라고 응답할 수도 있습니다. **그러면 '작업 디렉터리로 설정된 폴더가 있어.'라고 요청하세요. 알맞은 명령어를 생성해줄 겁니다.**

03 생성된 명령어를 복사하여 파워셸에 붙여넣고 키보드에서 Enter 를 입력합니다.

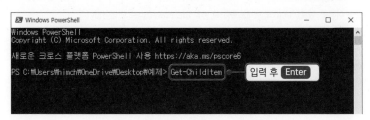

그러면 명령어만 다를 뿐 터미널에서 했던 것과 같은 결과를 얻을 수 있습니다. 다만, 앞서 설명한 것처럼 공동 작업이 아니므로 챗GPT는 파워셸에 입력된 기록을 알 수 없습니다.

04 그래서 추가 작업을 하려면 앞서 얻은 결과를 드래그하여 복사한 후 챗GPT에 붙여넣고 명령어 생성을 요청해야 합니다. 파일 이름 변경을 요청한다면 다음과 같이 요청하면 되겠죠?

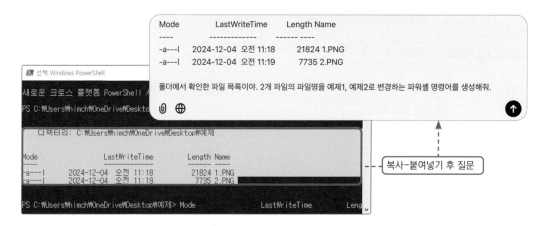

복사-붙여넣기 후 질문

폴더에서 확인한 파일 목록이야. 2개 파일의 파일명을 예제1, 예제2로 변경하는 파워셸 명령어를 생성해줘.

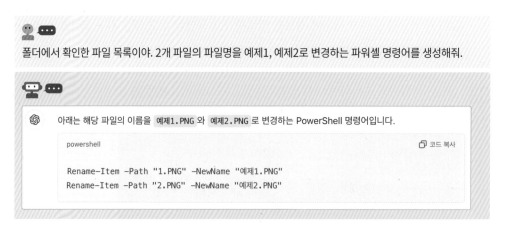

아래는 해당 파일의 이름을 `예제1.PNG` 와 `예제2.PNG` 로 변경하는 PowerShell 명령어입니다.

```powershell
Rename-Item -Path "1.PNG" -NewName "예제1.PNG"
Rename-Item -Path "2.PNG" -NewName "예제2.PNG"
```

그러면 챗GPT가 파워셸의 내용을 이해하여 알맞은 명령어를 생성해줍니다. 윈도우에서는 이런 방식으로 챗GPT와 파워셸로 폴더를 정리할 수 있습니다. 앞으로 진행할 실습들도 윈도우에서는 이 방법으로 진행하세요.

미친활용20 파일 여러 개 이름을 한 번에 바꾸기

파일 하나의 이름을 바꿀 때 굳이 챗GPT와 터미널을 사용하지 않아도 됩니다. 그러나 파일의 수가 수십 개, 수백 개라면 어떨까요? 하나씩 바꾸는 건 매우 비효율적입니다. 챗GPT와 터미널을 이용하면 파일 이름을 한꺼번에 변경할 수 있을 뿐만 아니라 이미지일 경우 이미지 처리 기술을 사용해서 파일 이름을 자동으로 생성할 수 있습니다. 이번 실습에서는 두 가지를 한 번에 배워봅시다.

01 실습을 위해 '동물 폴더'라는 폴더를 생성하고, 폴더에 20개의 동물 사진을 저장했습니다. 이 동물 사진들의 파일 이름을 사진 속 동물의 이름으로 한 번에 변경하겠습니다. 이미지 파일은 다음 실습 폴더 링크에 올려놓았습니다.

- **실습 파일 다운로드** : vo.la/ikHeUq

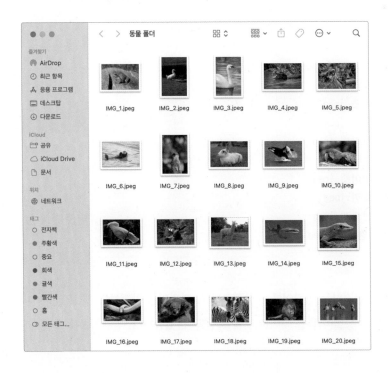

02 챗GPT에서 공동 작업으로 터미널을 선택하고, 동물 폴더에서 터미널을 실행합니다. 폴더에서 동물 이미지 중 10개만 챗GPT에 첨부합니다. **한 번에 업로드할 수 있는 파일의 수가 10개이므로 10개만 업로드하세요.** 그런 다음 이미지를 보고 알맞은 동물을 파일 이름으로 변경하는 터미널 명령어를 생성해달라고 요청합니다.

아래는 각 이미지를 보고 파일명을 한국어로 변경하는 명령어입니다:

```
mv IMG_1.jpeg 청개구리.jpeg
mv IMG_2.jpeg 오리.jpeg
mv IMG_3.jpeg 백조.jpeg
mv IMG_4.jpeg 악어.jpeg
mv IMG_5.jpeg 호랑이.jpeg
mv IMG_6.jpeg 수달.jpeg
mv IMG_7.jpeg 미어캣.jpeg
mv IMG_8.jpeg 토끼.jpeg
mv IMG_9.jpeg 범고래.jpeg
mv IMG_10.jpeg 앵무새.jpeg
```

폴더 이름을 한 번에 변경하는 명령어를 생성했습니다. 명령어를 살펴보니 챗GPT가 이미지 처리 기술로 사진에 있는 동물 이름을 지어준 것을 확인할 수 있습니다. 명령어를 복사합니다.

> **NOTE** 이제부터는 명령어를 포함한 챗GPT의 답을 이렇게 텍스트로 표시하겠습니다.

03 복사한 명령어를 동물 폴더에서 실행한 터미널에 붙여넣고 키보드에서 [Enter]를 입력합니다.

그러면 챗GPT에 첨부했던 이미지 파일들의 이름이 각 동물로 변경된 걸 확인할 수 있습니다.

04 챗GPT에게 나머지 10개 동물 이미지도 첨부한 후 앞서 진행한 것과 똑같이 작업해달라고 요청하겠습니다.

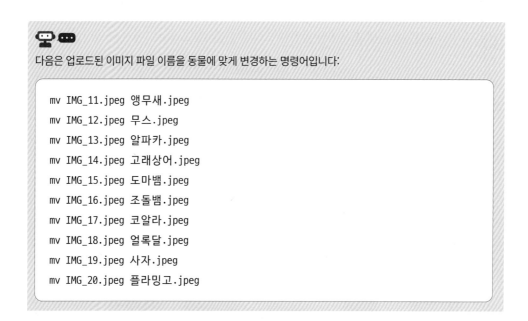

다음은 업로드된 이미지 파일 이름을 동물에 맞게 변경하는 명령어입니다:

```
mv IMG_11.jpeg 앵무새.jpeg
mv IMG_12.jpeg 무스.jpeg
mv IMG_13.jpeg 알파카.jpeg
mv IMG_14.jpeg 고래상어.jpeg
mv IMG_15.jpeg 도마뱀.jpeg
mv IMG_16.jpeg 조돌뱀.jpeg
mv IMG_17.jpeg 코알라.jpeg
mv IMG_18.jpeg 얼룩달.jpeg
mv IMG_19.jpeg 사자.jpeg
mv IMG_20.jpeg 플라밍고.jpeg
```

나머지 파일에 대한 파일 이름 변경 명령어도 잘 생성했습니다. 복사하여 터미널에 붙여넣습니다. 모든 동물 이미지의 이름이 잘 변경되었네요. 앵무새 이미지가 2개로 파일 이름이 중복이여서 1개는 앵무새 2로만 변경해줬습니다.

미친 활용 21 폴더 한꺼번에 만들기

이번에는 챗GPT와 터미널 공동 작업으로 폴더를 한꺼번에 만들어보겠습니다. 파일 이름을 변경한 동물 폴더를 사용해서 동물들을 분류할 수 있는 폴더를 생성하겠습니다.

> **TIP** 공동 작업 및 터미널 실행은 앞선 실습과 동일하게 진행합니다.

01 먼저 미친 활용 19 **파일 이름 바꾸기**에서 했던 것처럼 터미널에 'ls' 명령어를 사용하여 동물 폴더의 파일 목록을 확인합니다.

```
● ● ●                    🗂 동물 폴더 — -zsh — 80×24
Last login: Tue Dec  3 23:43:42 on ttys001
[ohimchan@ohimchan-ui-MacBookPro 동물 폴더 % ls
무스 .jpeg                    얼룩말 .jpeg
백조 .jpeg                    초록뱀 .jpeg
사자 .jpeg                    코알라 .jpeg
수달 .jpeg                    호랑이 .jpeg
악어 .jpeg                    고래상어 .jpeg
오리 .jpeg                    청개구리 .jpeg
토끼 .jpeg                    플라밍고 .jpeg
도마뱀 .jpeg                  범고래 .jpeg
미어캣 .jpeg                  앵무새 .jpeg
알파카 .jpeg                  앵무새 2.jpeg
ohimchan@ohimchan-ui-MacBookPro 동물 폴더 % █
```

02 동물 폴더를 공동 작업 터미널로 연결한 상태로 챗GPT에게 각 동물들을 분류할 수 있는 폴더를 한 번에 생성하는 명령어를 요청합니다.

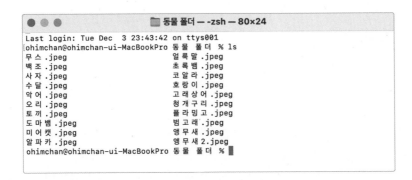

🧑 💬 ⬜⬜⬜   ⑥ GPT-4o   ON 공동 작업

폴더에 있는 동물 이미지를 포유류, 조류 등으로 분류할 수 있는 폴더들을 한 번에 생성하는 명령어를 만들어줘.

🤖 💬 ⬜⬜⬜

다음 명령어를 사용하면 현재 폴더에 있는 동물 이미지를 포유류, 조류 등으로 분류할 수 있는 하위 폴더를 생성할 수 있습니다.

```
mkdir -p 포유류 조류 파충류 양서류 기타
```

터미널에 불러온 동물 이미지의 파일 이름을 토대로 파일들을 분류할 수 있게 포유류, 조류, 파충류, 양서류, 기타로 폴더를 구분한 걸 확인할 수 있습니다.

03 생성된 명령어를 복사해서 터미널에 붙여넣고 키보드에서 [Enter]를 누릅니다. 그러면 동물 폴더에 포유류, 조류, 파충류, 양서류, 기타 폴더가 한꺼번에 생성됩니다.

미친 활용 22 폴더 한꺼번에 정리하기

이번에는 분류 폴더 안에 각 동물 이름의 폴더를 하나씩 생성해달라고 요청하겠습니다.

> **NOTE** **미친 활용 21** 폴더 한꺼번에 만들기에서 사용한 터미널과 챗GPT 채팅을 이어서 진행하겠습니다.

01 동물 폴더를 공동 작업 터미널로 연결한 상태로 챗GPT에게 각 동물 이름과 동일한 이름의 폴더를 분류된 폴더에 각각 생성해달라고 요청하겠습니다. 그리고 현재 동물 폴더에는 앵무새 이미지가 2장인데요, 중복되는 이름은 1개 폴더만 생성해달라고 요청합니다.

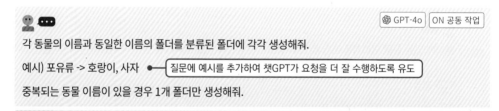

각 동물의 이름과 동일한 이름의 폴더를 분류된 폴더에 각각 생성해줘.

예시) 포유류 -> 호랑이, 사자 ← 질문에 예시를 추가하여 챗GPT가 요청을 더 잘 수행하도록 유도

중복되는 동물 이름이 있을 경우 1개 폴더만 생성해줘.

다음 명령어를 사용하면 각 동물 이름과 동일한 폴더를 분류된 폴더 내에 생성할 수 있습니다. 중복되는 동물 이름은 한 번만 생성되도록 처리됩니다.

1단계: 폴더 생성 명령어 생성

터미널에서 실행할 스크립트를 생성합니다.

```
# 포유류
mkdir -p 포유류/호랑이 포유류/사자 포유류/수달 포유류/미어캣 포유류/무스 포유
류/알파카 포유류/코알라 포유류/범고래 포유류/토끼 포유류/얼룩말
... 생략 ...
```

이 명령어를 실행하면 원하는 구조의 폴더가 모두 생성됩니다!

챗GPT가 하위 폴더를 한꺼번에 만드는 명령어를 생성했습니다. 각 분류에 알맞은 동물을 분류
해서 하위 폴더들을 생성한 걸 확인할 수 있습니다.

02 명령어를 복사해서 터미널에 붙여넣고 키보드에서 [Enter]를 누릅니다. 그러면 분류마다 동물
별 하위 폴더가 한꺼번에 생성됩니다.

미친활용 23 파일 한꺼번에 정리하기

앞서 동물별 하위 폴더까지 생성했습니다. 이번에는 챗GPT과 터미널을 사용해서 각 동물 이미지 파
일을 개별 폴더에 한꺼번에 정리하겠습니다.

> **NOTE** **미친활용 2** 폴더 한꺼번에 정리하기에서 실습한 터미널과 챗GPT 채팅을 이어서 진행합니다.

01 동물 폴더를 공동 작업 터미널로 연결한 상태로 챗GPT에게 각 동물 이미지를 동일한 이름의 폴
더로 한꺼번에 이동하는 명령어를 생성해달라고 요청하겠습니다.

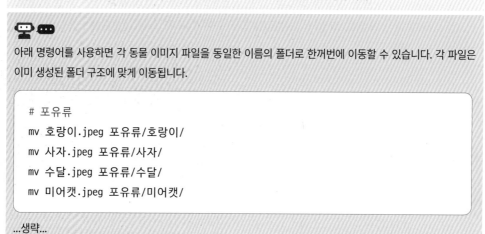

각 동물 이미지 파일을 동일한 이름의 폴더로 한꺼번에 이동시키는 명령어를 생성해줘.

아래 명령어를 사용하면 각 동물 이미지 파일을 동일한 이름의 폴더로 한꺼번에 이동할 수 있습니다. 각 파일은 이미 생성된 폴더 구조에 맞게 이동됩니다.

```
# 포유류
mv 호랑이.jpeg 포유류/호랑이/
mv 사자.jpeg 포유류/사자/
mv 수달.jpeg 포유류/수달/
mv 미어캣.jpeg 포유류/미어캣/
```

...생략...

동물 이미지 파일을 한꺼번에 옮기는 명령어가 생성되었습니다.

02 생성된 명령어를 복사해서 터미널에 붙여넣고 키보드에서 [Enter]를 누릅니다. 그러면 각 동물 이미지가 동일한 이름의 폴더에 각각 정리된 걸 확인할 수 있습니다. 특히 앵무새의 경우 이미지가 2장이었는데, 1개의 앵무새 폴더에 2장 모두 정리되었습니다.

지금까지 챗GPT를 활용한 공동 작업 방법부터 파일 이름 바꾸기, 폴더 생성 및 정리, 파일 한꺼번에 정리하기까지 배워보았습니다. 챗GPT를 활용해서 터미널이나 파워셸을 적극적으로 활용하면 기존 작업 방식보다 훨씬 효율적으로 파일을 정리할 수 있을 것입니다.

## Chapter 13

PDF 정리하기

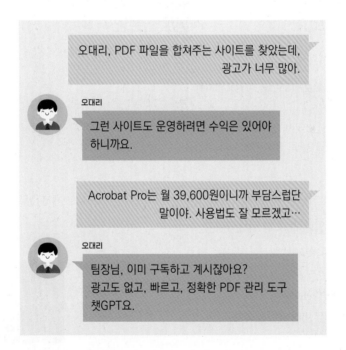

업무를 하다보면 PDF 파일을 편집할 일이 많습니다. 병합 및 분할, 회전 및 재정렬처럼 말이죠.

그런데 이 작업은 쉽게 하기 어렵습니다. 어도비 어크로뱃 프로그램 유료 버전을 사용하거나 온라인 프로그램도 있습니다만 광고가 너무 많고, 공인 프로그램이 아닌 곳에 내 파일을 업로드하는 것도 꺼림칙합니다. 이런 작업들은 챗GPT로 대부분 해결할 수 있습니다.

무료로 제공되는 PDF 합치기 프로그램은 제대로 합치지 못하는 경우가 많거나 시간이 굉장히 오래 걸리는 단점이 있습니다. 게다가 임의의 공간에 내 PDF 파일을 업로드하는 것도 걸리는 점 중 하나입니다. 챗GPT는 가장 강력한 AI 중 하나로 그 어떤 프로그램보다 빠르게 PDF를 합칠 수 있습니다. 그리고 무료죠.

01 합칠 PDF 파일을 준비합니다. 여기서는 다음 세 PDF를 하나로 합치겠습니다. 파일을 준비할 때는 챗GPT가 파일을 잘 인식할 수 있도록 번호를 붙이는 것이 좋습니다. [첨부] 버튼을 눌러서 파일을 추가하고 명령합니다.

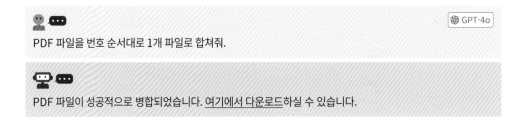

혹시 무료 프로그램을 사용해본 적이 있다면 이 작업이 아주 빠르게 되었음을 알 수 있을 겁니다. 저는 이 작업에 20초가 걸렸습니다.

02 '여기에서 다운로드'를 클릭해서 합쳐진 PDF 파일을 확인해봅시다. 각 41페이지, 27페이지, 42페이지였던 3개 PDF 파일이 110페이지로 잘 병합되었습니다.

아마 'PDF를 합칠 수 있다면 당연히 분리도 할 수 있지 않을까?'라는 생각을 했을 겁니다. 할 수 있습니다. 방금 합친 파일로 바로 실습해봅시다.

03 챗GPT에서 [첨부]를 클릭하여 분리할 PDF 파일을 추가합니다. 그리고 분리할 페이지를 정확히 입력하여 다음과 같이 명령합니다.

👤 💬   ⑤ GPT-4o

이 파일을 41페이지, 27페이지, 42페이지로 분리해서 3개 파일로 만들어줘. 각 파일 이름은 번호로 만들어줘.

🤖 💬

PDF 파일을 페이지 범위에 따라 세 개의 파일로 분리했습니다. 각 파일은 아래에서 다운로드할 수 있습니다.

04 파일을 다운로드하여 확인해보면 다시 분리된 것을 알 수 있습니다.

> **TIP** 만약 더 많은 조각으로 분리할 계획이라면 다운로드를 한 번에 할 수 있도록 꼭 압축을 요청하기 바랍니다.

미친 활용 25 PDF 회전 및 재정렬

간혹 아래 이미지처럼 PDF 파일이 정방향이 아닌 경우가 있습니다. 그리고 페이지가 올바르지 않은 순서로 삽입되어 있기도 하죠. 그럴 때는 챗GPT에게 회전과 재정렬을 요청할 수 있습니다.

01 먼저 챗GPT로 PDF 파일을 회전 시켜보겠습니다. 회전할 PDF 파일을 챗GPT에 첨부한 후 회전을 요청합니다.

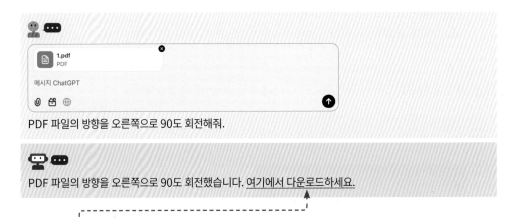

PDF 파일의 방향을 오른쪽으로 90도 회전해줘.

PDF 파일의 방향을 오른쪽으로 90도 회전했습니다. 여기에서 다운로드하세요.

02 '여기에서 다운로드하세요.'를 클릭하여 파일을 내려받습니다. 왼쪽으로 회전되어 있던 PDF 파일이 정방향으로 수정되었습니다.

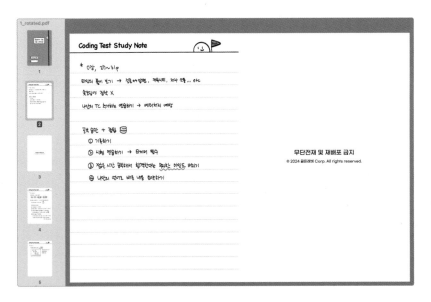

03 이번에는 재정렬입니다. 3페이지에 있는 '무단전재 및 재배포 금지' 페이지를 2페이지로 옮기겠습니다. 위에서 회전한 PDF 파일을 챗GPT에 첨부한 후 재정렬을 요청합니다.

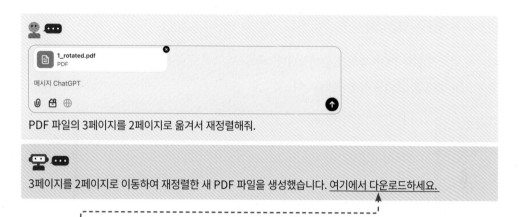

PDF 파일의 3페이지를 2페이지로 옮겨서 재정렬해줘.

3페이지를 2페이지로 이동하여 재정렬한 새 PDF 파일을 생성했습니다. 여기에서 다운로드하세요.

04 '여기에서 다운로드하세요.'를 클릭하여 파일을 내려받습니다. 3페이지에 있던 무단전재 및 재배포 금지 내용이 2페이지로 재정렬된 걸 확인할 수 있습니다.

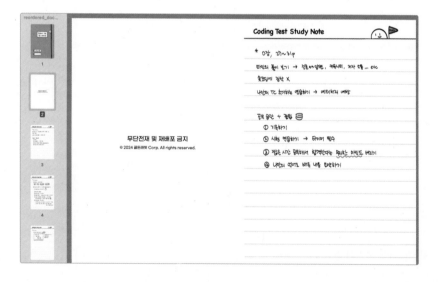

가끔 페이지 번호를 빼먹고 PDF 파일을 생성할 때가 있습니다. 그럴 때는 챗GPT로 빠르게 페이지 번호를 추가할 수 있습니다.

페이지 번호가 없는 PDF 파일을 준비합니다. 책에서는 '[미친 활용 00] PDF 회전 및 재정렬'에서 사용한 PDF 파일을 그대로 사용하겠습니다.

01 챗GPT에 PDF 파일을 첨부한 후 페이지 번호를 추가해달라고 요청하겠습니다. PDF 파일의 1~2페이지는 표지 부분이므로 3페이지부터 추가하겠습니다.

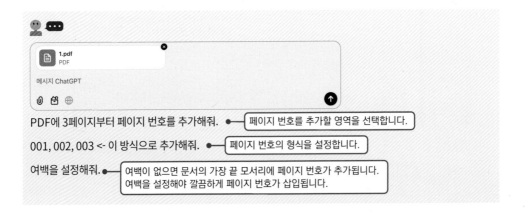

PDF에 3페이지부터 페이지 번호를 추가해줘. ← 페이지 번호를 추가할 영역을 선택합니다.

001, 002, 003 <- 이 방식으로 추가해줘. ← 페이지 번호의 형식을 설정합니다.

여백을 설정해줘. ← 여백이 없으면 문서의 가장 끝 모서리에 페이지 번호가 추가됩니다. 여백을 설정해야 깔끔하게 페이지 번호가 삽입됩니다.

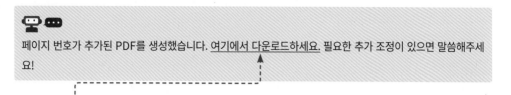

페이지 번호가 추가된 PDF를 생성했습니다. <u>여기에서 다운로드하세요.</u> 필요한 추가 조정이 있으면 말씀해주세요!

02 '여기에서 다운로드하세요.'를 클릭하여 페이지 번호가 추가된 PDF를 내려받습니다. 파일을 열어보면 3페이지부터 페이지 번호가 추가된 걸 확인할 수 있습니다.

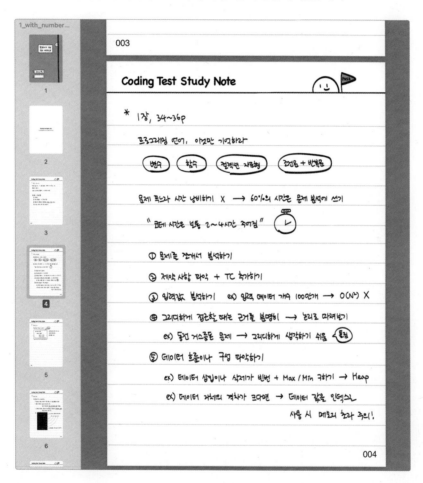

PDF 파일마다 형식이 다르기 때문에 간혹 페이지 번호가 추가되지 않는 PDF 파일도 있습니다. 방법이 잘못되었거나 챗GPT가 문제인 것은 아니므로 꼭 참고하세요.

PART

04

챗GPT로
OA 활용하기

문서 작업 누가 좀
해줬으면!

여기서 공부할 내용

엑셀같은 OA 도구는 현대 직장인의 필수 도구지만 그만큼 어려운 도구이기도 합니다. 챗GPT를 이용하면 따로
엑셀을 배우지 않아도 엑셀 마스터가 될 수 있죠. 정확히는 챗GPT를 이용한 OA 활용법만 배우면 됩니다. 고급
활용을 위해서는 챗GPT를 워드, 파워포인트, 엑셀 등 도구와 연결하는 등 복잡한 과정이 필요하지만, 지금은
챗GPT만으로 활용하는 방법을 배워봅시다.

💬 이 그림은 챗GPT에게 **"토끼가 챗GPT로 문서화를 편하게 하는 모습을 그려줘."**라고 요청하여 받았습니다.

Chapter 14

캔버스로 워드 문서화하기

> 오대리, 내가 말야… 졸면서 보고서를 작성했더니
> 제대로 작성했는지 모르겠어…
>
> 오대리
> 맞춤법이 엉망인 것 같네요…
>
> 10분 후 본부장님께 올려야 하는데,
> 우리 같이 반 쪽씩 수정해볼까?
>
> 오대리
> 걱정마세요! 제 새로운 동료와 함께 30초
> 안으로 끝내겠습니다!

캔버스 기능을 활용하면 GPT-4o만 사용하는 것보다 훨씬 효율적으로 문서 작업을 할 수 있습니다. 양식 생성부터 문서 수정 및 교정까지 도와주는 강력한 문서화 도우미입니다. 챗GPT에게 문서 작업을 맡겨봅시다.

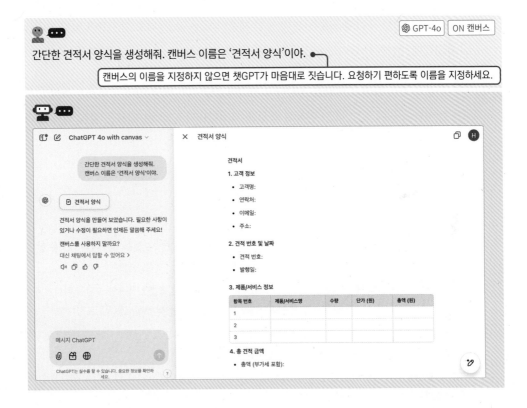

미친 활용 27 견적서 양식 만들기

캔버스로 문서 양식을 만들면 언제든 양식을 불러와서 사용할 수 있습니다. 이번 실습에서는 캔버스를 활용해서 간단한 견적서 양식을 만들어보겠습니다.

01 챗GPT에게 간단한 견적서 양식을 요청하겠습니다. 만약 이미 사용하는 양식이 있고, 견적서에 들어갈 내용이 정해져 있다면 해당 양식의 구조를 구체적으로 설명해야 합니다. 실습에서는 챗 GPT에게 임의의 견적서 양식을 요청하겠습니다.

오른쪽 캔버스에 견적서 양식이 만들어졌습니다.

02 현재 타이어, 엔진오일, 에어컨 필터를 판매 중이라고 가정하겠습니다. 견적서를 생성한 채팅에서 챗GPT에게 각 제품의 단가를 알려줍니다.

현재 판매 중인 제품들의 단가를 알려줄게.

타이어: 64,000원

엔진오일: 37,000원

에어컨 필터: 13,000원

제품 단가 정보를 추가했습니다. 견적서 양식을 작성할 때 필요하시면 언제든지 말씀해주세요!

3개 제품의 단가를 추가했습니다. 판매 중인 제품이 너무 많고, 따로 단가표가 있다면 CSV 파일로 챗GPT에 추가해서 단가를 알려주는 방법을 활용하세요.

03 다음과 같은 견적 문의 이메일을 받았다고 가정하겠습니다. 해당 이메일 내용을 복사한 후 견적서를 생성한 채팅에 붙여넣고, 견적서 작성을 요청합니다. 견적서 내용은 다음 실습 폴더 링크에 올려놓았습니다.

- **실습 파일 다운로드** : vo.la/ikHeUq

안녕하세요, 홍컴퍼니 담당자님.

저는 홍길동이며, 귀사의 제품과 서비스에 대해 견적 문의를 드리고자 연락드렸습니다. 아래 내용을 참고하시어 견적서를 작성해 주시면 감사하겠습니다.

이번에 요청드리는 제품은 타이어, 엔진오일, 에어컨 필터입니다. 각 항목별로 필요한 수량은 타이어 4개, 엔진오일 2통, 에어컨 필터 3개입니다. 각 제품의 단가와 총액을 포함한 상세 견적서를 부탁드립니다.

결제 방식은 계좌 이체를 희망하며, 결제 기한에 대한 의견도 함께 주시면 감사하겠습니다. 추가적으로 제품 배송 일정과 관련된 정보도 포함해 주시면 큰 도움이 될 것 같습니다.

귀사의 답변을 기다리며, 빠른 검토 부탁드립니다. 필요 시 추가 정보 요청이나 확인 사항이 있다면 언제든지 연락 주세요.

감사합니다.

홍길동 드림

홍길동 대리

연락처: 010-1234-5678

이메일: honggildong@example.com

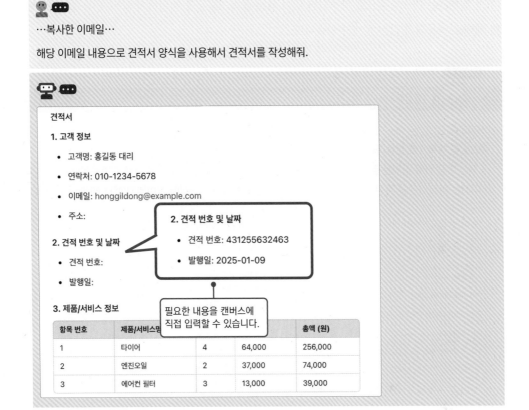

···복사한 이메일···

해당 이메일 내용으로 견적서 양식을 사용해서 견적서를 작성해줘.

견적서

1. 고객 정보

- 고객명: 홍길동 대리
- 연락처: 010-1234-5678
- 이메일: honggildong@example.com
- 주소:

2. 견적 번호 및 날짜

- 견적 번호: 431255632463
- 발행일: 2025-01-09

2. 견적 번호 및 날짜

- 견적 번호:
- 발행일:

필요한 내용을 캔버스에 직접 입력할 수 있습니다.

3. 제품/서비스 정보

항목 번호	제품/서비스명			총액 (원)
1	타이어	4	64,000	256,000
2	엔진오일	2	37,000	74,000
3	에어컨 필터	3	13,000	39,000

챗GPT가 견적서 양식을 불러왔을 뿐만 아니라 기억한 단가를 토대로 견적 금액까지 계산하여 자동으로 입력했습니다. 캔버스에서 작성된 문서는 사용자가 직접 타이핑하여 내용을 추가 및 수정할 수 있습니다. 직접 입력해야 하는 부분은 키보드로 타이핑해서 입력하세요.

이렇게 작성한 문서는 2가지 방법으로 활용할 수 있습니다. 이 방법은 캔버스로 작성된 모든 문서에 동일하게 적용되므로 이후 실습에서는 생략하겠습니다.

방법 01 복사-붙여넣기로 다른 문서에 가져오기

01 캔버스 우측 상단에 있는 [복사] 버튼을 클릭하면 작성된 전체 문서를 복사할 수 있습니다. 복사한 다음 워드 파일이나 이메일 등에 붙여넣기만 하면 내용을 그대로 옮길 수 있습니다.

다만, 캔버스는 마크다운으로 작성되어 있기 때문에 마크다운을 지원하지 않는 곳에 붙여넣으면 양식이 제대로 적용되지 않는 문제가 있습니다.

100% 노하우 마크다운이 뭐예요?

마크다운^{Markdown}은 텍스트를 서식화하기 위한 규칙에 따라 텍스트만으로 작성한 문서입니다. 예를 들어 특정 텍스트를 제목 1로 분류하려면 '#' 기호를 문장 앞에 1칸 띄어쓰기와 함께 쓰고, 볼드로 분류하려면 '**'를 특정 텍스트 앞뒤로 감싸는 등의 규칙이 있습니다. 이런 규칙이 그대로 붙여넣은 문서에 반영되는 겁니다. 아래 이미지는 마크다운을 지원하지 않는 워드와 마크다운을 지원하는 노션에 붙여넣기 했을 때 차이입니다.

▼ 마크다운 기반이 아닌 워드 파일

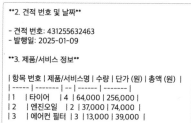

▼ 마크다운 기반인 노션

이 차이를 기억해서 복사/붙여넣기를 해야합니다.

방법 02 파일 생성하기

캔버스로 작성한 문서를 워드나 PDF 파일로 생성해서 바로 다운로드하여 사용해도 됩니다. 단 문서가 한글을 포함할 때 챗GPT에게 아무런 조치 없이 파일 생성을 요청하면 한글 인코딩 문제로 문서를 생성하지 못하거나 한글이 깨진 상태의 문서를 생성합니다. **그래서 한글 폰트 파일을 먼저 추가해야 합니다.**

01 폰트를 다운로드하기 위해 다음 링크로 구글 폰트에 접속합니다. 모든 폰트가 적용되는 건 아니므로 실습에서는 100% 적용되는 'Noto Sans Korean'를 사용하겠습니다. Noto Sans Korean은 누구나 무료로 사용할 수 있는 한글 폰트입니다.

- 구글 폰트 : fonts.google.com/noto/specimen/Noto+Sans+KR

02 오른쪽에 있는 ❶ [Get font]를 클릭하여 다운로드 페이지로 이동한 후 ❷ [Download all] 버튼을 클릭합니다. 그러면 Noto Sans Korean의 폰트 파일을 다운로드할 수 있습니다.

03 다운로드한 압축 파일을 풀어줍니다. 압축을 푼 폴더에 보면 'NotoSansKR-VariableFont_wght.ttf'라는 파일을 찾을 수 있습니다. 이 파일이 폰트 설치 파일입니다.

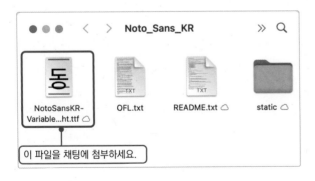

04 이제 문서 파일을 생성하려는 챗GPT 채팅에 ❶ NotoSansKR-VariableFont_wght.ttf 파일을 첨부합니다. 그런 다음 ❷ 생성한 문서를 서식이 적용된 파일로 생성해달라고 요청합니다. **서식을 적용해달라고 요청해야 챗GPT가 마크다운 양식을 파일 서식에 맞춰서 다시 생성할 수 있습니다.**

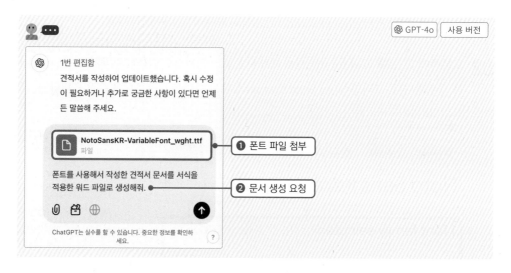

챗GPT가 생성한 문서 파일을 워드로 열어보면 다음과 같이 서식이 적용된 깔끔한 문서를 확인할 수 있습니다.

정보 검색해서 문서화하기

이번에는 챗GPT 서치로 탐색한 정보를 정리해서 캔버스로 문서화하겠습니다. 문서 작업에 필요한 대부분 정보를 검색으로 찾는 만큼 챗GPT 서치와 캔버스를 조합하면 챗GPT만으로도 문서 작업이 아주 쉬워집니다.

01 2024년 원화/달러 환율 변동 추이에 관한 내용을 문서화하겠습니다. 먼저 검색 기능으로 원화/달러 환율 변동 추이를 검색하겠습니다.

> 🧑 💬   ⑤ GPT-4o   ON 챗GPT 서치
>
> 2024년 원화 달러 환율 변동 추이

> 🤖 💬
>
> 2024년 원화 대비 미국 달러 환율은 전반적으로 상승세를 보였습니다. 1월 1일에는 1달러당 1,294.54원이었으나, 11월 12일에는 1,407.17원으로 최고치를 기록하였습니다. Exchange Rates 이는 약 7.80%의 상승률로, 미국 달러화의 가치가 대한민국 원화 대비 증가했음을 나타냅니다.
>
> 월별로 살펴보면, 1월에는 평균 환율이 1,324.88원이었고, 3월에는 1,331.2원, 5월에는 1,363.7원, 7월에는 1,381.8원, 9월에는 1,361.7원, 11월에는 1,355.9원을 기록하였습니다. ValutaFX 이러한 변동은 미국의 금리 정책, 글로벌 경제 상황, 무역 수지 등의 다양한 요인에 영향을 받은 결과로 보입니다.
>
> …생략…
>
> 전반적으로 2024년 동안 원화 대비 달러 환율은 상승 추세를 보였으며, 이는 미국 달러화의 상대적 강세와 대한민국 원화의 약세를 반영합니다.

02 검색한 상태에서 챗GPT에게 2024 원화/달러 환율 변동 추이에 관한 보고서 작성을 요청하겠습니다.

> 🧑 💬
>
> 검색한 정보를 바탕으로 2024년 원화 달러 환율 변동 추이에 관한 보고서를 작성해줘.

> 🤖 💬   ON 챗GPT 서치
>
> **2024 원화-달러 환율 변동 추이 보고서**

2024년 동안 원화 대비 미국 달러 환율은 전반적으로 상승세를 보여와, 미국 달러의 가치가 대한민국 원화 대비 증가했습니다. 실제 활발 범위에서 달러 환율은 1월 1일 시점 1,294.54원이었지만, 11월 12일에는 최고치인 1,407.17원으로 올랐습니다. 이러한 상승은 약 7.80%의 상수를 갖고 있으며, 미국 달러의 가치가 원화를 단순화되어 증가한 경향을 보여줍니다.

월별 환율 변동을 사로지적으로 볼 때, 1월의 환율은 평균 1,324.88원이었으며, 3월은 1,331.2원, 5월은 1,363.7원, 7월은 1,381.8원, 9월은 1,361.7원, 및 11월은 1,355.9원을 기록했습니다. 이러한 변동은 미국의 금리 정책, 기본 국제 경제 상황, 무엇수지등의 약속을 받은 결과로 그리고 있습니다.

이 맞하여, 2024년 11월에는 대한민국이 18개월 연속 무업 희조를 기록하여 총 56억 달러에 달했으며, 수출은 전년 대비 1.4% 증가한 564억 달러를 기록했습니다. 이러한 경제 지표는 환율 변동에 영향을 무리게 미치는 주요 요인 중 하나입니다.

전체적으로 2024년 동안 원화 대비 달러 환율은 상승 추이를 보여온 경향이며, 이에는 미국 달러의 상대적 강세 및 대한민국 원화의 약세가 담기고 있습니다. 이 발상은 무업 및 미국 금리 정책의 발출, 및 기본 국제 경제의 변동 및 수출의 증가 등이 발조한 수 있는 요인이라고 말할 수 있습니다.

그랬더니 보고서를 캔버스로 작성하였습니다. 그런데 보고서라고 하기에는 검색 결과를 그대로 붙여넣은 것처럼 보입니다. 편집 기능을 사용해서 정리하겠습니다.

03 보고서 형식을 갖추려면 글의 구조를 변경하고 보기 쉽게 서식을 적용해야 합니다. 이럴 때는 편집 기능에서 [마지막으로 다듬기]를 실행합니다.

그러면 줄글에 서식이 적용되면서 보고서 형식으로 정리되는 걸 확인할 수 있습니다.

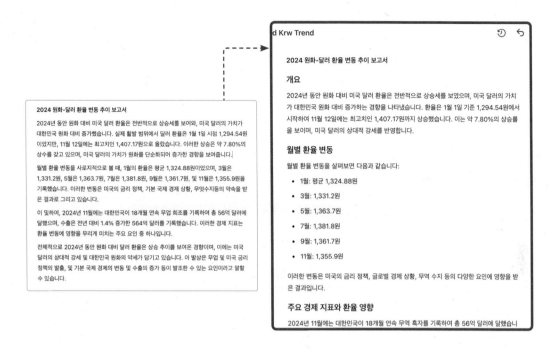

2024 원화-달러 환율 변동 추이 보고서

2024년 동안 원화 대비 미국 달러 환율은 전반적으로 상승세를 보여와, 미국 달러의 가치가 대한민국 원화 대비 증가했습니다. 실제 활발 범위에서 달러 환율은 1월 1일 시점 1,294.54원 이었지만, 11월 12일에는 최고치인 1,407.17원으로 올랐습니다. 이러한 상승은 약 7.80%의 상수를 갖고 있으며, 미국 달러의 가치가 원화를 단순화되어 증가한 경향을 보여줍니다.

월별 환율 변동을 사로직적으로 볼 때, 1월의 환율은 평균 1,324.88원이었으며, 3월은 1,331.2원, 5월은 1,363.7원, 7월은 1,381.8원, 9월은 1,361.7원, 및 11월은 1,355.9원을 기록했습니다. 이러한 변동은 미국의 금리 정책, 기본 국제 경제 상황, 무엇수지등의 약속을 받은 결과로 그리고 있습니다.

이 밑하여, 2024년 11월에는 대한민국이 18개월 연속 무업 최조를 기록하여 총 56억 달러에 달했으며, 수출은 전년 대비 1.4% 증가한 564억 달러를 기록했습니다. 이러한 경제 지표는 환율 변동에 영향을 무리게 미치는 주요 요인 중 하나입니다.

전체적으로 2024년 동안 원화 대비 달러 환율은 상승 추이를 보여온 경향이며, 이에는 미국 달러의 상대적 강세와 대한민국 원화의 약세가 담기고 있습니다. 이 발상은 무업 및 미국 금리 정책의 발출, 및 기본 국제 경제의 변동 및 수출의 증가 등이 발조하 수 있는 요인이라고 말할 수 있습니다.

---

d Krw Trend

2024 원화-달러 환율 변동 추이 보고서

개요

2024년 동안 원화 대비 미국 달러 환율은 전반적으로 상승세를 보였으며, 미국 달러의 가치가 대한민국 원화 대비 증가하는 경향을 나타냈습니다. 환율은 1월 1일 기준 1,294.54원에서 시작하여 11월 12일에는 최고치인 1,407.17원까지 상승했습니다. 이는 약 7.80%의 상승률을 보이며, 미국 달러의 상대적 강세를 반영합니다.

월별 환율 변동

월별 환율 변동을 살펴보면 다음과 같습니다:

- 1월: 평균 1,324.88원
- 3월: 1,331.2원
- 5월: 1,363.7원
- 7월: 1,381.8원
- 9월: 1,361.7원
- 11월: 1,355.9원

이러한 변동은 미국의 금리 정책, 글로벌 경제 상황, 무역 수지 등의 다양한 요인에 영향을 받은 결과입니다.

주요 경제 지표와 환율 영향

2024년 11월에는 대한민국이 18개월 연속 무역 흑자를 기록하여 총 56억 달러에 달했습니

글의 구조는 변경했지만 아직 내용이 부실합니다. 특히 월별 환율 변동 부분을 보면 다양한 요인에 영향을 받았다고 되어 있는데, 실제로 어떤 영향이 있었는지 근거가 부족합니다. 추가 검색해서 근거를 보충하겠습니다.

04 추가 검색이 필요한 부분을 드래그해서 선택하면 [ChatGPT에게 묻기]가 나타납니다. 드래그한 부분에 대해서 챗GPT에게 요청하는 기능입니다. [ChatGPT에게 묻기]를 클릭합니다.

그러면 프롬프트를 입력할 수 있는 입력란이 나타나는데요, 여기에 프롬프트를 입력하고 키보드에서 Enter 를 누릅니다.

월별 환율 변동을 살펴보면 다음과 같습니다:

- 1월: 평균 1,324.88원
- 3월: 1,331.2원
- 5월: 1,363.7원
- 7월: 1,381.8원
- 9월: 1,361.7원
- 11월: 1,355.9원

이러한 변동은 미국의 금리 정책, 글로벌 경제 상황, 무역 수지 등의 다양한 요인에 영향을 받은 결과입니다.

이 부분을 검색해서 월별 환율 변동 요인을 정리해줘.|

록하여 총 56억 달러에 달했습니

 GPT-4o with canvas

이 부분을 검색해서 월별 환율 변동 요인을 정리해줘.

2024년 원화 대비 미국 달러 환율은 월별로 다음과 같은 변동을 보였습니다:

··· 생략 ···

이러한 변동은 미국의 금리 정책, 글로벌 경제 상황, 무역 수지 등 다양한 요인에 영향을 받은 결과입니다.

1월에는 미국 연방준비제도(Fed)의 금리 인상 기조로 인해 달러 강세가 지속되었으며, 이는 원화 약세로 이어졌습니다. KDI EIEC

··· 생략 ···

월별 환율 변동에 관한 정보만 추가 검색하였습니다.

05 이제 추가 검색한 내용을 반영해서 글을 수정하겠습니다. 다시 수정할 부분인 월별 환율 변동 부분을 드래그하여 검색한 내용으로 출처를 포함해서 수정해달라고 챗GPT에게 요청합니다.

월별 환율 변동을 살펴보면 다음과 같습니다:

- 1월: 평균 1,324.88원

- 3월: 1,331.2원

- 5월: 1,363.7원

- 7월: 1,381.8원

- 9월: 1,361.7원

- 11월: 1,355.9원

이러한 변동은 미국의 금리 정책, 글로벌 경제 상황, 무역 수지 등의 다양한 요인에 영향을 받은 결과입니다.

검색한 내용으로 출처를 포함해서 수정해줘.

2024년 11월에는 대한민국이 18개월 연속 무역 흑자를 기록하여 총 56억 달러에 달했습니

월별 환율 변동

월별 환율 변동을 살펴보면 다음과 같습니다:

- 1월: 평균 1,324.88원 - 미국 연방준비제도(Fed)의 금리 인상 기조로 인해 달러 강세가 지속되면서 원화 약세가 이어졌습니다. (eiec.kdi.re.kr)

- 3월: 1,331.2원 - 미국의 금리 인상 속도 조절 가능성이 대두되면서 달러 강세가 다소 완화되었으나, 글로벌 경제 불확실성으로 인해 환율은 소폭 상승했습니다.

- 5월: 1,363.7원 - 미국의 지속적인 금리 인상과 글로벌 경제 회복 지연으로 달러 강세가 이어졌습니다.

- 7월: 1,381.8원 - 미국의 금리 인상과 국제 무역 갈등 등의 요인으로 달러 강세가 지속되면서 원화 약세로 반영되었습니다. (ttplay.kr)

- 9월: 1,361.7원 - 미국의 금리 동결 가능성과 글로벌 경제 회복 기대감으로 환율이 다소 안정세를 보였습니다.

- 11월: 1,355.9원 - 대한민국의 무역 흑자 지속과 수출 증가로 원화 가치가 일부 회복되었으나, 미국의 금리 정책과 글로벌 경제 상황에 따라 환율 변동이 있었습니다.

그러면 챗GPT가 드래그한 부분만 추가 검색한 내용으로 수정하는 걸 확인할 수 있습니다.

챗GPT 서치와 캔버스를 함께 사용하면 빠르게 필요한 정보를 검색하고 문서화할 수 있습니다. 수십 개의 웹 브라우저 탭을 실행해서 작업하던 비효율을 벗어나서 챗GPT로 자유를 얻길 바랍니다.

업무를 하다 보면 다양한 내용의 PDF 문서를 읽어야 하는 경우가 많습니다. 여러 PDF 문서 내용을 정리해서 문서화 작업을 해야 하는 경우도 있죠. 여러 문서 내용을 파악해서 문서 하나로 작업하는 건 상당히 어려운 일입니다. 이번에는 챗GPT와 함께 PDF 문서를 추출해서 문서 하나로 작업해보겠습니다.

01 애플, 넷플릭스, 엔비디아, 테슬라까지 4개 기업의 2024년 3분기 실적 보고서를 PDF로 준비했습니다. 4개 기업의 2024년 3분기 실적을 정리하고 비교하는 문서를 캔버스로 작성하겠습니다. PDF 파일은 다음 실습 폴더 링크에 올려놓았습니다.

- **실습 파일 다운로드** : vo.la/ikHeUq

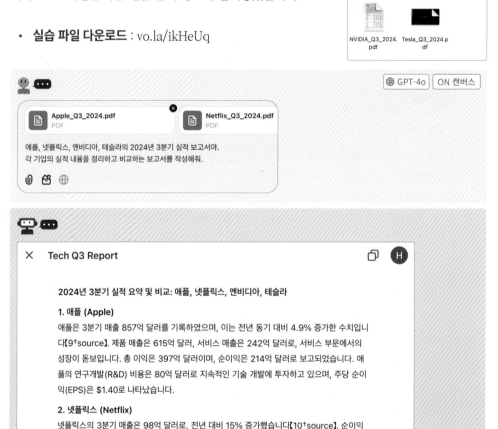

캔버스에 문서가 잘 작성되었습니다. 하지만 내용이 빈약해 보입니다. 챗GPT와 함께 개선하겠습니다.

02 편집 기능 중 [편집 제안] 기능을 클릭하여 실행합니다. 그러면 챗GPT
가 문서를 어떻게 편집하면 좋을지 알아서 제안할 겁니다.

03 편집 제안을 완료하면 다음 이미지처럼 제안한 영역이 표시되고, 해당
영역을 어떻게 수정하면 좋을지 챗GPT의 의견이 오른쪽 말풍선으로
생성됩니다.

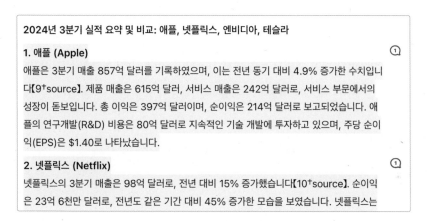

04 말풍선을 누르면 챗GPT가 제안하는 방향이 텍스트로 나타납니다. 챗GPT의 제안이 마음에 든
다면 [적용] 버튼을 클릭합니다.

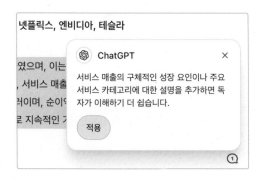

그러면 제안한 내용대로 PDF에서 더 많은 정보를 가져와 수정하는 걸 확인할 수 있습니다. 기
존에 작성한 것과 달리 서비스 카테고리의 내용을 더 추가한 걸 확인할 수 있습니다.

> **1. 애플 (Apple)**
>
> 애플은 3분기 매출 857억 달러를 기록하였으며, 이는 전년 동기 대비 4.9% 증가한 수치입니다【9⁺source】. 제품 매출은 615억 달러, 서비스 매출은 242억 달러로, 서비스 부문에서의 성장이 돋보입니다. 특히 클라우드 서비스, 애플 뮤직, 앱스토어 등 주요 서비스 카테고리에서의 매출 증가가 두드러졌습니다. 서비스 매출의 강력한 성장은 애플 생태계의 점진적인 확대와 고객 충성도 향상에 기인하고 있습니다. 총 이익은 397억 달러이며, 순이익은 214억 달러로 보고되었습니다. 애플의 연구개발(R&D) 비용은 80억 달러로 지속적인 기술 개발에 투자하고 있으며, 이러한 투자는 새로운 제품과 서비스의 지속적인 혁신을 가능하게 하고 있습니다. 주당 순이익(EPS)은 $1.40로 나타났습니다. 애플은 또한 여러 글로벌 시장에서 제품 점유율을 확대하면서 견고한 성장을 이루었습니다.

지금까지 챗GPT에 PDF 파일을 첨부하여 추출한 내용을 바탕으로 보고서 작성 및 편집 제안을 통한 수정을 진행해보았습니다. 편집 제안 기능은 반복해서 사용할 수 있습니다. 반복할수록 더 많은 정보와 잘 다듬어진 글로 개선해주기 때문에 적절하게 사용하면 내용이 풍부한 문서를 쉽게 작성할 수 있을 것입니다.

미친 활용 30 긴 보고서 작성하기

이번에는 분량이 긴 보고서를 작성해보겠습니다. 캔버스 활용 전 챗GPT로 글을 작성할 때 가장 불편했던 점은 긴 글을 작성하기 어렵다는 점이었습니다. 챗GPT는 제한된 토큰 안에서만 글을 생성하기 때문에 어떤 방법을 써도 제한된 사용량 이상 글을 쓰기는 불가능했습니다. 더군다나 글을 수정할 때마다 전문을 작성하므로 반복된 수정만큼 토큰을 더 사용하는 문제도 있었습니다.

캔버스는 작성된 글을 부분 수정할 수 있고, 부분 수정하는 만큼만 토큰을 사용합니다. 그래서 수정이 필요한 부분마다 챗GPT를 활용하면 긴 보고서도 쉽게 작성할 수 있죠.

> **NOTE** 이번 실습은 미친 활용 29 **PDF 추출해서 문서화하기**에서 4개 기업을 분석한 채팅을 이어서 진행하겠습니다.

01 우선은 서식을 적용하겠습니다. 앞서 캔버스가 마크다운 기반이라고 설명했는데요, 사용자가 직접 마크다운 서식을 적용할 수도 있습니다. 제목 부분에 서식을 적용하여 헤딩 1으로 변경하

겠습니다. ❶ 제목을 드래그한 후 나타난 메뉴의 오른쪽 ❷ [Aa] 버튼을 클릭합니다.

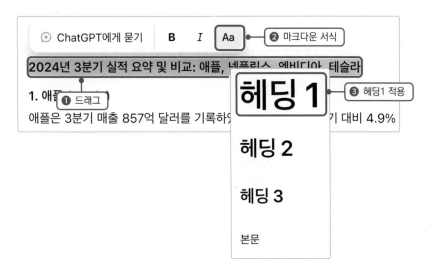

그러면 마크다운 서식을 적용할 수 있는 메뉴가 나타납니다. ❸ [헤딩 1]을 클릭하면 다음 이미지처럼 제목 서식이 적용됩니다.

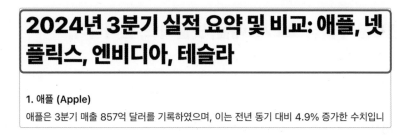

02 이번에는 부제목을 설정하겠습니다. 같은 방식으로 ❶ '1. 애플 (Apple)'을 드래그한 후 ❷ 서식 메뉴를 열고 ❸ [헤딩 2]를 클릭합니다.

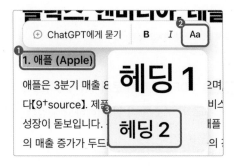

부제목도 적용했습니다. 서식을 적용하면 챗GPT가 글의 구조를 더 쉽게 이해할 수 있고, 글의 구조를 통째로 수정하지 않게 방지할 수 있습니다. 글의 나머지 부분도 모두 서식을 적용합니다.

2024년 3분기 실적 요약 및 비교: 애플, 넷플릭스, 엔비디아, 테슬라

1. 애플 (Apple)

애플은 3분기 매출 857억 달러를 기록하였으며, 이는 전년 동기 대비 4.9% 증가한 수치입니다【9†source】. 제품 매출은 615억 달러, 서비스 매출은 242억 달러로, 서비스 부문에서의

03 서식을 적용한 상태에서 챗GPT에게 보고서 형식으로 수정해달라고 요청합니다.

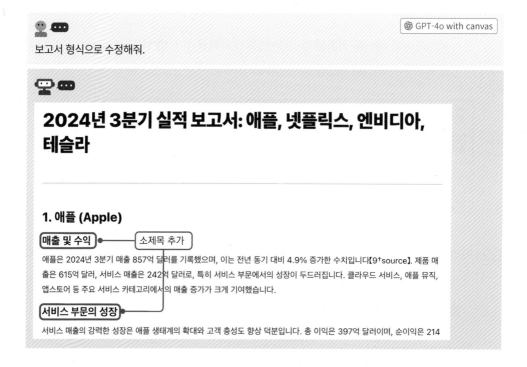

문서에 소제목이 추가되었습니다. 분명 **미친 활용 29** PDF 추출해서 문서화하기에서도 보고서를 요청했었는데, 서식을 적용해서 요청하니 챗GPT가 글의 구조를 더 잘 이해하고 수정했습니다.

04 이번에는 부분 수정으로 내용을 추가해보겠습니다. 애플 관련 내용만 드래그한 후 [ChatGPT에게 묻기]를 클릭하여 애플 실적에 관한 내용만 소제목을 붙여서 더 추가해달라고 요청합니다.

> 애플 실적에서 추가할 내용이 있다면 소제목을
> 붙여서 추가해줘. ↑

1. 애플 (Apple)

매출 및 수익

애플은 2024년 3분기 매출 857억 달러를 기록했으며, 이는 전년 동기 대비 4.9% 증가한 수치입니다【9†source】. 제품 매출은 615억 달러, 서비스 매출은 242억 달러로, 특히 서비스 부문에서의 성장이 두드러집니다. 클라우드 서비스, 애플 뮤직, 앱스토어 등 주요 서비스 카테고리에서의 매출 증가가 크게 기여했습니다.

서비스 부문의 성장

서비스 매출의 강력한 성장은 애플 생태계의 확대와 고객 충성도 향상 덕분입니다. 총 이익은 397억 달러이며, 순이익은 214억 달러로 보고되었습니다. 애플의 연구개발(R&D) 비용은 80억 달러로 지속적인 기술 개발에 투자하고 있으며, 이는 새로운

---

1. 애플 (Apple)

매출 및 수익

애플은 2024년 3분기 매출 857억 달러를 기록했으며, 이는 전년 동기 대비 4.9% 증가한 수치입니다【9†source】. 제품 매출은 615억 달러, 서비스 매출은 242억 달러로, 특히 서비스 부문에서의 성장이 두드러집니다. 클라우드 서비스, 애플 뮤직, 앱스토어 등 주요 서비스 카테고리에서의 매출 증가가 크게 기여했습니다.

서비스 부문의 성장

서비스 매출의 강력한 성장은 애플 생태계의 확대와 고객 충성도 향상 덕분입니다. 총 이익은 397억 달러이며, 순이익은 214억 달러로 보고되었습니다. 애플의 연구개발(R&D) 비용은 80억 달러로 지속적인 기술 개발에 투자하고 있으며, 이는 새로운 제품과 서비스의 지속적인 혁신을 가능하게 합니다. 주당 순이익(EPS)은 $1.40로 나타났습니다. 애플은 또한 여러 글로벌 시장에서 제품 점유율을 확대하며 견고한 성장을 이어가고 있습니다.

제품 혁신과 신시장 진출

애플은 3분기 동안 여러 신제품을 출시하며 제품 혁신을 지속하고 있습니다. 특히 아이폰 15와 애플 워치 시리즈 9의 출시가 큰 반향을 일으키며 판매에 기여했습니다. 또한 애플은 인도와 동남아시아와 같은 신흥 시장에서의 유통망을 확대하며 시장 점유율을 높이고 있습니다. 이러한 전략은 애플의 글로벌 성장에 중요한 기여를 하고 있으며, 미래 성장 가능성을 더욱 높이고 있습니다.

그랬더니 챗GPT가 '제품 혁신과 신시장 진출'이라는 소제목과 내용을 추가했습니다. 기존에 업로드했던 실적 PDF에서 소제목으로 덧붙일 수 있는 정보를 더 가져온 것입니다. 이제 나머지 넷플릭스, 엔비디아, 테슬라도 추가 소제목과 내용을 요청하면서 내용을 더 보강해보세요.

05 4개 기업의 실적 분석 내용을 모두 보강했다면 마지막으로 결론 부분을 수정해야 합니다. 새로 추가된 내용을 포함하여 작성할 텐데, 결론이 부제목이므로 길이만 늘려도 추가된 내용을 포함해서 결론을 작성해줄 겁니다. 먼저 결론 부분을 ❶ 부제목을 포함해서 드래그합니다. 그런 다음 편집 기능에서 ❷ [길이 조절]을 선택합니다.

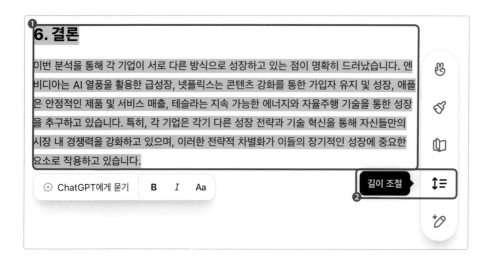

실습의 목적이 긴 보고서 작성이므로 아이콘을 가장 위로 드래그하여 [가장 길게]를 선택합니다. [가장 길게]를 선택했다면 클릭하여 입력합니다.

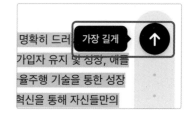

앞서 각 기업에 추가된 내용을 포함하여 기존 결론보다 약 7배 긴 결론을 작성한 것을 확인할 수 있습니다.

6. 결론

이번 분석을 통해 각 기업이 서로 다른 방식으로 성장하고 있는 점이 명확히 드러났습니다. 엔비디아는 AI 열풍을 활용하여 데이터 센터와 AI 솔루션 수요의 급증을 기반으로 급성장을 이뤘으며, 이를 통해 AI 기술의 선두주자로서 입지를 공고히 하고 있습니다. 엔비디아는 GPU와 AI 인프라 확장에 지속적으로 투자하며, 의료, 금융, 제조 등 다양한 산업에서의 적용 가능성을 높여 시장 지배력을 확대하고 있습니다.

넷플릭스는 광고 요금제 도입과 콘텐츠 강화를 통해 가입자를 유지하고 성장을 촉진했습니다. 넷플릭스의 광고 요금제는 신규 가입자 유치에 효과적으로 작용하였으며, 주요 시리즈와 영화의 성공적인 출시는 콘텐츠 참여율을 크게 높였습니다. 특히, 넷플릭스는 지역별 로컬 콘텐츠 투자 전략을 통해 글로벌 시장 내 경쟁력을 강화하고 있으며, 아시아 태평양 지역에서의 빠른 성장이 이를 증명하고 있습니다.

애플은 안정적인 제품 및 서비스 매출을 통해 지속적인 성장을 이루고 있습니다. 아이폰 15와 애플 워치 시리즈 9의 성공적인 출시와 더불어, 인도와 동남아시아 등 신흥 시장에서의 유통망 확대는 애플의 글로벌 시장 점유율을 높이는 데 크게 기여하고 있습니다. 또한, 애플의 서비스 부문 매출 성장은 생태계 확대와 고객 충성도 향상을 통한 안정적인 수익 구조를 강화하는 중요한 요인이 되고 있습니다. 애플은 연구개발(R&D) 비용을 통해 기술 혁신을 지속하며 미래 성장 동력을 확보하고 있습니다.

테슬라는 지속 가능한 에너지와 자율주행 기술을 통한 성장을 추구하고 있습니다. 사이버트럭의 성공적인 생산과 판매는 테슬

지금까지 캔버스를 사용해서 서식을 적용하고, 정보를 추가한 후 편집 기능을 사용해서 내용을 보충한 보고서를 작성해보았습니다. 문서를 작성할 때 이런 방식으로 캔버스를 적극적으로 사용하면 다양한 길이의 문서를 쉽고 빠르게 작성할 수 있습니다.

## Chapter 15

엑셀 자동화하기

> 오대리, 품목별 제품 현황 시트 만들어줘.
>
> 오대리, 월 매출 실적 시트 만들어줘.
>
> 오대리, 시트 만들어줘.
>
> 오대리, 해줘.

엑셀은 오늘날 직장인의 필수 도구입니다. 전 세계 7억 명이 사용하고 있죠. 하지만 여전히 어렵고, 사용할 때마다 새로 배워야 하는 도구이기도 합니다. 챗GPT를 활용하면 쉽게 엑셀을 활용하고, 자동화도 실현할 수 있습니다. 챗GPT로 엑셀 활용하는 다양한 방법을 배워보겠습니다.

미친활용31 엑셀 함수 만들기

함수는 엑셀 사용의 기본입니다. 다만 워낙 종류가 많고, 수행하는 기능이 다른 함수가 많기 때문에 모든 함수를 외워서 사용한다는 건 아주 어려운 일입니다. 챗GPT를 활용해서 알맞은 함수를 찾아서 엑셀에 적용해보겠습니다.

01 수량과 단가를 입력하면 공급가액과 세액을 계산하는 간단한 구조의 엑셀 시트를 준비합니다. 공급가액, 세액, 합계 금액을 구하는 함수를 챗GPT에게 요청하겠습니다.

	A	B	C	D	E	F
1		품명	수량	단가	공급가액	세액
2	1	당근	230	1,288		
3	2	오이	600	1,376		
4	3	가지	150	1,452		
5	4	배추	340	2,744		
6	5	브로콜리	250	1,825		
7	6	피망	300	616		
8	7	시금치	410	492		
9	8	호박	70	3,253		
10						
11	합계 금액					

02 함수를 요청하려면 챗GPT에게 엑셀 시트의 구조를 알려줘야 합니다. 2개의 방법이 있는데 어떤 방법을 사용해도 똑같은 결과를 얻을 수 있습니다. **첫 번째 방법은 시트의 구조를 텍스트로 설명하는 방법입니다.**

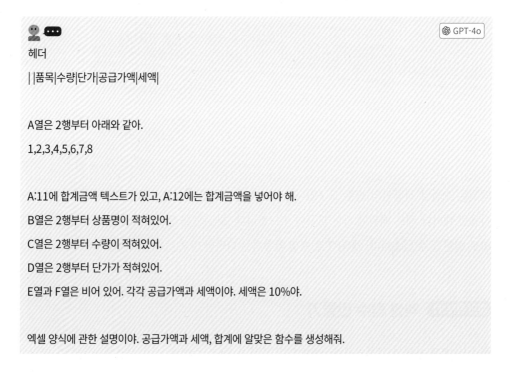

GPT-4o

헤더

||품목|수량|단가|공급가액|세액|

A열은 2행부터 아래와 같아.

1,2,3,4,5,6,7,8

A:11에 합계금액 텍스트가 있고, A:12에는 합계금액을 넣어야 해.

B열은 2행부터 상품명이 적혀있어.

C열은 2행부터 수량이 적혀있어.

D열은 2행부터 단가가 적혀있어.

E열과 F열은 비어 있어. 각각 공급가액과 세액이야. 세액은 10%야.

엑셀 양식에 관한 설명이야. 공급가액과 세액, 합계에 알맞은 함수를 생성해줘.

시트의 머리말, 행과 열의 내용, 계산 조건 등을 모두 글로 풀어서 설명했습니다. **두 번째 방법은 이미지로 설명하는 방법입니다.** 다음과 같이 엑셀 시트의 스크린샷 이미지를 챗GPT에 첨부합니다.

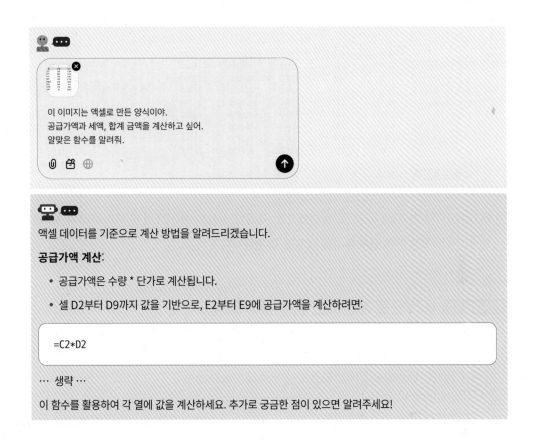

이 이미지는 엑셀로 만든 양식이야.
공급가액과 세액, 합계 금액을 계산하고 싶어.
알맞은 함수를 알려줘.

엑셀 데이터를 기준으로 계산 방법을 알려드리겠습니다.

공급가액 계산:

- 공급가액은 수량 * 단가로 계산됩니다.
- 셀 D2부터 D9까지 값을 기반으로, E2부터 E9에 공급가액을 계산하려면:

```
=C2*D2
```

··· 생략 ···

이 함수를 활용하여 각 열에 값을 계산하세요. 추가로 궁금한 점이 있으면 알려주세요!

챗GPT가 엑셀 시트의 구조를 파악하여 필요한 함수들을 생성했습니다.

03 챗GPT가 생성한 함수를 알맞은 위치에 붙여넣습니다.

	A	B	C	D	E	F
1		품명	수량	단가	공급가액	세액
2	1	당근	230	1,288	=C2*D2	
3	2	오이	600	1,376		
4	3	가지	150	1,452		
5	4	배추	340	2,744		
6	5	브로콜리	250	1,825		
7	6	피망	300	616		
8	7	시금치	410	492		
9	8	호박	70	3,253		
10						
11	합계 금액					

함수를 모두 적용하면 공급가액, 세액, 합계 금액이 계산되는 걸 확인할 수 있습니다.

	A	B	C	D	E	F
1		품명	수량	단가	공급가액	세액
2	1	당근	230	1,288	296240	29624
3	2	오이	600	1,376	825600	82560
4	3	가지	150	1,452	217800	21780
5	4	배추	340	2,744	932960	93296
6	5	브로콜리	250	1,825	456250	45625
7	6	피망	300	616	184800	18480
8	7	시금치	410	492	201720	20172
9	8	호박	70	3,253	227710	22771
10						
11	합계 금액	3677388				

예제에서는 간단한 구조의 시트로 실습했지만, 복잡한 시트도 챗GPT에게 시트 구조와 필요한 함수를 자세하게 요청만 하면 쉽게 함수를 생성할 수 있습니다.

미친 활용 32 동적으로 계산하는 함수 추가하기

앞선 실습에서는 챗GPT가 생성한 함수를 복사해서 엑셀 시트에 직접 추가했습니다. 이번에는 챗GPT에게 알맞은 함수를 요청하고 직접 추가한 엑셀 시트를 생성한 후 다운로드하겠습니다.

01 미친 활용 31 엑셀 함수 만들기에서 사용한 시트의 구조와 함수를 포함한 엑셀 파일을 챗GPT에게 그대로 생성하라고 요청하겠습니다.

함수를 적용한 엑셀 파일을 생성하려면 반드시 '동적으로 계산하는 함수를 추가해줘.'라고 요청해야 합니다. 입력하지 않아도 간혹 함수가 적용된 엑셀 파일을 생성할 때도 있지만, 대부분 챗GPT가 계산한 결과만 반영되고 함수는 포함하지 않습니다. 동적인 파일을 생성해달라고 요청하여 시행 횟수를 최소화하세요.

챗GPT에 입력하는 프롬프트는 미친 활용 31 엑셀 함수 만들기에서 시트 구조를 텍스트로 설명한 내용을 활용하겠습니다.

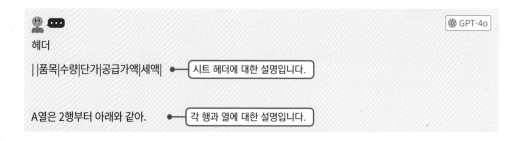

헤더

||품목|수량|단가|공급가액|세액| ● ─ 시트 헤더에 대한 설명입니다.

A열은 2행부터 아래와 같아. ● ─ 각 행과 열에 대한 설명입니다.

GPT-4o

1,2,3,4,5,6,7,8

A:11에 합계금액 텍스트가 있고, A:12에는 합계금액을 넣어야 해.

B열은 2행부터 상품명이 적혀있어.

C열은 2행부터 수량이 적혀있어.

D열은 2행부터 단가가 적혀있어.

E열과 F열은 비어 있어. 각각 공급가액과 세액이야. 세액은 10%야.

상품은 아래와 같아. 품명/수량/단가 ●——[시트에 포함할 데이터에 대한 설명입니다.]

1. 당근/230/1,288

2. 오이/600/1,376

3. 가지/150/1,452

4. 배추/340/2,744

5. 브로콜리/250/1,825

6. 피망/300/616

7. 시금치/410/492

8. 호박/70/3,253

위 구조로 엑셀 파일을 만들어줘. ●——[엑셀 파일 생성을 요청합니다.]

공급가액, 세액, 합계 금액을 동적으로 계산할 수 있도록 함수를 적용해줘. ●——['동적으로'를 포함합니다.]

시트에 스타일을 추가해줘. ●——[헤더나 강조될 부분에 스타일 적용을 요청합니다.]

🤖 💬

엑셀 파일이 생성되었습니다. 여기에서 다운로드할 수 있습니다. 각 계산은 동적으로 이루어지며 스타일도 추가되었습니다. 필요한 사항이 더 있다면 알려주세요!

'여기에서 다운로드'를 클릭하여 챗GPT가 생성한 엑셀 파일을 다운로드합니다.

02 다운로드한 엑셀 파일을 열어보면 함수가 적용된 엑셀 파일이 생성된 걸 확인할 수 있습니다. 헤더에 임의로 스타일도 잘 적용되었네요.

	A	B	C	D	E	F
1		품목	수량	단가	공급가액	세액
2	1	당근	230	1288	=C2*D2	29624
3	2	오이	600	1376	825600	82560
4	3	가지	150	1452	217800	21780
5	4	배추	340	2744	932960	93296
6	5	브로콜리	250	1825	456250	45625
7	6	피망	300	616	184800	18480
8	7	시금치	410	492	201720	20172
9	8	호박	70	3253	227710	22771
10						
11	합계금액					
12	3677388					

미친 활용 33 월 매출 실적 시트 만들기

미친 활용 32 동적으로 계산하는 함수 추가하기에서 챗GPT를 활용한 엑셀 파일을 생성해보았습니다. 하지만 이 방법으로는 더 복잡한 구조의 엑셀 파일을 생성하는 데 한계가 있습니다. 이번에는 챗GPT와 구글 코랩을 활용해서 조금 더 복잡한 구조의 엑셀 양식을 생성해보겠습니다.

엑셀 파일을 생성하는 파이썬 코드를 챗GPT에게 부탁한 후 구글 코랩에 코드를 복사-붙여넣기하여 실행하겠습니다. 복사와 붙여넣기만 할 수 있으면 누구나 할 수 있습니다. **이 방법을 사용하면 무료 사용자도 챗GPT가 생성한 파일을 다운로드할 수 있습니다.** 처음에는 낯설겠지만 배워놓으면 두고두고 활용할 수 있을 것입니다.

이번 실습에서는 코딩 성능이 좋은 o1을 사용하겠습니다. GPT-4o를 사용해도 괜찮지만, o1을 사용하는 쪽이 오류가 발생할 확률을 줄일 수 있습니다.

이게 되네?

100% 노하우 구글 코랩이 뭐예요?

구글 코랩Google Colab은 인터넷만 있으면 코딩을 쉽게 연습할 수 있는 구글의 무료 도구입니다. 별도 설치 없이 브라우저에서 바로 실행할 수 있고, 주로 파이썬이라는 쉬운 프로그래밍 언어를 사용합니다. 데이터를 분석하거나 그래프를 그리거나, 인공지능 실험도 할 수 있습니다. 초보자나 비전공자도 쉽게 코딩을 시작할 수 있는 온라인 코딩 노트라고 생각하면 됩니다.

01 계획과 실제 실적을 입력하면 달성률과 합계를 자동 계산하는 월 매출 실적 시트를 만들겠습니다. 코랩에서 엑셀 양식을 만들 수 있는 파이썬 코드의 생성을 챗GPT에게 요청하겠습니다.

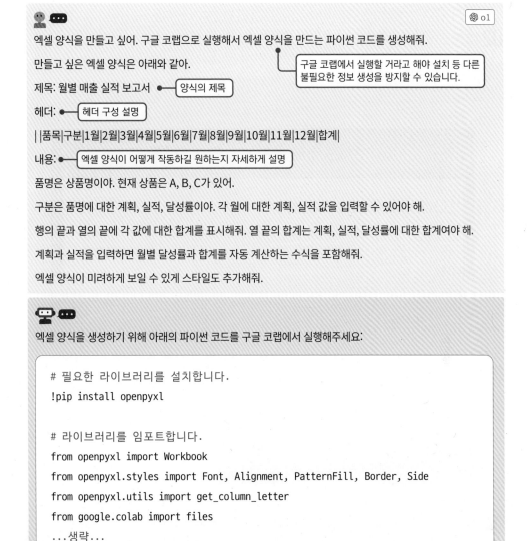

엑셀 양식을 만들고 싶어. 구글 코랩으로 실행해서 엑셀 양식을 만드는 파이썬 코드를 생성해줘.

만들고 싶은 엑셀 양식은 아래와 같아.

구글 코랩에서 실행할 거라고 해야 설치 등 다른 불필요한 정보 생성을 방지할 수 있습니다.

제목: 월별 매출 실적 보고서 ● ──【 양식의 제목 】

헤더: ● ──【 헤더 구성 설명 】

| |품목|구분|1월|2월|3월|4월|5월|6월|7월|8월|9월|10월|11월|12월|합계|

내용: ● ──【 엑셀 양식이 어떻게 작동길 원하는지 자세하게 설명 】

품명은 상품명이야. 현재 상품은 A, B, C가 있어.

구분은 품명에 대한 계획, 실적, 달성률이야. 각 월에 대한 계획, 실적 값을 입력할 수 있어야 해.

행의 끝과 열의 끝에 각 값에 대한 합계를 표시해줘. 열 끝의 합계는 계획, 실적, 달성률에 대한 합계여야 해.

계획과 실적을 입력하면 월별 달성률과 합계를 자동 계산하는 수식을 포함해줘.

엑셀 양식이 미려하게 보일 수 있게 스타일도 추가해줘.

엑셀 양식을 생성하기 위해 아래의 파이썬 코드를 구글 코랩에서 실행해주세요:

```python
# 필요한 라이브러리를 설치합니다.
!pip install openpyxl


# 라이브러리를 임포트합니다.
from openpyxl import Workbook
from openpyxl.styles import Font, Alignment, PatternFill, Border, Side
from openpyxl.utils import get_column_letter
from google.colab import files
...생략...
```

이 코드를 실행하면 "월별_매출_실적_보고서.xlsx" 파일이 생성되고 다운로드됩니다. 이 엑셀 파일은 다음과 같은 특징을 갖습니다:

...생략...

필요에 따라 추가적인 스타일이나 기능을 적용할 수 있습니다.

파이썬 코드가 생성되었습니다. 우리는 복사해서 붙여넣기만 할 거라 코드를 이해하지 못해도 괜찮습니다. 차근차근 따라오세요. 챗GPT가 생성한 파이썬 코드를 우측 상단 [복사] 버튼을 클릭하여 전체 복사합니다.

02 구글 코랩에 접속합니다. 구글에서 '코랩'을 검색하거나 다음 링크로 접속하면 됩니다.

- **구글 코랩** : colab.google

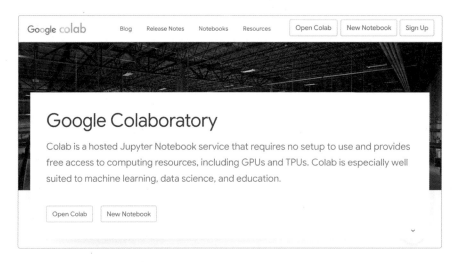

03 메인 화면 오른쪽 위의 [New Notebook]을 클릭합니다.

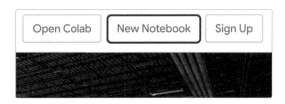

04 로그인이 필요하다는 안내가 나타나면 구글 계정으로 로그인하세요.

이미 구글 계정에 로그인한 상태라면 다음과 같은 화면으로 이동합니다.

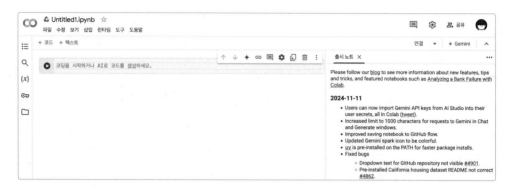

05 코랩 화면을 보면 '코딩을 시작하거나 AI로 코드를 생성하세요.'라는 메시지가 보일 겁니다. 여기가 코드 입력란입니다.

06 ❶ 입력란을 클릭한 후 앞서 복사한 파이썬 코드를 전체 붙여넣기 합니다. 그런 다음 왼쪽에 있는 ❷ [▶ 실행] 버튼을 클릭합니다.

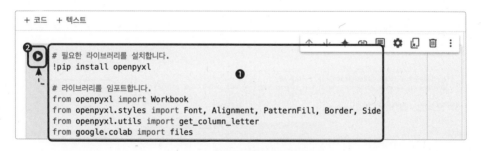

실행이 잘 되었다면 파이썬 코드를 실행해서 생성한 파일이 자동으로 다운로드될 겁니다.

```
Requirement already satisfied: openpyxl in /usr/local/lib/python3.10/dist-packages (3.1.5)
Requirement already satisfied: et-xmlfile in /usr/local/lib/python3.10/dist-packages (from openpyxl) (2.0.0)
```

07 다운로드된 엑셀 파일을 열어보면 요청한 내용대로 양식이 만들어진 것을 확인할 수 있습니다.

	품목	구분	1월	2월	3월	4월	5월	6월	7월	8월	9월	10월	11월	12월	합계
								월별 매출 실적 보고서							
3	A	계획													0
4		실적													0
5		달성률	0	0	0	0	0	0	0	0	0	0	0	0	0
6	B	계획													0
7		실적													0
8		달성률	0	0	0	0	0	0	0	0	0	0	0	0	0
9	C	계획													0
10		실적													0
11		달성률	0	0	0	0	0	0	0	0	0	0	0	0	0

A품목의 데이터를 임의로 채워보겠습니다. 계획과 실적 데이터를 계산해서 달성률과 합계를 잘 계산해주는 걸 확인할 수 있습니다.

품목	구분	1월	2월	3월	4월	5월	6월	7월	8월	9월	10월	11월	12월	합계
A	계획	5.6E+09	4.6E+09	5.2E+08	5E+08	5.2E+09	5.7E+08	5.7E+10	5.3E+09	2.4E+08	5.3E+09	4.2E+10	5.7E+09	1.333E+11
	실적	5.9E+07	3.1E+07	2789478	5126162	5.3E+07	5237958	5.2E+08	5.2E+07	1732983	3.3E+07	5.2E+08	5.3E+07	1.343E+09
	달성률	104%	67%	53%	102%	101%	91%	92%	98%	73%	63%	124%	93%	88%

700% 노하우 코드를 실행했더니 오류가 발생했어요!

챗GPT가 생성한 코드가 항상 올바르게 실행되는 것은 아닙니다. o1의 등장으로 오류가 발생하는 코드를 생성하는 경우가 현저히 줄었지만, 여전히 오류가 생길 때가 있습니다. o1이 아닌 GPT-4o를 사용하면 오류가 생기는 일이 더 많습니다. 그럴 때는 챗GPT에게 오류 수정을 맡겨서 해결해야 합니다. 방법을 배워봅시다.

구글 코랩에서 코드를 실행했을 때 다음과 같이 오류로 표시되는 메시지가 나타나면 메시지를 드래그하여 복사하세요.

복사한 오류 메시지를 코드를 생성한 챗GPT 채팅에 그대로 붙여넣고 입력합니다.

```
File "<ipython-input-5-2d6e3a8ca361>", line 48
  for row in ws.iter_rows(min_row=2, max_row=ws.max_row, min_col=2, max_col=16):
                                ^
SyntaxError: incomplete input
```

그러면 챗GPT는 자신이 생성한 코드와 오류 메시지를 파악해서 오류가 발생한 부분을 해결한 코드를 새로 생성해줍니다.

---

⑤   59초 동안 생각 ∧

The user is requesting a Python code to create an Excel template for a monthly sales report, including headers, item details, performance metrics, and calculations for achievement rates and totals, with a focus on styling for a visually appealing presentation.

생각하고 회상하는 중, 엑셀 테이블을 구상하고 있어요. 각 제품의 계획과 실적 입력, 월별 달성률 계산, 합계 표시, 스타일링이 포함된 월별 매출 실적 보고서입니다.

코드를 실행하면서 구문 오류를 발견하고 있어. 코드를 자세히 들여다보고 수정점을 찾아내는 중이야.

구글 코랩에서 실행할 코드가 제공되고 있어.

구글 코랩에서 실행할 워크북을 만드는데, 월별 매출 실적 보고서 템플릿을 구성하고 있어. 헤더와 상품명, 구분을 작성한 다음, 병합 셀로 품목을 중앙 정렬하고 있어.

모든 셀에 스타일을 설정하고, 헤더 셀에 색상과 굵은 글꼴을 추가하여, 엑셀 템플릿이 화려하고 정돈된 보기를 제공하고 있어.

코드를 살펴보니, 줄 48에서 구문 오류가 발생하고 있어. 코드의 시작와 관련된 라인을 시간순으로 추적하고 있어.

이렇게 챗GPT가 오류를 수정한 코드를 다시 붙여넣고 실행하면 코드가 작동합니다. 만약 수정한 코드에서도 오류가 발생하면 챗GPT가 문제를 해결할 때까지 위 과정을 반복하세요.

미친활용 34   엑셀 매크로 만들기

   엑셀 매크로는 엑셀에서 반복되는 작업을 자동으로 처리해주는 도구입니다. 어려운 프로그래밍 지식 없이도 여러 번 해야 하는 작업을 빠르게 끝낼 수 있죠. 매크로는 VBA$^{Visual Basic for Applications}$라는 간단한 프로그래밍 언어로 직접 작성하지만, 프로그래밍 지식이 없으면 주로 작업 과정을 녹화해서 저장한 다음 버튼으로 다시 실행합니다.

챗GPT를 활용하면 아주 빠르게 VBA를 작성하여 매크로를 생성할 수 있습니다. 함께 배워보겠습니다. 이번 실습은 미친활용 33 월 매출 실적 시트 만들기에서 진행한 챗GPT 채팅과 생성한 월별 매출 실적 보고서 양식을 사용하겠습니다. 월별 매출 실적 보고서 양식에서 매크로를 실행하면 품목이 자동 추가되는 매크로를 챗GPT와 함께 만들어보죠.

01   미친활용 33 월 매출 실적 시트 만들기 채팅에 이어 월별 매출 실적 보고서에 품목을 자동 생성하는 매크로를 추가하기 위한 VBA를 챗GPT에게 요청하겠습니다.

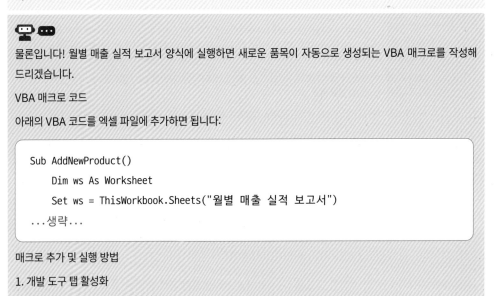

월별 매출 실적 보고서 양식에 실행하면 새로운 품목이 자동 생성되는 매크로를 추가하고 싶어. VBA을 작성해 줘.

물론입니다! 월별 매출 실적 보고서 양식에 실행하면 새로운 품목이 자동으로 생성되는 VBA 매크로를 작성해 드리겠습니다.

VBA 매크로 코드

아래의 VBA 코드를 엑셀 파일에 추가하면 됩니다:

```
Sub AddNewProduct()
    Dim ws As Worksheet
    Set ws = ThisWorkbook.Sheets("월별 매출 실적 보고서")
...생략...
```

매크로 추가 및 실행 방법

1. 개발 도구 탭 활성화

··· 생략 ···

챗GPT가 요청한 VBA와 매크로를 실행하는 방법을 생성했습니다. 우측 상단 [복사] 버튼을 클릭하여 VBA를 복사합니다.

02 엑셀을 실행하여 월별 매출 실적 보고서 양식을 열겠습니다. VBA를 실행하려면 개발 도구 메뉴가 필요합니다. 윈도에서는 [파일→옵션], 맥에서는 [Excel→기본 설정]을 클릭합니다. 메뉴에서 [리본 및 도구 모음]을 클릭합니다.

리본 메뉴 사용자 지정에서 개발 도구를 찾아 체크하고 [확인] 또는 [저장]을 클릭합니다.

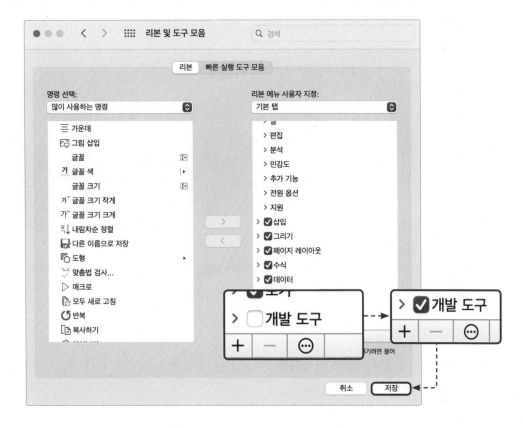

메뉴에 [개발 도구]가 추가되었습니다.

03 [개발 도구→Visual Basic]를 클릭하여 VBA 편집기를 실행합니다.

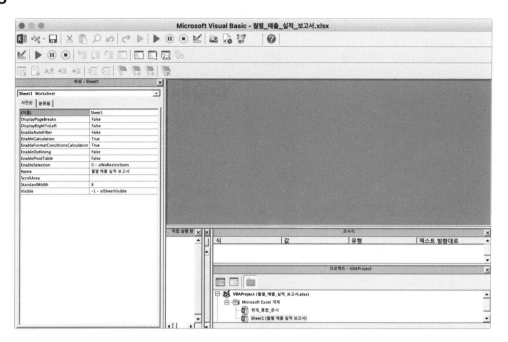

04 메뉴에서 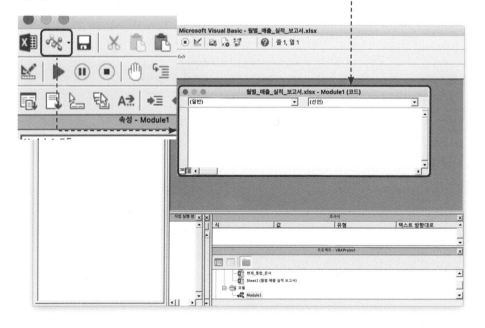 모듈 삽입 버튼을 클릭합니다. 그러면 '월별_매출_실적_보고서.xlsx - Module1 (코드)'라는 새로운 모듈 창이 나타납니다.

05 모듈 창에 ❶ 복사한 VBA 코드를 붙여넣고, 메뉴에서 ❷ [💾 저장] 버튼을 클릭합니다.

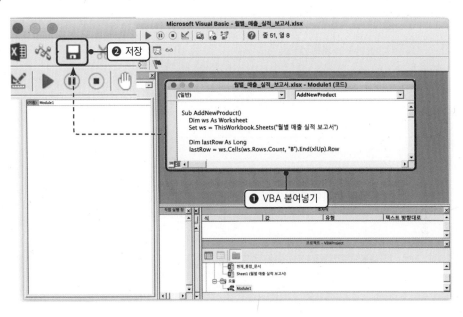

06 [개발 도구→매크로]를 클릭하면 'AddNewProduct'라는 이름의 매크로가 있습니다. 매크로의 이름은 챗GPT가 임의로 붙인 것입니다. 원하는 이름이 있다면 따로 수정하세요. AddNewProduct 매크로를 선택한 후 오른쪽 아래 [실행] 버튼을 클릭합니다.

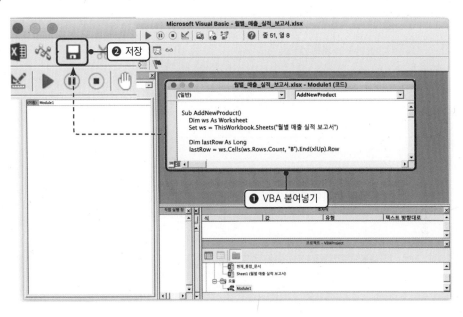

07 새 품목을 추가할 수 있는 창이 나타났습니다. 추가할 품목명을 입력하고 [확인] 버튼을 클릭합니다. 예제에서는 품목명을 'D'라고 입력하겠습니다.

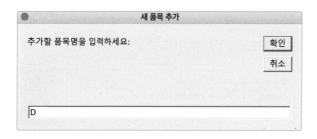

그러면 D라는 새로운 품목이 자동으로 추가된 걸 확인할 수 있습니다.

	A	B	C	D	E	F	G	H	I
1								월별 매출 실적 보고서	
2		품목	구분	1월	2월	3월	4월	5월	6월
3			계획	5632187568	4628638745	523686541	502947322	5236875894	572895782
4		A	실적	58721845	30786328	2789478	5126162	52789414	5237958
5			달성률	104%	67%	53%	102%	101%	91%
6			계획						
7		B	실적						
8			달성률	0	0	0	0	0	0
9			계획						
10		C	실적						
11			달성률	0	0	0	0	0	0
12			계획						
13		D	실적						
14			달성률	0	0	0	0	0	0

챗GPT를 활용해서 간단한 엑셀 매크로를 만들어보았습니다. 프로그래밍을 몰라도, 매크로 사용법을 공부하지 않아도 누구나 챗GPT만 있으면 할 수 있습니다. 엑셀에서 반복하는 작업이 있다면 반드시 매크로를 만들어서 생산성을 높이길 바랍니다.

이게 되네?

100% 노하우 매크로가 실행되지 않아요!

챗GPT가 생성한 코드에서 오류가 발생하는 것처럼 매크로도 제대로 작동하지 않을 수 있습니다. 이럴 때는 챗GPT에게 '어떤 기능이 작동하지 않으니 해결해줘.', '제대로 작동하는 매크로로 개선해줘.'처럼 수정을 요청해야 합니다. 기능이 많을수록 한번에 작동하지 않을 가능성이 크지만, 작동하지 않는 상황을 챗GPT에게 잘 설명한다면 개선된 코드를 생성해줄 겁니다.

미친 활용 35 엑셀 사용자 지정 함수 만들기

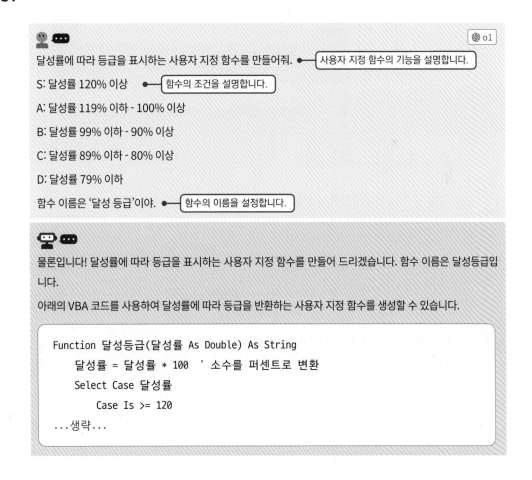

사용자 지정 함수란 엑셀에서 지원하지 않는 함수를 VBA를 사용해서 직접 만드는 기능입니다. 매크로와 비슷하지만, 매크로는 반복해서 실행하는 프로그램이라면 사용자 지정 함수는 셀에 직접 입력할 수 있는 도구를 만드는 것과 같습니다.

미친 활용 33 **월 매출 실적 시트 만들기**에서 진행한 챗GPT 채팅과 생성한 월별 매출 실적 보고서 양식을 이어서 사용하겠습니다. 함수를 입력하면 달성률에 따라서 등급을 지정하는 사용자 지정 함수를 만들어봅시다.

01 챗GPT에게 만들려는 사용자 지정 함수를 자세히 설명합니다.

😀 💬   ⑨ o1

달성률에 따라 등급을 표시하는 사용자 지정 함수를 만들어줘. ◀— 사용자 지정 함수의 기능을 설명합니다.

S: 달성률 120% 이상 ◀— 함수의 조건을 설명합니다.

A: 달성률 119% 이하 - 100% 이상

B: 달성률 99% 이하 - 90% 이상

C: 달성률 89% 이하 - 80% 이상

D: 달성률 79% 이하

함수 이름은 '달성 등급'이야. ◀— 함수의 이름을 설정합니다.

🤖 💬

물론입니다! 달성률에 따라 등급을 표시하는 사용자 지정 함수를 만들어 드리겠습니다. 함수 이름은 달성등급입니다.

아래의 VBA 코드를 사용하여 달성률에 따라 등급을 반환하는 사용자 지정 함수를 생성할 수 있습니다.

```
Function 달성등급(달성률 As Double) As String
    달성률 = 달성률 * 100  ' 소수를 퍼센트로 변환
    Select Case 달성률
        Case Is >= 120
...생략...
```

02 챗GPT가 VBA 코드를 생성했습니다. 코드를 복사합니다. [개발 도구 → Visual Basic]을 클릭하여 VBA 편집기를 실행합니다. 새로운 모듈을 추가한 후 복사한 코드를 모듈창에 붙여넣고 저장합니다.

NOTE 상세한 모듈창 실행 과정은 **미친 활용 34** 엑셀 매크로 만들기를 참고하세요.

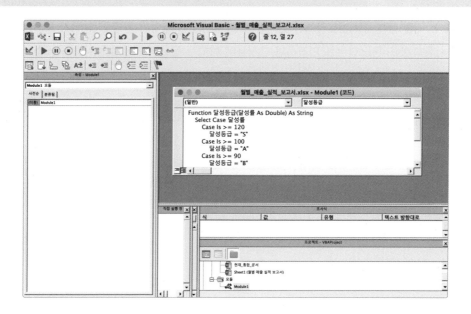

03 월별 매출 실적 보고서 양식에서 품목 A 아래에 '등급'이라는 새로운 행을 추가합니다.

	A	B	C	D	E	F	G	H	I	J	K	L
1							**월별 매출 실적 보고서**					
2		품목	구분	1월	2월	3월	4월	5월	6월	7월	8월	9월
3			계획	5632187568	4628638745	523686541	502947322	5236875894	572895782	5.7239E+10	5320528903	235989232
4		A	실적	58721845	30786328	2789478	5126162	52789414	5237958	523897542	52398753	1732983
5			달성률	104%	67%	53%	102%	101%	91%	92%	98%	73%
6			등급									

04 그런 다음 ❶ 1월 등급(D6) 셀에 '=달성등급'을 입력하면 사용자 정의 함수가 자동 완성되는 걸 확인할 수 있습니다. ❷ '=달성등급'까지 입력한 후 1월 달성률(D5) 셀을 클릭하여 셀 범위를 입력합니다. ❸ 지정된 조건에 따라서 등급이 A로 입력되는 걸 확인할 수 있습니다.

품목	구분	1월
	계획	5632187568
A	실적	58721845
	달성률	104%
	등급	❶=달성등
		사용자 정의 함수
		달성등급
	계획	
B	실적	

품목	구분	1월
	계획	5632187568
A	실적	58721845
	달성률	104%
	등급	❷=달성등급(D5)
	계획	
B	실적	

품목	구분	1월
	계획	5632187568
A	실적	58721845
	달성률	104%
	등급 ❸	A
	계획	
B	실적	

05 달성등급 함수가 잘 작동하는 걸 확인했다면 채우기 핸들로 나머지 등급 행에 끌어서 채워넣습니다. 그러면 달성률마다 알맞은 등급이 표시됩니다.

품목	구분	1월	2월	3월	4월	5월	6월	7월
A	계획	5632187568	4628638745	523686541	502947322	5236875894	572895782	5.7239E+10
	실적	58721845	30786328	2789478	5126162	52789414	5237958	523897542
	달성률	104%	67%	53%	102%	101%	91%	92%
	등급	A	D	D	A	A	B	B
B	계획							
	실적							

지금까지 엑셀 함수를 생성하는 것부터 사용자 지정 함수를 만드는 방법까지 알아보았습니다. 챗GPT를 활용하면 어려웠던 엑셀의 모든 기능을 쉽게 사용할 수 있습니다. 챗GPT와 함께 엑셀을 잘 사용하는 엑셀 마스터로 거듭나시길 바랍니다.

PPT 작업하기

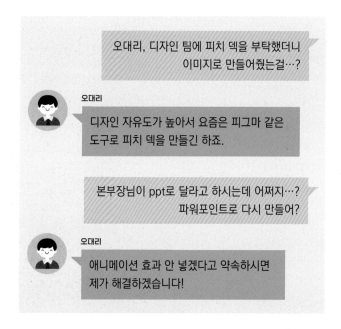

자료 조사보다 오래 걸리는 일이 PPT 작업입니다. 챗GPT를 활용하면 쉽고 빠르게 PPT 작업을 수행할 수 있습니다. 챗GPT로 효율적인 PPT 작업하는 방법을 배워봅시다.

미친 활용 36 **보고서로 PPT 만들기**

챗GPT와 워드를 사용하면 보고서 내용을 빠르게 PPT로 생성할 수 있습니다. 실습에서는 강아지 유모차의 투자 계획서를 PPT로 만들어보겠습니다.

01 투자 계획서를 작성하기 전에 강아지 유모차 시장에 관한 정보가 있어야 합니다. 챗GPT를 통해 빠르게 검색해서 진행하겠습니다. 실무에서는 실제 정보를 바탕으로 문서를 작성하시길 바랍니다.

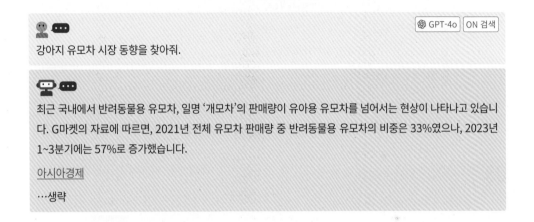

> 🔘 GPT-4o ON 검색
>
> 👤 💬
>
> 강아지 유모차 시장 동향을 찾아줘.
>
> 🤖 💬
>
> 최근 국내에서 반려동물용 유모차, 일명 '개모차'의 판매량이 유아용 유모차를 넘어서는 현상이 나타나고 있습니다. G마켓의 자료에 따르면, 2021년 전체 유모차 판매량 중 반려동물용 유모차의 비중은 33%였으나, 2023년 1~3분기에는 57%로 증가했습니다.
>
> <u>아시아경제</u>
>
> …생략

02 검색한 내용을 바탕으로 투자 계획서를 PPT로 만들어달라고 챗GPT에게 요청합니다.

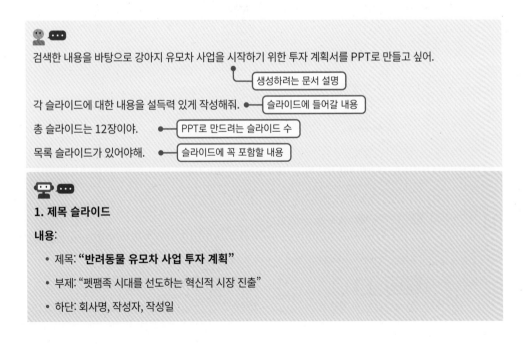

> 👤 💬
>
> 검색한 내용을 바탕으로 강아지 유모차 사업을 시작하기 위한 투자 계획서를 PPT로 만들고 싶어. ━━● 생성하려는 문서 설명
>
> 각 슬라이드에 대한 내용을 설득력 있게 작성해줘. ●━ 슬라이드에 들어갈 내용
>
> 총 슬라이드는 12장이야. ●━ PPT로 만드려는 슬라이드 수
>
> 목록 슬라이드가 있어야해. ●━ 슬라이드에 꼭 포함할 내용
>
> 🤖 💬
>
> **1. 제목 슬라이드**
>
> **내용:**
>
> - 제목: **"반려동물 유모차 사업 투자 계획"**
> - 부제: "펫팸족 시대를 선도하는 혁신적 시장 진출"
> - 하단: 회사명, 작성자, 작성일

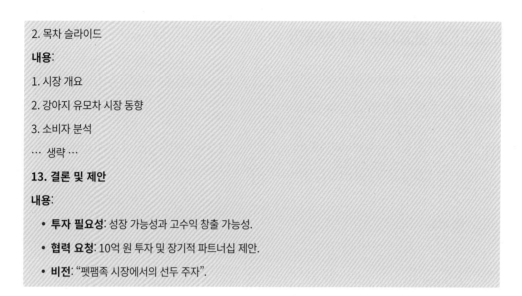

2. 목차 슬라이드

내용:

1. 시장 개요

2. 강아지 유모차 시장 동향

3. 소비자 분석

… 생략 …

13. 결론 및 제안

내용:

- **투자 필요성**: 성장 가능성과 고수익 창출 가능성.
- **협력 요청**: 10억 원 투자 및 장기적 파트너십 제안.
- **비전**: "펫팸족 시장에서의 선두 주자".

챗GPT가 PPT 형식의 투자 계획서를 작성했습니다. 수정할 부분이 있다면 추가로 요청하세요.

03 챗GPT가 작성한 내용을 전부 복사한 후 복사한 투자 계획서를 워드에 붙여넣습니다.

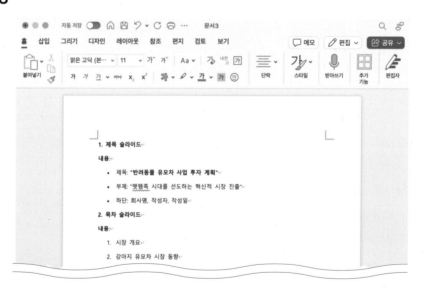

04 메뉴에서 [❶ 보기 → ❷ 개요]를 클릭합니다.

그러면 문서가 '개요 보기'로 전환됩니다.

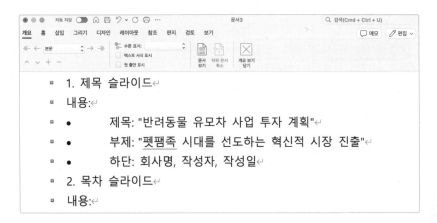

05 개요 보기에서는 문서의 서식을 변경 및 적용할 수 있습니다. 여기서 PPT에 들어갈 내용의 서식을 편집하겠습니다. 예를 들어 첫 줄을 보면 '제목 슬라이드'라는 텍스트가 있는데요, 이대로 저장하면 해당 내용도 PPT에 들어갑니다. 이처럼 필요 없는 부분을 삭제해야 합니다. 실제 제목과 부제로 사용할 내용만 남겨둡니다.

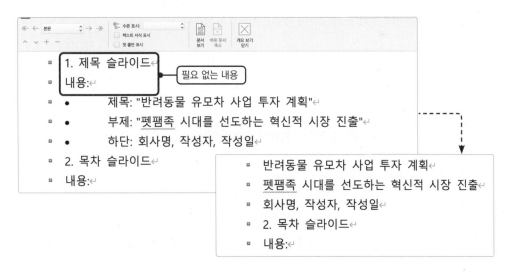

06 필요한 부분만 잘 남겼습니다. 그런데 제목과 부제가 똑같은 위상에 있습니다. 서식을 적용해서 위상을 변경해야 합니다. ❶ 먼저 제목 부분을 드래그합니다. ❷ 그런 다음 메뉴에서 [본문]이라는 드롭다운 메뉴를 선택합니다. 드롭다운 메뉴에는 수준1~수준9, 그리고 본문이 있을 겁니다. 수준은 위상을 의미합니다. 제목은 글의 가장 첫 부분이죠. 수준1을 선택합니다.

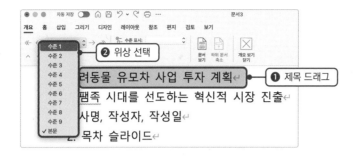

그러면 선택한 제목 부분만 내어쓰기 되어서 서식이 적용되었습니다.

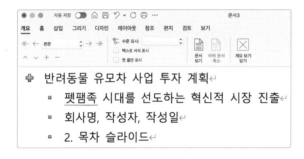

부제도 같은 방식으로 드래그하여 수준2로 변경하겠습니다.

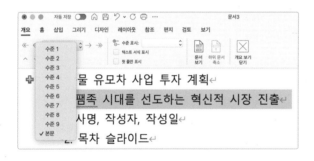

수준2로 변경했더니 들여쓰기 되어 수준1인 제목과의 위상을 명확하게 구분할 수 있습니다.
모든 내용은 수준 1~9 사이로 설정해야 합니다. 본문으로 설정한 내용은 PPT에 반영되지 않을 수 있습니다. 꼭 주의하세요.

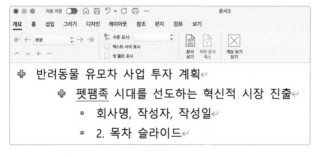

이런 식으로 나머지 내용도 모두 서식을 적용합니다. 서식 적용이 끝나면 메뉴의 [개요 보기 닫기]를 클릭합니다.

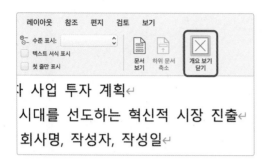

07 다시 문서로 돌아왔으면 메뉴에서 [파일→다름 이름으로 저장]을 클릭 후 파일 형식을 '서식 있는 텍스트(.rtf)로 변경하여 저장합니다.

08 파워포인트를 실행합니다. 홈 메뉴에서 [새 슬라이드] 옆에 있는 화살표를 클릭한 후 메뉴 아래에 있는 [개요...]를 클릭합니다.

파일 선택 창이 나타나면 앞에서 저장한 서식 파일을 선택하고 [삽입]을 클릭합니다.

그러면 워드에서 서식 적용했던 내용이 각 슬라이드별로 적용되는 걸 확인할 수 있습니다.

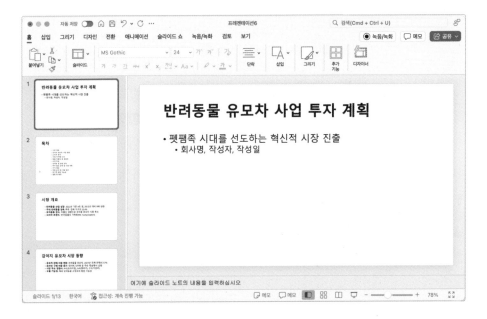

09 홈 메뉴에 있는 [디자이너]를 클릭합니다.

디자이너가 실행되면 오른쪽 사이드 메뉴가 생깁니다. 이 사이드 메뉴를 스크롤하면 슬라이드 내용에 알맞은 다양한 디자인이 나타납니다. 디자인을 클릭하면 적용된 서식을 활용해서 슬라이드에 디자인을 적용할 수 있습니다.

마음에 드는 디자인이 없으면 사이드바 맨 아래에 있는 [See more Design Ideas] 버튼을 눌러 보세요. 새로운 디자인으로 새로고침됩니다.

10 각 슬라이드마다 적당한 디자인을 적용하면 챗GPT가 작성한 보고서만으로 그럴듯한 PPT를 생성할 수 있습니다.

실습에서는 간단한 문서로 진행했지만, [미친 활용 30] 긴 보고서 작성하기에서 배운 것처럼 챗GPT와 체계적인 문서를 작성 후 PPT로 생성하면 더욱 알찬 내용의 결과물을 만들 수 있을 것입니다.

[미친 활용 37] VBA로 PPT 만들기

이번에는 VBA로 PPT를 만들어보겠습니다. 엑셀과 마찬가지로 MS 오피스 제품군인 파워포인트도 VBA를 지원합니다. VBA를 활용하면 쉽게 [미친 활용 36] 보고서로 PPT 만들기처럼 PPT를 생성할 수 있습니다. [미친 활용 36] 보고서로 PPT 만들기에서 진행한 채팅을 이어서 진행하겠습니다.

01 챗GPT에게 앞서 만든 '반려동물 유모차 사업 투자 계획'을 VBA 코드로 생성해달라고 요청합니다.

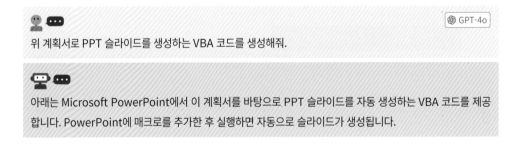

```
Sub CreatePPTSlides()
    Dim pptApp As Object
    Dim pptPres As Object
    Dim pptSlide As Object
...생략...
```

위의 코드는 PowerPoint에서 슬라이드를 자동 생성하는 VBA 매크로입니다. PowerPoint의 VBA 편집기 (Alt + F11)를 열고 새로운 모듈을 추가한 후 코드를 붙여넣으면 됩니다. 그런 다음 실행(F5)하여 슬라이드를 생성하세요. 필요하면 수정하여 세부 내용을 조정할 수 있습니다.

챗GPT가 투자 계획서를 VBA 코드로 생성했습니다. 코드를 전체 복사합니다.

02 VBA 코드를 실행하는 방법은 엑셀과 동일합니다. 파워포인트에서 새 프레젠테이션을 만듭니다. 메뉴에서 [❶ 도구 → ❷ 매크로 → ❸ Visual Basic Editor]를 클릭합니다.

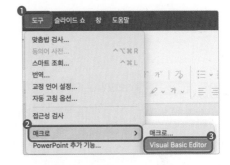

03 VBA 창이 나타나면, 메뉴에서 ❶ [🔧 모듈 삽입] 버튼을 클릭합니다. ❷ 새로운 모듈 창이 나타나면 앞에서 복사한 코드를 모두 붙여넣습니다. ❸ [▶ 실행] 버튼을 클릭합니다.

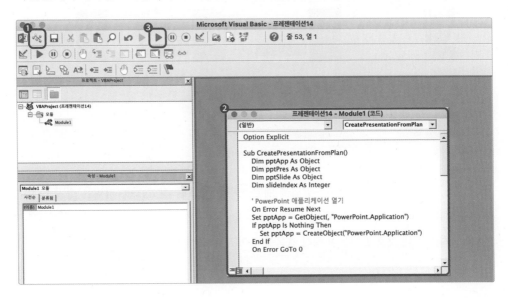

04 그러면 파인포인트 창으로 돌아가서 'PPT 슬라이드가 성공적으로 생성되었습니다!'라는 메시지가 나타납니다. [확인]을 클릭하면 PPT 슬라이드가 잘 생성된 것을 확인할 수 있습니다.

05 미친 활용 36 보고서로 PPT 만들기에서처럼 디자이너 도구를 사용해서 슬라이드마다 디자인만 추가해주면 그럴듯한 PPT를 쉽고 빠르게 완성할 수 있습니다.

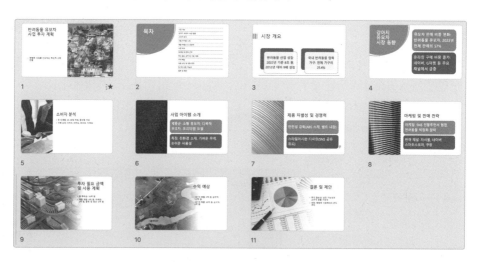

챗GPT를 활용해서 PPT 작업하는 방법을 배웠습니다. PPT를 잘 만드는 방법은 정말 많지만 가장 빠르게 필요한 작업을 수행하는 방법은 챗GPT와 함께하는 것이 아닐까 싶습니다. 챗GPT를 사용한 OA 활용하기를 내 것으로 만들어 생산 효율을 높이고, 칼퇴하길 바랍니다.

챗GPT로
업무 자동화하기

빨리 끝내고
칼퇴해야지~

챗GPT 등장 이후 업무 자동화는 인기 있는 관심사입니다. 과거에도 반복 업무를 자동화하여 생산성을 높이는 방법은 있었지만, 소프트웨어 개발을 공부하거나 의뢰를 맡겨서 큰 비용을 지불해야 했는데요, 챗GPT를 활용하면 코딩을 잘 몰라도 누구나 자동화를 실현할 수 있습니다. 이번 장에서는 챗GPT와 구글 시트, 앱스스크립트를 활용한 업무 자동화를 배워보겠습니다. 모든 실습은 코딩 능력이 가장 뛰어난 o1을 사용합니다.

💬 이 그림은 챗GPT에게 "**한 번에 여러 작업을 하고 있는 토끼의 그림을 그려줘.**"라고 요청하여 받았습니다.

## Chapter 17

실시간 금 시세 계산기 만들기

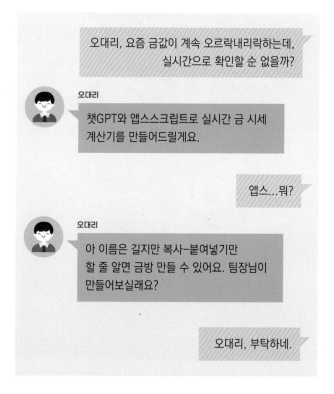

오대리, 요즘 금값이 계속 오르락내리락하는데, 실시간으로 확인할 순 없을까?

오대리
챗GPT와 앱스스크립트로 실시간 금 시세 계산기를 만들어드릴게요.

앱스...뭐?

오대리
아 이름은 길지만 복사-붙여넣기만 할 줄 알면 금방 만들 수 있어요. 팀장님이 만들어보실래요?

오대리, 부탁하네.

구글 시트에 금 시세를 실시간으로 불러와서 판매하려는 귀금속 가격을 자동으로 계산할 수 있는 계산기를 앱스 스크립트로 만들어보겠습니다. 자동화에 구글 시트와 앱스 스크립트를 사용하는 이유는 크게 2가지가 있습니다. 첫 번째는 '비용'입니다. 구글 시트와 앱스 스크립트는 누구나 무료로 사용할 수 있습니다. 두 번째는 '온라인'입니다. 자동화를 실현하려면 데이터를 실시간으로 처리할 수 있어야 합니다. 설치형인 엑셀과 달리 웹에서 실행하는 구글 시트는 항상 온라인과 연결되어 있습니다.

챗GPT와 구글 시트와 앱스 스크립트를 활용하는 방법만 배우면 누구나 자신의 업무에 알맞은 자동화를 쉽게 구축할 수 있을 것입니다. 차근차근 따라오세요.

100% 노하우 구글 앱스 스크립트가 뭐예요?

구글 앱스 스크립트Google Apps Scrip는 구글 스프레드시트, 문서, 드라이브 같은 구글 서비스들을 연결하거나 자동으로 작업할 수 있게 만들어주는 도구입니다. 구글 코랩과 비슷하지만, 구글 앱스와 연동되는 도구라고 생각하면 됩니다. 자바스크립트라는 프로그래밍 언어를 기반으로 합니다. 특히 챗GPT에게 원하는 작업을 자연어로 설명하면 코드를 만들어주거나 수정해줄 수 있어, 코딩 경험이 없어도 자동화와 맞춤형 기능을 쉽게 구현할 수 있습니다.

 금 시세 불러오기

귀금속 계산기를 만들기 위해서는 실시간으로 변하는 금 시세 데이터를 시트에 불러와야 합니다. 다음 검색에서 금 시세를 가져와서 구글 시트에 업데이트하는 앱스 스크립트를 생성하겠습니다.

01 챗GPT에게 요청하기 전에 다음 검색 금 시세에서 데이터를 가져올 수 있도록 금 시세 부분의 HTML을 가져와야 합니다. 아래 링크로 다음 검색 금 시세로 이동합니다.

- **다음 검색 금 시세** : https://bit.ly/3Dpqkjt

다음 이미지의 HTML을 복사할 겁니다. HTML이 무엇인지 몰라도 괜찮습니다. 차근차근 진행하세요.

02 금 시세 부분의 빈 공간에 마우스 커서를 올린 뒤 오른쪽 버튼을 누르면 메뉴에 [검사]가 보일 겁니다. 클릭합니다.

브라우저마다 차이는 있지만, 검사 기능을 실행하면 화면 오른쪽 또는 아래에 다음과 같은 검사 창이 나타날 것입니다. 이 사이트의 HTML을 보여주는 기능입니다. 검사 창을 보면 선택된 영역이 보일 텐데요, 금 시세 부분에서 검사 기능을 실행했기 때문에 해당 영역을 표시하는 것입니다.

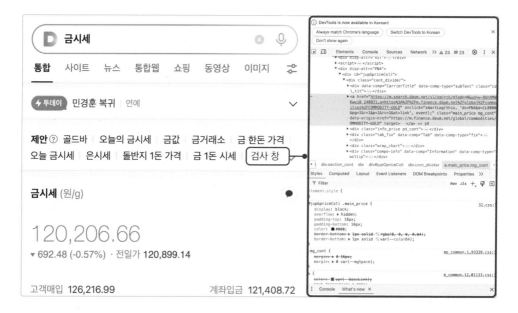

선택된 영역에 마우스를 올리면 화면의 금 시세 부분이 표시됩니다. 선택한 상태로 키보드에서 Ctrl + C 키를 눌러서 복사합니다.

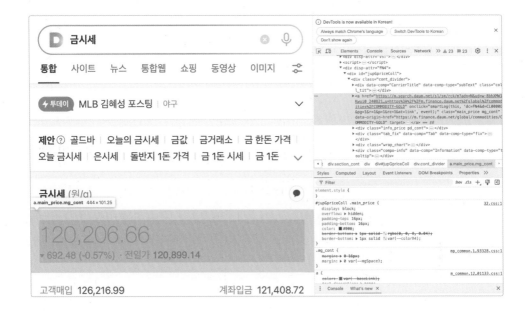

100% 노하우 **HTML이 뭘까요?**

HTML^{HyperText Markup Language}은 웹 페이지를 구성하는 뼈대 역할을 하는 언어로, 페이지에 어떤 내용이 들어가고 그 내용이 어떻게 배치될지 정하는 규칙을 담은 문서입니다. 예를 들어 글자, 이미지, 버튼 등이 어디에 위치할지, 어떤 글자가 제목인지 등을 정의합니다. 우리는 예제에서 금 시세를 보여주는 부분이 웹 페이지에 어떻게 정의되어있는지 찾은 겁니다.

03 챗GPT로 이동한 후 다음 검색에서 매시간 금 시세를 가져와서 구글 시트에 업데이트하는 앱스 스크립트를 생성해달라고 요청하겠습니다.

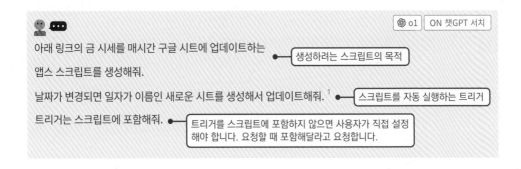

⑤ o1 | ON 챗GPT 서치

아래 링크의 금 시세를 매시간 구글 시트에 업데이트하는
앱스 스크립트를 생성해줘. ← 생성하려는 스크립트의 목적

날짜가 변경되면 일자가 이름인 새로운 시트를 생성해서 업데이트해줘.[1] ← 스크립트를 자동 실행하는 트리거

트리거는 스크립트에 포함해줘. ← 트리거를 스크립트에 포함하지 않으면 사용자가 직접 설정해야 합니다. 요청할 때 포함해달라고 요청합니다.

---

[1] 트리거는 특정 사건이 일어나면 자동으로 실행되는 앱스 스크립트의 기능이에요.

각 시트의 헤더는 |시간|시세|등락률|이야. ● ──┤ 날짜가 변경되면 생성되는 시트의 헤더 │

시간에 관계 없이 가장 최신 금 시세를 가져오는 ── ┤ 어느날 갑자기 오류가 생겨서 트리거가 작동하지 │
수동 메뉴도 만들어줘. │ 않을 수도 있습니다. 수동으로 금 시세를 가져올 │
│ 수 있는 메뉴도 추가해달라고 요청합니다. │

시트에 스타일을 적용해줘. ● ──┤ 시트가 미려해보일 수 있게 스타일 요청 │

m.search.daum.net/search?w=tot&nil_mtopsearch=btn&DA=YZR&q=%EA%B8%88%EC%8B
%9C%EC%84%B8 ● ──┤ 다음 검색 금 시세 링크 │

…복사한 다음 검색 금 시세 HTML… ● ──┤ 앞서 복사한 다음 검색 금 시세 HTML │

🤖 💬

아래는 요청하신 기능을 구현한 구글 앱스 스크립트입니다. 이 스크립트는 매시간 금 시세를 다음 링크에서 가져
와 구글 시트에 업데이트하며, 날짜가 변경되면 새로운 시트를 생성합니다. 또한 수동으로 금 시세를 가져올 수
있는 메뉴와 시트 스타일링도 포함되어 있습니다.

```
function fetchGoldPrice() {
  var url = 'https://m.search.daum.net/search?w=tot&nil_mtopsearch=btn&DA=YZR&q
=%EA%B8%88%EC%8B%9C%EC%84%B8';
  var response = UrlFetchApp.fetch(url);
  var content = response.getContentText('UTF-8');
  …생략…
```

이 스크립트를 통해 매시간 최신 금 시세를 자동으로 업데이트하고, 필요에 따라 수동으로도 데이터를 가져올 수
있습니다. 추가로 문의 사항이 있으시면 알려주세요.

- 전체 코드 :

챗GPT가 스크립트를 생성했습니다. 생성된 스크립트를 우측 상단 [복사]를 클릭하여 전체 복사
합니다.

04 다음 링크를 통해 구글 시트로 이동합니다. 구글 계정으로 로그인해야 사용할 수 있습니다.

- **구글 시트** : docs.google.com/spreadsheets/

빈 스프레드시트를 클릭해서 새 구글 시트를 생성합니다.

05 ❶ 예제 시트의 이름은 '금 시세 계산기'로 변경했습니다. 이름은 자유롭게 정하세요. 이제 앱스 스크립트를 생성하겠습니다. ❷ 상단 메뉴의 [확장 프로그램→Apps Script]를 클릭하여 앱스 스크립트를 실행합니다. 이 과정은 앞으로 다룰 이 책의 모든 앱스 스크립트 사용 예제에서 똑같은 방법으로 진행하세요.

06 앱스 스크립트를 실행하면 아래 화면이 나타납니다. 화면에서 'function myFunction( ) {'로 시작하는 부분을 모두 지워줍니다.

지운 영역에 앞서 ❶ 복사한 스크립트를 모두 붙여넣습니다. 그리고 ❷ 메뉴에 있는[🖫 저장] 버튼을 클릭합니다.

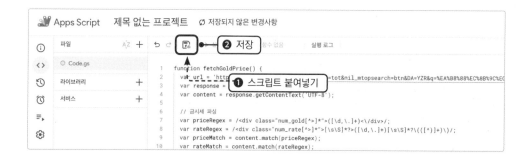

07 새로운 앱스 스크립트를 생성했다면 최초에 스크립트 실행에 필요한 권한을 부여하는 과정이 필요합니다.

먼저 메뉴에서 실행 ▷ 실행 버튼을 클릭합니다. 승인 필요라는 창이 나타나면 ❶ [권한 검토] 버튼을 클릭합니다. 계정 선택 화면이 나왔다면 현재 구글 시트와 앱스 스크립트에 접속한 ❷ 구글 계정을 선택합니다.

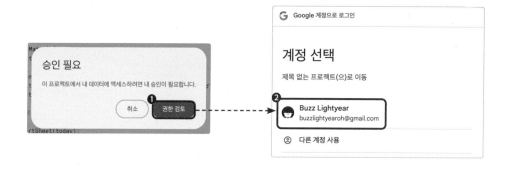

계정을 선택하면 'Google에서 확인하지 않은 앱'이라는 창이 나타납니다. 여기서 작은 글씨로 있는 ❶ [고급]을 클릭합니다. 그러면 {앱스 스크립트} 이름(으)로 이동(안전하지 않음)이라는 텍스트가 보일 겁니다. 이 앱스 스크립트가 어떤 기능을 할지 이해했다는 뜻입니다. ❷ 텍스트를 클릭합니다.

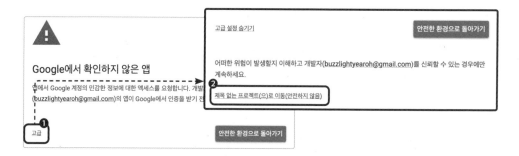

마지막으로 액세스 허용 여부 창이 나타납니다. 아래에 [허용] 버튼을 클릭합니다.

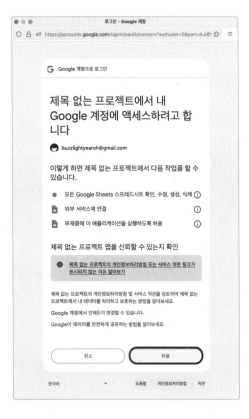

권한 부여를 완료했다면 실행 로그에서 정상적으로 실행이 완료되었다는 메시지가 나타납니다.

08 다시 구글 시트로 돌아옵니다. 메뉴에 [금 시세 업데이트]라는 새로운 메뉴가 생기고, 일자가 이름인 새로운 시트가 생성된 걸 확인할 수 있습니다. 시트를 클릭하면 금 시세를 업데이트한 시간, 시세, 등락률을 확인할 수 있습니다.

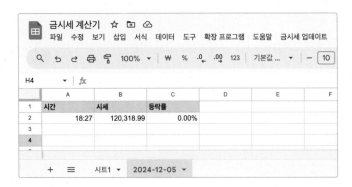

09 그리고 매시간 시세를 가져오게 하려면 트리거 함수를 실행해야 합니다. 디버그와 실행 로그 사이에 있는 함수 드롭다운 메뉴를 클릭하면 이 스크립트에서 실행할 수 있는 함수 목록이 나타납니다.

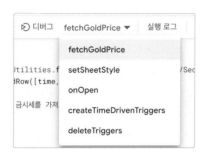

여기서 [createTimeDrivenTriggers] 함수를 선택 후 실행 ▷ 실행 버튼을 클릭하여 실행합니다. 반드시 'createTimeDrivenTriggers' 함수를 실행해야 자동으로 업데이트되는 트리거가 활성화됩니다.

10 이 상태로 1시간을 기다리면 금 시세가 자동으로 업데이트됩니다.

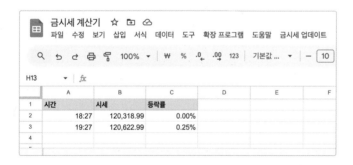

11 현재 금 시세를 수동으로 가져오고 싶다면 [금 시세 업데이트] 버튼을 클릭 후 [수동으로 금 시세 가져오기] 버튼을 클릭합니다.

그러면 시간에 상관 없이 금 시세를 가져옵니다. 메뉴의 이름은 챗GPT가 임의로 정한 것입니다. 원하는 이름이 있다면 스크립트 생성 시 함께 요청하세요.

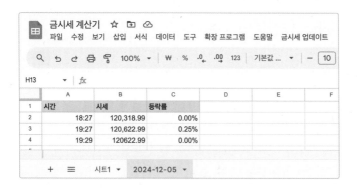

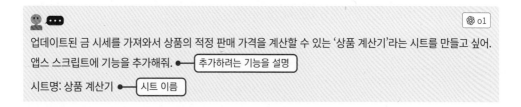

서비스 이용 약관에 따라서 모든 웹 사이트의 데이터를 이 방법으로 가져올 수 있는 건 아닙니다. 수집 가능 여부는 사이트 링크만 입력하면 챗GPT가 알려줄 겁니다.

웹 사이트의 HTML에서 데이터를 가져오는 것 외 다른 방법은 이후 실습에서 더 배워보겠습니다.

미친 활용 39 귀금속 계산기 만들기

앞서 금 시세를 실시간으로 불러오는 시트를 만들었습니다. 이렇게 불러온 데이터로 귀금속 상품의 적정 판매 가격을 곧장 구할 수 있는 계산기를 만들어봅시다.

> NOTE 미친 활용 38 금 시세 불러오기에서 진행한 챗GPT 채팅을 이어서 진행하겠습니다.

01 챗GPT에게 상품 계산이라는 새로운 기능을 앱스 스크립트에 추가해달라고 요청하겠습니다.

> 🔵💬 📀 o1
>
> 업데이트된 금 시세를 가져와서 상품의 적정 판매 가격을 계산할 수 있는 '상품 계산기'라는 시트를 만들고 싶어. 앱스 스크립트에 기능을 추가해줘. ● ─ 추가하려는 기능을 설명
>
> 시트명: 상품 계산기 ● ─ 시트 이름

헤더: ●─[헤더 구조]

|제품명|기준시세|중량|손실(해리)|함량|공임비|원가|판매가|

구조: ●─[각 역할]

제품명: 제품의 명칭(사용자가 입력)

... 중략 ....

원가 : 중량*손실(해리)*함량*기준시세+공임비

판매가 : 원가*1.1*2.5

메뉴에서 상품 계산을 클릭하면 금 시세를 업데이트하고, 헤더에서 사용자가 입력할 부분을 입력하는 다이얼로
그를 생성하여 입력된 내용으로 원가와 판매가를 계산하는 기능이야. ●─[기능이 어떻게 작동했으면 하는지 설명]

알겠습니다. 요청하신 기능을 추가하여 Google Apps Script를 업데이트하겠습니다. 아래는 수정된 스크립트
입니다.

```
function fetchGoldPrice() {
...생략...
    // 상품 계산기에 기준시세 업데이트
    updateProductCalculatorPrice(price);
  } else {
...생략...
```

이렇게 업데이트된 스크립트를 사용하면 '상품 계산기' 시트를 통해 제품의 적정 판매 가격을 손쉽게 계산할 수
있습니다. 추가로 궁금하신 사항이나 도움이 필요하시면 알려주세요.

기능이 추가된 스크립트가 생성되었습니다. 스크립트를 모두 복사합니다.

02 메뉴의 [확장 프로그램→Apps Script]로 이동한 후 기존에 저장한 스크립트를 모두 삭제합니다. 복사한 스크립트를 그대로 붙여넣어서 교체합니다. 교체 후 [🖫 저장] 버튼을 클릭합니다.

03 구글 시트로 돌아와서 새로고침합니다. 새로고침 후 메뉴에서 [금 시세 업데이트]를 클릭하면 [상품 계산]이라는 새로운 메뉴가 생성된 걸 확인할 수 있습니다. [상품 계산]을 클릭합니다.

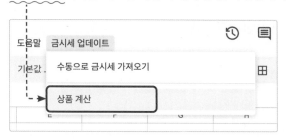

그러면 상품 계산기라는 다이얼로그가 나타납니다. 다이얼로그에 차례대로 내용을 입력합니다.

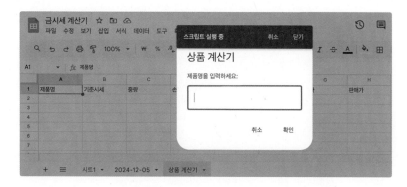

04 다이얼로그에 모든 내용을 입력했으면 계산하는 시점의 금 시세를 불러와서 상품 원가와 판매가를 계산해주는 걸 확인할 수 있습니다. 이제 상품 계산 기능만 실행하면 금 시세를 따로 찾아볼 필요 없이 상품 가격을 계산할 수 있습니다.

	A	B	C	D	E	F	G	H
1	제품명	기준시세	중량	손실(해리)	할량	공임비	원가	판매가
2	GPT링	120,781.67	0.84	1.10	0.75	6,000.00	89,701.70	246,679.67
3								
4								
5								
6								
7								

챗GPT를 활용해서 앱스 스크립트를 생성하고, 앱스 스크립트를 실행하여 구글 시트를 금 시세 계산기로 만들었습니다. 이같은 방법을 응용하면 금 시세뿐만 아니라 업무에 활용할 수 있는 다양한 실시간 계산기를 만들 수 있습니다. 직접 자신의 업무에 필요한 계산기를 챗GPT로 만들어보길 바랍니다.

Chapter 18

쇼핑 검색 트렌드 자동 분석하기

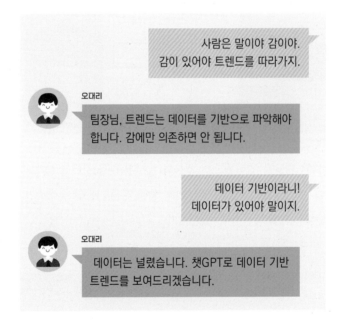

앞서 **미친 활용38** **금 시세 불러오기**에서 설명한 HTML 정보를 가져오는 방법을 모든 웹 사이트에서 사용할 수는 없습니다. 데이터 스크래핑을 막기 위해 보안 설정을 강화한 웹 사이트도 있기 때문이죠. 그래서 이번에는 웹 사이트에서 제공하는 API를 사용해서 외부 데이터를 구글 시트로 가져오는 방법을 실습해보겠습니다.

네이버 쇼핑 API로 쇼핑 데이터를 가져오고, 검색 트렌드를 수집하는 기능을 챗GPT, 구글 시트, 구글 앱스 스크립트로 만들어보겠습니다.

100% 노하우 **API가 뭐예요?**

API$^{Application\ Programming\ Interface}$는 앱이나 프로그램이 서로 소통할 수 있도록 돕는 다리 같은 도구입니다. 쉽게 말해, 한 프로그램이 다른 프로그램에게 요청을 보내고, 필요한 데이터를 받거나 기능을 사용할 수 있게 해주는 방법입니다. 예를 들어 날씨 앱이 실시간 날씨 정보를 보여줄 때, 앱 자체가 데이터를 직접 수집하는 게 아니라 날씨 정보를 제공하는 API를 통해 데이터를 가져올 수 있습니다.

미친 활용 40 네이버 쇼핑 검색 시트 만들기

  네이버 쇼핑 데이터를 검색할 수 있는 구글 시트를 만들어봅시다.

01 네이버 쇼핑 API를 사용하려면 '네이버 개발자 센터'에 접속해야 합니다. 다음 링크로 네이버 개발자 센터에 접속합니다. 오른쪽 위 [로그인] 버튼을 클릭하여 네이버 계정으로 로그인합니다.

- **네이버 개발자 센터** : developers.naver.com/main/

02 애플리케이션을 등록해서 API 키를 발급받아야 합니다. 메뉴에서 [❶ Application → ❷ 애플리케이션 등록]을 클릭합니다.

03 ❶ 이용 약관에 동의하고 ❷ 휴대폰 인증을 마칩니다.

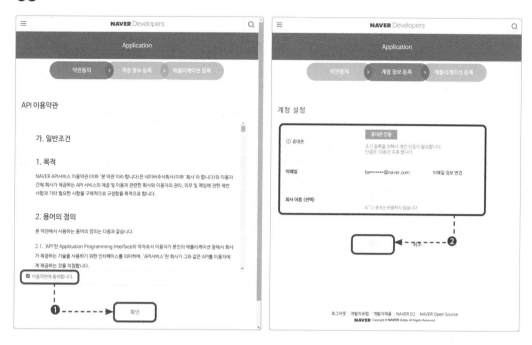

04 애플리케이션 등록 페이지가 나타납니다. 다음과 같이 내용을 차례로 입력합니다.

- ❶ **애플리케이션 이름** : 원하는 이름으로 입력하세요.

- ❷ **사용 API** : 검색을 선택하세요.

- ❸ **환경 추가** : WEB 설정을 선택하세요.

- ❹ **웹 서비스 URL** : https://docs.google.com/spreadsheets를 입력하세요.

모두 입력했다면 [등록하기] 버튼을 클릭합니다.

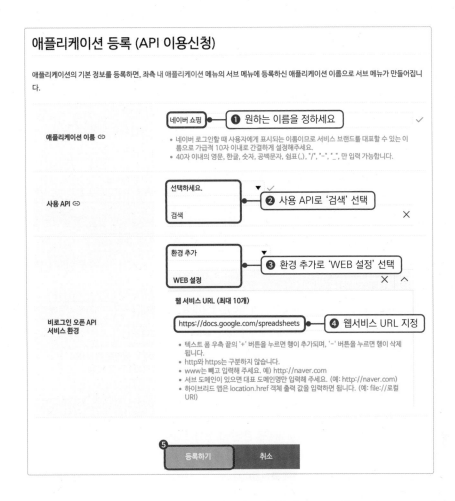

애플리케이션 등록 (API 이용신청)

애플리케이션의 기본 정보를 등록하면, 좌측 내 애플리케이션 메뉴의 서브 메뉴에 등록하신 애플리케이션 이름으로 서브 메뉴가 만들어집니다.

애플리케이션 이름 🔗
네이버 쇼핑 　❶ 원하는 이름을 정하세요
- 네이버 로그인할 때 사용자에게 표시되는 이름이므로 서비스 브랜드를 대표할 수 있는 이름으로 가급적 10자 이내로 간결하게 설정해주세요.
- 40자 이내의 영문, 한글, 숫자, 공백문자, 쉼표(,), '/', '-', '_'만 입력 가능합니다.

사용 API 🔗
선택하세요.
검색　❷ 사용 API로 '검색' 선택

비로그인 오픈 API 서비스 환경
환경 추가
WEB 설정　❸ 환경 추가로 'WEB 설정' 선택

웹 서비스 URL (최대 10개)
https://docs.google.com/spreadsheets　❹ 웹서비스 URL 지정
- 텍스트 폼 우측 끝의 '+' 버튼을 누르면 행이 추가되며, '-' 버튼을 누르면 행이 삭제됩니다.
- http와 https는 구분하지 않습니다.
- www는 빼고 입력해 주세요. 예) http://naver.com
- 서브 도메인이 있으면 대표 도메인만 입력해 주세요. (예: http://naver.com)
- 하이브리드 앱은 location.href 객체 출력 값을 입력하면 됩니다. (예: file://로컬 URI)

❺ 등록하기　취소

05 애플리케이션이 등록되었습니다. 여기서 필요한 건 Client ID와 Client Secret입니다. 두 가지를 합쳐서 API 키라고 부릅니다. API 키는 API를 사용하기 위한 일종의 비밀번호입니다. 모두 외부에 노출되지 않게 주의하세요.

네이버 쇼핑 검색

개요	API 설정	멤버관리	로그인 통계	API 통계	Playground(Beta)

애플리케이션 정보

Client ID	Dn82TL6w95Zn8FklQxhJ
Client Secret	• • • • • • • • • •　보기

06 이제 챗GPT에게 네이버 쇼핑 API로 상품을 검색하는 구글 시트를 앱스 스크립트로 생성해달라고 요청하겠습니다. 표시할 내용과 기능이 많기 때문에 최대한 자세하게 요구해야 합니다.

네이버 쇼핑 API를 사용해서 상품을 검색하는 구글 시트를 앱스 스크립트로 생성하고 싶어.

생성하려는 앱스 스크립트의 기능

표시할 데이터: 번호, 상품명, 이미지 링크, 링크, 최저가, 쇼핑몰, 제조사, 브랜드, 카테고리 1~4, 상품 ID, 상품 타입

시트에 무엇을 표시할 것인지 설명. 네이버 쇼핑 데이터를 참고하여 작성

헤더: 흰색 굵은 텍스트, 진한 배경색으로 바꿔줘. 모든 셀은 가운데 정렬, 가운데 세로 맞춤, 행 높이는 150으로 고정, 데이터 너비로 조정해줘.

헤더와 셀의 스타일. 챗GPT에게 재차 수정을 요청 가능

메뉴에서 상품 검색을 클릭하면 키워드를 입력하는 다이얼로그가 나타나고, 입력한 키워드로 인기 상품을 검색해줘.

상품을 검색하는 방법

이미지 링크는 이미지 함수로 표시해줘. 이미지 셀의 너비는 150으로 고정해줘.

이미지를 시트에 표시

클라이언트 ID와 시크릿을 입력하는 다이얼로그를 만들어줘.

API 키 입력 방법

하나의 스크립트로 생성해줘.

여러 개의 다이얼로그를 요청하면 분리한 파일로 생성할 가능성이 크므로 편의성을 위해 하나의 스크립트로 생성해달라고 요청

네이버 쇼핑 API를 사용하여 구글 시트에서 상품을 검색하고 원하는 형식으로 데이터를 표시하는 Apps Script를 아래에 제공합니다. 이 스크립트는 사용자 정의 메뉴를 생성하고, 다이얼로그를 통해 클라이언트 ID와 시크릿, 검색 키워드를 입력받아 데이터를 시트에 표시합니다.

… 생략 …

```
function onOpen() {
  const ui = SpreadsheetApp.getUi();
  ui.createMenu('네이버 쇼핑')
    .addItem('상품 검색', 'showSearchDialog')
    .addToUi();
}
… 생략 …
```

이 스크립트를 사용하면 네이버 쇼핑에서 원하는 상품을 검색하고, 구글 시트에서 손쉽게 데이터를 관리할 수 있습니다. 필요에 따라 기능을 확장하거나 서식을 조정하여 더욱 맞춤화된 시트를 만들 수 있습니다.

요청한 스크립트가 생성되었습니다. 스크립트를 모두 복사합니다.

07 상단 메뉴의 [확장 프로그램→Apps Script]로 이동한 후 스크립트를 붙여넣고, 저장 및 실행하여 권한 부여까지 진행합니다. 구글 시트로 돌아와서 새로고침합니다. 그러면 [네이버 쇼핑]이라는 메뉴가 생긴 걸 확인할 수 있습니다.

> NOTE 앱스 스크립트 실행 과정이 헷갈린다면 미친활용37 금 시세 불러오기를 참고하세요.

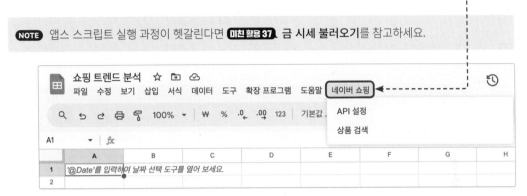

08 먼저 [API 설정]을 클릭합니다. 클라이언트 ID와 클라이언트 시크릿을 입력하는 다이얼로그가 나타납니다. 네이버 개발자 센터로 돌아가서 클라이언트 ID와 클라이언트 시크릿을 각각 복사하여 입력란에 붙여넣습니다. 클라이언트 시크릿은 아래 [보기] 버튼을 클릭하면 볼 수 있습니다. 모두 입력했다면 다이얼로그에서 [저장] 버튼을 클릭합니다.

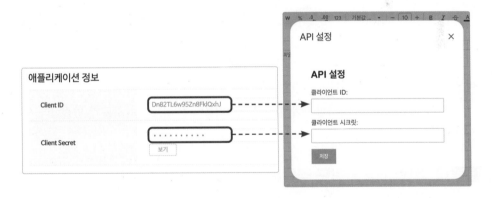

09 API 키 등록을 마쳤으면 이제 [네이버 쇼핑]에서 [상품 검색]을 클릭합니다. 그러면 검색 키워드를 입력할 수 있는 상품 검색이라는 다이얼로그가 나타납니다. 검색하고 싶은 키워드를 입력하고 [검색] 버튼을 클릭합니다. '물티슈'를 검색해 보겠습니다.

[검색]을 하면 아래 이미지처럼 경고 메시지가 나타날 겁니다. 이미지 함수를 사용해서 이미지를 불러오려면 외부 데이터를 허용해야 하기 때문입니다. 오른쪽에 [액세스 허용]을 클릭합니다.

10 총 100개 상품이 검색되었습니다. 상품 이미지도 시트로 잘 불러오는 걸 확인할 수 있습니다.

네이버 쇼핑 API를 사용해서 네이버 쇼핑 검색의 데이터를 구글 시트로 가져오는 기능을 만들어보았습니다. 이처럼 외부 API를 사용하면 쉽게 원하는 데이터를 구글 시트로 가져올 수 있습니다.

미친활용41 주요 쇼핑 키워드 추출하기

이번에는 미친활용40 **네이버 쇼핑 검색 시트 만들기**에서 만든 네이버 쇼핑 검색 시트에서 상품 검색 결과를 분석해서 주요 키워드를 추출하는 기능을 추가하겠습니다. 챗GPT에게 기능 추가만 요청하면 간단하게 만들 수 있습니다.

01 **네이버 쇼핑 검색 시트 만들기**에서 진행한 채팅을 이어서 사용합니다.

👤 💬

상품을 검색하면 '키워드 추출'이라는 새로운 시트를 생성하고, 검색 결과에서 3회 이상 등장하는 키워드를 모두 키워드 추출 시트에 정리해줘.

정리할 데이터: 키워드, 횟수

🤖 💬

알겠습니다. 요청하신 사항을 반영하여 스크립트를 수정하겠습니다. 주요 변경 사항은 다음과 같습니다:

'키워드 추출' 시트 생성 및 키워드 분석:

1. 검색 결과에서 키워드 추출: 상품명(제목)에서 개별 단어를 추출하고, 각 단어의 등장 횟수를 계산합니다.

2. 3회 이상 등장하는 키워드 필터링: 3회 이상 등장하는 키워드를 '키워드 추출' 시트에 정리합니다.

3. '키워드 추출' 시트 관리: 기존 시트를 초기화하고, 새로운 키워드를 추가합니다.

… 생략 …

```
function onOpen() {
  const ui = SpreadsheetApp.getUi();
  ui.createMenu('네이버 쇼핑')
  ...생략...
```

위의 수정된 스크립트를 통해 네이버 쇼핑 API를 효과적으로 활용하여 구글 시트에서 인기 상품을 검색하고, 검색 결과에서 3회 이상 등장하는 키워드를 '키워드 추출' 시트에 정리할 수 있습니다. 추가적인 질문이나 문제가 발생하면 언제든지 문의해 주세요!

기능이 추가된 스크립트를 생성했습니다. 스크립트를 모두 복사합니다.

02 스프레드시트 메뉴의 [확장 프로그램→Apps Script]로 이동한 후 기존에 저장한 스크립트를 모두 삭제하고, 복사한 스크립트를 그대로 붙여 넣어서 교체 및 저장합니다. 구글 시트로 돌아와서 상품 검색 기능을 실행합니다. 이번에는 '라디에이터'를 검색하겠습니다.

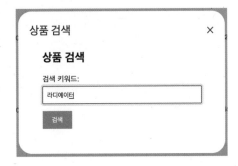

03 라디에이터를 검색했고, '키워드 추출'이라는 새로운 시트가 생성된 걸 확인할 수 있습니다.

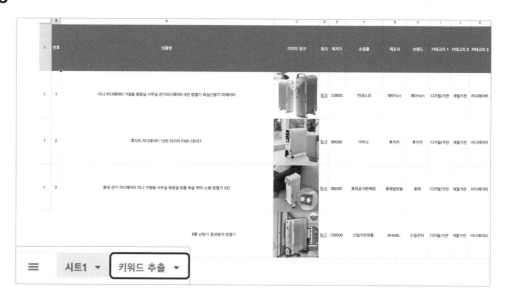

04 키워드 추출 시트를 열어보면 검색한 상품 정보에서 주요 키워드와 횟수를 추출하여 나열한 것을 확인할 수 있습니다.

키워드	횟수
라디에이터	83
화장실	47
가정용	41
사무실	40
전기	25
미니	23
욕실	23
5핀	21
방열기	21
신일	18
타이머	15
15핀	13
소형	13
전기난로	13

상품 정보를 한꺼번에 검색하고, 검색한 결과에서 주요 키워드를 자동으로 추출하는 구글 시트까지 만들어보았습니다. 마지막으로 추출한 키워드를 활용해보겠습니다.

쇼핑 검색 트렌드 수집하기

쇼핑 데이터에서 추출한 키워드로 데이터랩의 검색 트렌드 데이터를 가져오는 기능을 추가하겠습니다. 검색 트렌드 데이터란 네이버 데이터랩에서 제공하는 트렌드 기능의 데이터를 API로 제공하는 것입니다. 일반적으로는 트렌드 데이터를 가져올 키워드를 데이터랩에 하나씩 입력해야 하지만, API를 사용하면 쇼핑 데이터에서 추출한 키워드를 활용해서 자동으로 트렌드 데이터를 한 번에 가져올 수 있습니다.

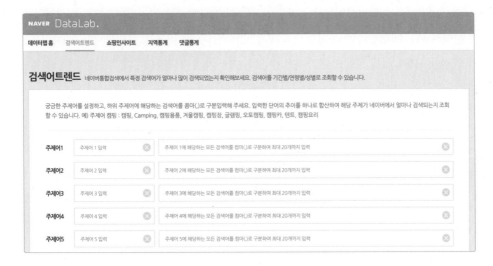

01 기능을 추가하기 전에 네이버 개발자 센터에서 API 설정에 데이터랩을 추가해야 합니다. 미친활용40 네이버 쇼핑 검색 시트 만들기에서 생성한 애플리케이션에서 [API 설정] 메뉴를 클릭합니다.

API 설정에서 아래로 스크롤을 내리면 '사용 API' 부분이 나타나는데요, 현재는 '검색'만 있을 겁니다.

[선택하세요.]를 클릭한 후 '데이터랩 (검색어트렌드)'를 선택합니다. 데이터랩 (쇼핑인사이트) 와 헷갈릴 수 있는데, 쇼핑인사이트를 선택하면 기능이 제대로 작동하지 않습니다. **꼭 검색어트 렌드를 선택하세요.** 선택했다면 아래로 스크롤을 내려서 [수정] 버튼을 클릭합니다. 이제 구글 시트와 연결한 API에 검색 트렌드를 가져올 수 있는 기능이 추가되었습니다.

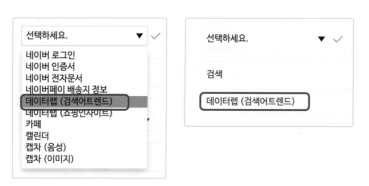

02 챗GPT에게 추출한 키워드 중 상위 5개를 사용해서 검색 트렌드 데이터를 가져오는 기능을 추 가해달라고 요청하겠습니다. 미친활용40 네이버 쇼핑 검색 시트 만들기에서 진행한 채팅을 이어 서 사용합니다.

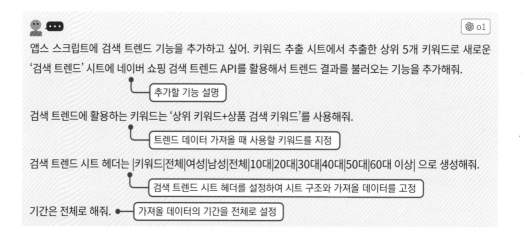

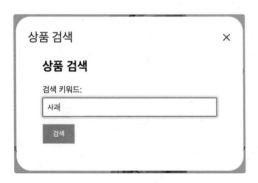

알겠습니다. 요청하신 검색 트렌드 기능을 추가하고, 기존 스크립트를 최적화하여 불필요한 부분을 제거하겠습니다. 다음 주요 변경 사항을 반영하였습니다:

검색 트렌드 기능 추가:

- '키워드 추출' 시트에서 상위 5개 키워드를 추출합니다.
- 각 상위 키워드에 원본 검색 키워드를 결합하여 검색 트렌드 API를 호출합니다.
- '검색 트렌드' 시트에 트렌드 데이터를 정리합니다.

··· 생략 ···

```
function onOpen() {
  const ui = SpreadsheetApp.getUi();
  ui.createMenu('네이버 쇼핑')
  ...생략...
```

위의 수정된 스크립트를 사용하여 **네이버 쇼핑 API**를 효과적으로 활용하고, **검색 결과** 및 **키워드 추출, 검색 트렌드**를 구글 시트에서 손쉽게 관리할 수 있습니다. 추가 질문이나 문제가 발생하면 언제든지 문의해주세요!

챗GPT가 검색 트렌드 기능이 추가된 스크립트를 생성했습니다.

03 스프레드시트 메뉴의 [확장 프로그램→Apps Script]로 이동한 후 기존에 저장한 스크립트를 모두 삭제하고, 복사한 스크립트를 그대로 붙여넣어서 교체 및 저장합니다. 구글 시트로 돌아와서 상품 검색 기능을 실행합니다. 이번에는 '사과'를 검색하겠습니다.

04 네이버 쇼핑에서 사과가 검색되었습니다. 키워드 추출 시트를 확인하면 사과 검색 데이터에서 주요 키워드를 추출했습니다.

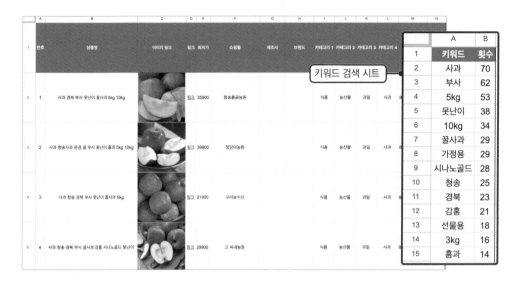

새로 생긴 검색 트렌드 시트를 보면 검색 트렌드 데이터도 가져왔습니다. 데이터가 N〈/A〉이면 키워드의 데이터가 없다는 의미입니다. 검색 트렌드 데이터를 확인하면 소비자들이 사과 상품을 검색할 때 주로 어떤 키워드를 많이 사용하는지 쉽게 파악할 수 있겠죠.

	A	B	C	D	E	F	G	H	I	J	K	L
1	키워드	전체	여성	남성	전체	10대	20대	30대	40대	50대	60대 이상	트렌드 점수
2	부사 사과	21.13	20.41	19.39	21.13	18.46	25.29	22.2	18.95	16.94	13.29	19.72
3	5kg 사과	53.85	40	55.56	53.85	N/A	100	54.17	40	60	55.56	57
4	못난이 사과	18.02	16.84	19.01	18.02	23.17	17.43	17.66	17.19	16.87	17.99	18.22
5	10kg 사과	57.14	60	42.86	57.14	N/A	83.33	43.75	47.62	75	54.55	57.93
6	꿀사과 사과	N/A	N/A	N/A	N/A	N/A	N/A	N/A	N/A	N/A	N/A	N/A

지금까지 네이버 API를 사용해서 챗GPT, 구글 시트, 구글 앱스 스크립트로 쇼핑 검색 트렌드 분석을 자동화하는 방법을 실습했습니다. 실습한 내용을 바탕으로 업무에 필요한 다양한 외부 API를 활용해서 구글 시트에 기능을 추가하고 자동화해보길 바랍니다.

## Chapter 19

가상 화폐 관리 자동화하기

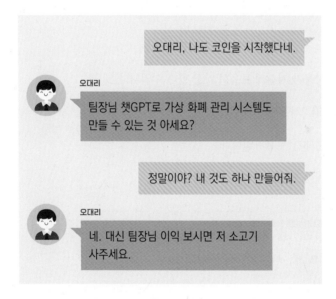

주식이나 가상 화폐 등 실시간으로 변하는 자산의 관리는 아주 중요합니다. 물론 자산 관리를 도와주는 수많은 서비스와 앱이 있지만 원하는 기능이 없거나 필요 없는 기능이 잔뜩 있는 경우가 많습니다. 업비트 API를 사용해서 비트코인 등 가상 화폐를 관리할 수 있는 개인화 시트를 챗GPT와 구글 시트, 구글 앱스 스크립트를 활용해서 만들어보겠습니다. 이번에는 o1의 이미지 첨부 기능을 활용해서 구글 시트를 디자인하고, 기능 추가도 해보죠.

미친 활용 43 가상 화폐 개인화 시트 만들기

업비트 API로 가상 화폐 시세를 불러오는 건 별도로 API 키를 발급받지 않아도 할 수 있습니다. 챗 GPT에게 기능만 요청하면 됩니다. 과정이 어렵지 않으니 잘 따라오세요.

01 새로운 구글 시트를 만듭니다. 예제에서는 '오대리의 코인시트'라고 이름을 붙였습니다. 1행에 차례대로 '코인, 심볼, 현재가(KRW), 전일 대비, 보유량, 매수 평균가, 평가금, 수익률'을 입력 합니다.

- **코인** : 가상 화폐의 이름입니다.(예: 비트코인)

- **심볼** : 가상 화폐을 나타내는 기호나 문자의 배열입니다.(예: BTC)

- **현재가(KRW)** : 코인의 현재가를 원화로 표시합니다.

- **전일 대비** : 전일 대비 등락률을 표시합니다.

- **보유량** : 사용자 지갑에 보유한 가상 화폐 수입니다.

- **매수 평균가** : 사용자가 매수한 평균가입니다.

- **평가금** : 현재가*보유가입니다.

- **수익률** : 매수 평균가 대비 수익률입니다.

여기서 코인, 심볼, 부유량, 매수 평균가를 입력하면 실시간으로 현재가와 등락률, 평가금과 수 익률을 표시할 겁니다. 시트의 모습을 스크린샷으로 캡처해서 이미지로 만듭니다.

02 챗GPT에 시트 스크린샷을 첨부하고, 코인 현재가를 불러오는 앱스 스크립트를 생성해달라고 요청하겠습니다.

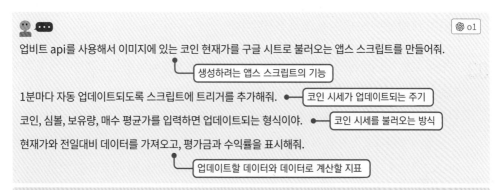

아래는 업비트 API를 이용해 비트코인[BTC] 현재가 및 전일 대비, 평가금, 수익률을 구글 스프레드시트에 가져오는 예시 Apps Script 코드입니다.

해당 스크립트는 다음을 수행합니다.

1. updateCryptoData() 함수:

- 업비트 API(api.upbit.com/v1/ticker?markets=KRW-<심볼>)를 통해 코인 현재가와 전일 대비 상승/하락률을 가져옴.
- 시트의 코인 정보(심볼, 보유량, 매수평균가)를 바탕으로 평가금과 수익률을 계산 후 스프레드시트에 반영.

… 생략 …

```
function updateCryptoData() {
  var sheetName = "코인시트"; // 실제 시트 이름으로 변경
  var ss = SpreadsheetApp.getActiveSpreadsheet();
  var sheet = ss.getSheetByName(sheetName);
  … 생략 …
```

캔버스에서 편집 제안 (한국어로):

- 시트 이름(sheetName)을 실제 사용하는 시트로 변경하세요.
- 심볼 열(B열)이 빈 칸일 경우 해당 행은 건너뛰도록 처리했습니다.
- 다른 코인(이더리움, 리플, 도지코인 등)도 2행부터 아래로 심볼과 보유량, 매수 평균가를 입력하면 자동으로 업데이트됩니다.
- 추가로, 매수 평균가 셀에 화폐 기호(₩)가 들어간 경우를 대비해 정규 표현식을 통해 숫자만 추출하고 있습니다.

챗GPT가 생성한 스크립트를 전체 복사합니다.

03 응답을 보면 'sheetName' 부분을 실제 시트 이름으로 변경해야 한다고 설명하는 걸 확인할 수 있습니다. 그러면서 임시로 시트 이름을 '코인시트'라고 해놓았는데요, 스크립트에 있는 시트 이름과 실제 시트 이름이 동일해야 스크립트가 작동한다는 뜻입니다. 이처럼 챗GPT가 스크립트를 잘 생성한다고 무작정 복사해서 붙여넣지 말고, 챗GPT의 설명을 꼭 읽어보세요. 실습에서는 스크립트에 sheetName이 아니라 오대리의 코인시트 시트1의 시트명을 '코인시트'로 변경하겠습니다.

04 스프레드시트 메뉴의 [확장 프로그램→Apps Script]로 이동한 후 스크립트를 붙여넣고, 저장 및 실행하여 권한 부여까지 진행합니다. 그리고 함수 드롭다운 메뉴에서 'createTimeDrivenTrigger'를 선택한 후 실행합니다.

05 구글 시트로 돌아와서 심볼, 보유량, 매수 평균가를 입력합니다. 그러면 1분마다 실시간으로 현재가, 등락률, 평가금, 수익률이 변하는 걸 확인할 수 있습니다.

	A	B	C	D	E	F	G	H
1	코인	심볼	현재가(KRW)	전일 대비	보유량	매수 평균가	평가금	수익률
2	비트코인	BTC	₩137,428,000	-0.05%	0.37	₩86,523,565	₩50,848,360	58.83%
3	이더리움	ETH	₩5,458,000	1.75%	5	₩4,352,332	₩125,534,000	25.40%
4	리플	XRP	₩3,303	3.64%	4,125	₩1,236	₩13,624,875	167.23%
5	도지코인	DOGE	₩610	0.89%	321	₩320	₩195,842	90.66%

가상 화폐를 더 추가하고, 스타일 수정 및 전일 대비와 수익률에 조건부 서식을 적용하였습니

다. 등락률을 한 번에 볼 수 있습니다. 그리고 업비트 API가 심볼만 사용해서 시세를 불러오기 때문에 보유량과 매수 평균가를 입력하지 않아도 시세가 업데이트되는 걸 확인할 수 있습니다. 관심 있는 가상 화폐가 있다면 추가해놓는 것도 좋겠죠.

	A	B	C	D	E	F	G	H
1	코인	심볼	현재가(KRW)	전일 대비	보유량	매수 평균가	평가금	수익률
2	비트코인	BTC	₩137,722,000	0.16%	0.37	₩86,523,565	₩50,957,140	59.17%
3	이더리움	ETH	₩5,485,000	2.26%	5	₩4,352,332	₩27,425,000	26.02%
4	리플	XRP	₩3,304	3.67%	4,125	₩1,236	₩13,629,000	167.31%
5	도지코인	DOGE	₩613	1.36%	321	₩320	₩196,741	91.53%
6	솔라나	SOL	₩335,700	0.57%	45	₩362,082	₩15,106,500	-7.29%
7	폴카닷	DOT	₩14,900	1.43%	120	₩31,648	₩1,788,000	-52.92%
8	에이서	AHT	₩9	-0.25%			₩0	0.00%
9	네오	NEO	₩29,960	0.10%			₩0	0.00%
10	골렘	GLM	₩731	2.15%			₩0	0.00%
11	합계		₩143,592,218				₩109,102,381	283.82%

미친활용44 가상 화폐 매수/매도 계산기 만들기

앞서 업비트 API를 사용한 가상 화폐 개인화 시트를 만들어보았습니다. API 키를 사용하는 방법을 활용하면 업비트 계정 정보에서 보유량과 매수 평균가를 가져오거나 자동 주문도 할 수 있습니다. 하지만 업비트 API 키는 사용자가 지정한 10개 IP에서만 사용할 수 있으며, 구글 시트에 계정 정보를 연결하기에는 보안상 권장하지 못하는 부분도 있습니다.

그래서 API 연결 없이 가상 화폐를 매수/매도할 때 사용자가 수량과 가격만 입력하면, 기존 보유량과 매수 평균가, 평가금에 반영하여 수익률을 계산해주는 기능을 챗GPT에게 요청해서 추가하겠습니다.

미친활용43 가상 화폐 개인화 시트 만들기에서 진행한 채팅과 예제로 만든 오대리의 코인시트를 이어서 실습합니다.

01 오대리의 코인시트의 수익률 행 옆에 차례대로 매수 수량, 매도 수량, 주문 가격, 최종 수익을 추가합니다.

H	I	J	K	L
수익률	매수 수량	매도 수량	주문 가격	최종 수익
59.81%				
25.96%				
165.37%				

02 챗GPT에게 새로 추가한 헤더를 설명하고 추가 기능을 요청하겠습니다.

👤 💬   ⑤ o1

시트에 매수 수량과 매도 수량, 주문 가격을 입력하면 보유량과 매수 평균가에 포함되는 기능을 추가해줘.

└─ 앱스 스크립트에 추가할 새로운 기능

매수 수량과 매수 가격 또는 매도 수량과 주문 가격이 모두 입력되었을 때만 트리거로 업데이트될 때 보유량과 매수 평균가에 반영돼. ◄─ 기능이 작동하는 트리거

매도 시 발생한 수익을 최종 수익에 표시해줘. ◄─ 특정 이벤트에서만 발생하는 기능

I열: 매수 수량

J열: 매도 수량

K열: 주문 가격

L열: 최종 수익

🤖 💬

아래는 기존 스크립트에 매수, 매도 주문 입력 시 보유량과 매수 평균가를 갱신하고, 매도 시 발생한 수익을 최종 수익(L열)에 반영하는 로직을 추가한 예시입니다.

… 생략 …

```
function onEdit(e) {
  var range = e.range;
  var sheet = range.getSheet();
  var sheetName = "코인시트"; // 실제 시트명으로 변경
  if (sheet.getName() !== sheetName) return;
… 생략 …
```

… 생략 …

챗GPT가 매수/매도 계산 기능이 추가된 스크립트를 생성했습니다. 전체 스크립트를 복사합니다.

03 스프레드시트 메뉴의 [확장 프로그램→Apps Script]로 이동한 후 기존에 저장한 스크립트를 모두 삭제하고, 복사한 스크립트를 그대로 붙여넣어서 교체 및 저장합니다. 저장하면 기존 'updateCryptoData'였던 함수가 'onEdit'으로 변경된 걸 확인할 수 있습니다. 변경되지 않았다면 새로고침하세요. 챗GPT의 응답을 보면 '위 코드는 onEdit 트리거를 사용하기 때문에, 스크립트 편집기 상단 메뉴 → "현재 프로젝트의 트리거"에서 onEdit 권한을 설정해야 합니다.'라는

부분이 있는데, onEdit을 실행할 권한이 있어야 한다는 뜻입니다. 이럴 때는 권한 부여를 새로

해야 스크립트가 정상적으로 작동합니다. 그러므로 onEdit으로 변경된 걸 확인했으면 [실행] 버튼을 클릭하여 새로 실행해서 권한 부여를 확인합니다.

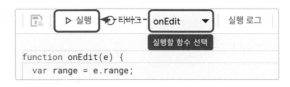

```
function onEdit(e) {
    var range = e.range;
```

04 구글 시트로 돌아옵니다. 비트코인의 매수 수량과 주문 가격에 값을 입력하겠습니다.

	A	E	F	G	H	I	J	K	L
1	코인	보유량	매수 평균가	평가금	수익률	매수 수량	매도 수량	주문 가격	최종 수익
2	비트코인	0.37	₩86,523,565	₩81,016,659	31.24%	0.21454		₩138,530,000	
3	이더리움	5	₩4,352,332	₩27,360,000	25.73%				
4	리플	4,125	₩1,236	₩13,517,625	165.13%				

입력

입력 후 조금만 기다리면 입력한 값이 사라지면서 보유량과 매수 평균가, 평가금에 반영되는 걸 확인할 수 있습니다.

	A	E	F	G	H	I	J	K	L
1	코인	보유량	매수 평균가	평가금	수익률	매수 수량	매도 수량	주문 가격	최종 수익
2	비트코인	0.58	₩105,611,156	₩81,017,829	31.24%				
3	이더리움	5	₩4,352,332	₩27,360,000	25.73%				
4	리플	4,125	₩1,236	₩13,542,375	165.61%				

업데이트

05 이번에는 비트코인의 매도 수량과 주문 가격에 값을 입력하겠습니다.

	A	E	F	G	H	I	J	K	L
1	코인	보유량	매수 평균가	평가금	수익률	매수 수량	매도 수량	주문 가격	최종 수익
2	비트코인	0.58	₩105,611,156	₩81,025,428	31.25%		0.40	₩138,619,000.0	
3	이더리움	5	₩4,352,332	₩27,375,000	25.79%				
4	리플	4,125	₩1,236	₩13,525,875	165.29%				

입력

보유량이 매도 수량만큼 줄어들고, 최종 수익이 표시되는 걸 확인할 수 있습니다.

	A	E	F	G	H	I	J	K	L
1	코인	보유량	매수 평균가	평가금	수익률	매수 수량	매도 수량	주문 가격	최종 수익
2	비트코인	0.18	₩105,611,156	₩25,541,074	31.05%				₩13,203,138
3	이더리움	5	₩4,352,332	₩27,365,000	25.75%				
4	리플	4,125	₩1,236	₩13,513,500	165.05%				

업데이트

구글 시트 내에 가상 화폐의 매수/매도, 최종 수익을 반영할 수 있는 계산 기능을 추가했습니다. 챗GPT를 활용하면 간단한 요청만으로도 원하는 자동화 시트와 기능을 누구나 쉽게 복사-붙여넣기로 추가할 수 있습니다.

PART
06

챗GPT로
고객 관리하기

이 정도 고객 관리는
거뜬하지~

여기서 공부할 내용

사업의 규모가 커질수록 소수의 직원으로 감당하기 어려운 일 중 하나가 '고객 관리'입니다. 문제를 해결하기 위해 기업은 다양한 고객 관리 도구를 도입하고, 직원들도 나름의 노하우로 최대한 많은 고객을 효율적으로 관리하려고 합니다. 이제 고객 관리 분야에서도 챗GPT가 가장 강력한 도구이자 최고의 노하우가 될 차례입니다.

💬 이 그림은 챗GPT에게 "한 마리의 토끼 회사원이 수많은 토끼 고객을 앞에 두고 응대하는 그림을 그려줘. 그리고 그 뒤로는 음식을 배달하는 토끼가 지나가도록 해줘."라고 요청하여 받았습니다.

Chapter 20

명함 관리하기

디지털 시대에도 명함의 역할은 여전합니다. 특히 영업 직무는 매일 여러 장의 명함을 주고받고, 관리합니다. 명함 관리 서비스도 많습니다. 하지만 전사에 필요한 고객정보라면 회사에서 CSV 파일 형식으로 관리하기 마련입니다. 이번 실습에서는 챗GPT로 명함 스캐너를 만들어서 명함 데이터를 차곡차곡 쌓고, 간단한 CRM을 구축해보겠습니다.

미친활용 45 **명함 스캐너 만들기**

보통 명함은 이름, 조직명, 부서, 직책, 연락처, 팩스 번호, 이메일을 포함합니다. 챗GPT를 명함을 인식하는 스캐너로 활용해서 정보를 수집하겠습니다.

방법 01 **개인 정보가 걱정된다면? 모두를 위한 모델 개선 끄기**

본격적으로 정보를 수집하기 전에 '모두를 위한 모델 개선'에 대해서 알아야 합니다. 익히 알려진 것처럼 대부분 AI는 사용자의 데이터를 사용해서 훈련합니다. 챗GPT도 사용자와의 대화를 활용합니다. 이를 '모두를 위한 모델 개선'이라고 부릅니다.

명함 정보는 개인정보입니다. 그래서 개인정보를 AI 모델 개선에 사용하면 다른 대화에서 개인 정보가 노출될 수 있는 게 아니냐고 우려할 수 있는데요, 챗GPT는 개인 정보 보호 정책, 이용 약관, 기업 개인 정보 보호 정책에 따라서 모델 개선 및 훈련에 사용하기 전 데이터에 포함된 개인 정보의 양을 줄이고 있습니다. 개인 정보를 AI 모델 개선에서 걸러내는 필터 기능이 있는 거죠.

필터 기능이 있더라도 혹시 하는 걱정이 있을 수 있습니다. 그럴 때 대처할 수 있는 방법 두 가지를 소개합니다. 첫 번째 방법은 모두를 위한 모델 개선 설정을 끄는 것입니다. ❶ [설정→데이터 제어]로 이동하면 '모두를 위한 모델 개선' 항목이 켜져 있을 겁니다. ❷ [모두를 위한 모델 개선]을 클릭합니다.

모델 개선이라는 창이 나타납니다. '모두를 위한 모델 개선 항목'에서 켜져 있는 ❶ 토글 버튼을 눌러서 끄고, 하단의 ❷ [완료] 버튼을 클릭합니다.

이렇게 모두를 위한 모델 개선 설정을 끄면 챗GPT가 우리와 나눈 대화를 훈련에 사용하지 않게 됩니다.

방법 02　개인 정보가 걱정된다면? 임시 채팅 사용하기

두 번째 방법은 임시 채팅입니다. 모델 선택 메뉴 가장 아래를 보면 [임시 채팅]이라는 토글 메뉴가 있습니다. 토글 메뉴를 클릭하여 임시 채팅을 실행합니다.

그러면 임시 채팅으로 전환되어 입력란이 검은색으로 변합니다. 이 상태로 채팅하면 모두를 위한 모델 개선이 꺼진 상태로 사용할 수 있습니다. **다만, 새로고침하면 채팅이 저장되지 않고 사라집니다.** 채팅 결과를 남겨야 하는 작업이라면 임시 채팅 사용에 주의해야 합니다.

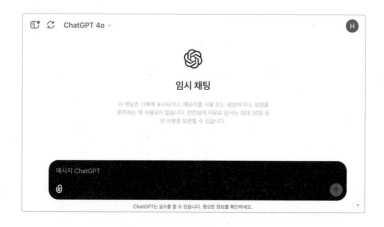

01 **이번 실습은 임시 채팅에서 진행하겠습니다.** 챗GPT가 명함 스캐너로 활동할 수 있게 역할과 방법을 설명해줍니다.

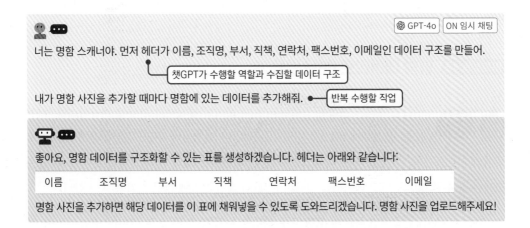

02 이제 명함 이미지를 추가합니다. 한 번에 10장의 명함을 추가하겠습니다.

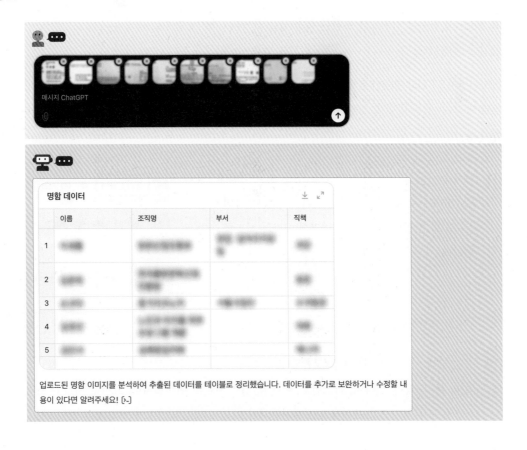

챗GPT가 명함 이미지에서 정보를 추출하여 표 형식으로 정리한 걸 확인할 수 있습니다. 이렇게 만든 명함 스캐너에 명함 사진만 추가하면 데이터를 쉽게 추가할 수 있고, CSV 파일로 내려받을 수도 있습니다. 따로 명함 관리 서비스를 이용하지 않아도 쉽게 명함 데이터를 저장할 수 있는 거죠.

미친활용46 명함 데이터로 CRM 만들기

 명함 스캐너는 명함을 입력하는 즉시 데이터 형식으로 정보를 저장합니다. 저장한 정보를 챗GPT에서 CSV 파일로 내려받아 엑셀이나 구글 시트에 추가하면 쉽게 고객 데이터 시트를 만들 수 있습니다. 다만, 데이터만 입력해서는 고객 관리 역할을 수행할 수 없습니다. 고객 수가 수천 명만 넘어도 데이터를 검색하고, 관리 요인 파악에 많은 시간을 써야 합니다.

그럼에도 CRM을 구축하면 빠르게 고객 요구 사항을 파악할 수 있을 뿐 아니라 영업 과정을 다른 팀원과 공유하고, 조직은 일관된 고객 관리를 유지할 수 있습니다. **CRM이 잘 작동하려면 검색 기능이 있어야 합니다.** 구글 시트에서 셀을 검색하려면 간단하게는 내장된 찾기 `Ctrl + F` 기능을 사용할 수도 있고, Search 함수로 키워드를 포함한 특정 열을 찾거나 Query 함수로 특정 문자를 포함한 열만 불러올 수도 있습니다.

하지만 [PART 05] **챗GPT로 업무 자동화하기**에서 챗GPT만 있으면 원하는 기능을 쉽게 앱스 스크립트로 만들 수 있는 방법을 배웠습니다. 방법을 응용해서 CRM에 필요한 기능을 한 번에 만들어보겠습니다.

01 새로운 구글 시트를 생성합니다. 구글 시트 이름을 '영업 CRM'으로 수정하고, 다음 이미지처럼 시트1의 이름을 '영업 고객'으로 변경하고, '검색'이라는 시트를 추가합니다.

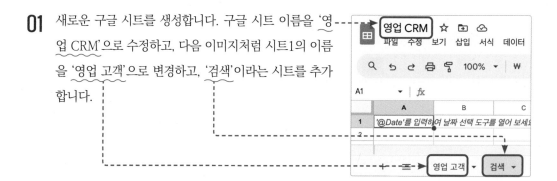

02 영업 고객 시트의 헤더를 미친활용45 **명함 스캐너 만들기**에서 정보를 추출한 구조처럼 이름, 조직명, 부서, 직책, 연락처, 팩스번호, 이메일, 영업 관리로 변경합니다. 그리고 시트 구조와 시트 이름을 모두 하나의 스크린샷으로 캡처합니다.

03 캡처한 스크린샷을 챗GPT에게 첨부한 후 '영업 고객' 시트에 있는 데이터를 검색하면 '검색' 시
트로 불러오는 앱스 스크립트를 생성해달라고 요청합니다.

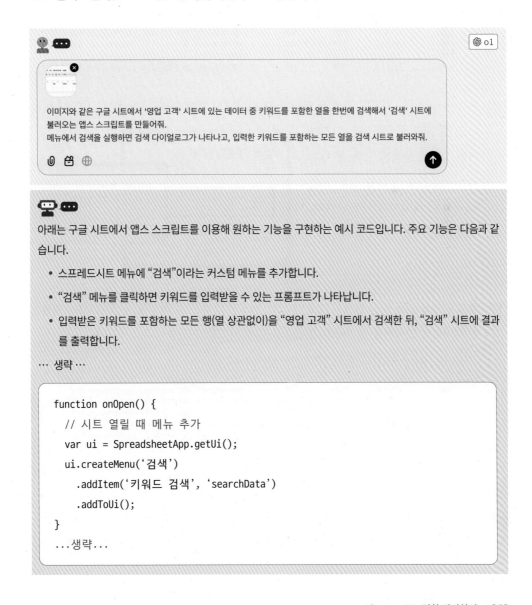

이미지와 같은 구글 시트에서 '영업 고객' 시트에 있는 데이터 중 키워드를 포함한 열을 한번에 검색해서 '검색' 시트에
불러오는 앱스 스크립트를 만들어줘.
메뉴에서 검색을 실행하면 검색 다이얼로그가 나타나고, 입력한 키워드를 포함하는 모든 열을 검색 시트로 불러와줘.

아래는 구글 시트에서 앱스 스크립트를 이용해 원하는 기능을 구현하는 예시 코드입니다. 주요 기능은 다음과 같
습니다.

- 스프레드시트 메뉴에 "검색"이라는 커스텀 메뉴를 추가합니다.

- "검색" 메뉴를 클릭하면 키워드를 입력받을 수 있는 프롬프트가 나타납니다.

- 입력받은 키워드를 포함하는 모든 행(열 상관없이)을 "영업 고객" 시트에서 검색한 뒤, "검색" 시트에 결과
  를 출력합니다.

··· 생략 ···

```
function onOpen() {
  // 시트 열릴 때 메뉴 추가
  var ui = SpreadsheetApp.getUi();
  ui.createMenu('검색')
    .addItem('키워드 검색', 'searchData')
    .addToUi();
}
...생략...
```

구글 시트에 검색 기능을 추가하는 스크립트가 생성되었습니다. 스크립트를 전체 복사합니다.

04 구글 시트 메뉴의 [확장 프로그램→Apps Script]로
이동한 후 스크립트를 붙여넣고, 저장 및 실행하여
권한 부여까지 진행합니다. 구글 시트로 돌아오면 메
뉴에 [검색] 기능이 추가된 걸 확인할 수 있습니다.

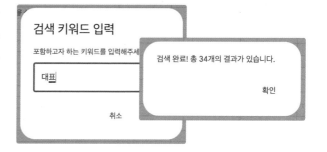

05 영업 고객 시트에 명함에서 추출한 고객정보 100개를 입력했다고 가정하겠습니다.

	A	B	C	D	E	F	G	H
1	이름	조직명	부서	직책	연락처	팩스번호	이메일	영업 관리
2	이준호	조직1 Ltd.	홍보팀	대표	ABC-145-7968	DEF-432-6688	user1@xxx.com	만료
3	한지민	조직58 Ltd.	영업팀	부장	ABC-253-3059	DEF-780-2158	user2@xxx.com	유지
4	최예진	조직40 Ltd.	연구개발팀	과장	ABC-930-4612	DEF-724-1150	user3@xxx.com	유지
5	한수진	조직60 Ltd.	마케팅팀	인턴	ABC-175-3991	DEF-156-3038	user4@xxx.com	유지
6	이영희	조직5 Ltd.	인사팀	대표	ABC-148-5943	DEF-324-4198	user5@xxx.com	유지

06 메뉴에서 [검색→키워드 검색]을 클릭한 후 나타나는 키워드 입력 다이얼로그에 '대표'를 입력
하고 [확인]을 클릭합니다. 그러면
영업 고객에 등록된 고객 중 대표
라는 키워드를 포함한 결과가 총
34개라는 메시지가 나타납니다.
[확인]을 클릭합니다.

> **검색 키워드 입력**
>
> 포함하고자 하는 키워드를 입력해주세...
>
> 대표|
>
> 취소
>
> 검색 완료! 총 34개의 결과가 있습니다.
>
> 확인

07 검색 시트로 이동하면 직책이 대표인 고객 정보만 가져온 걸 확인할 수 있습니다. 이렇게 불러
온 데이터로 연락처를 찾거나 영업 관리를 쉽게 처리할 수 있습니다.

	A	B	C	D	E	F	G	H
1	이름	조직명	부서	직책	연락처	팩스번호	이메일	영업 관리
2	이준호	조직1 Ltd.	홍보팀	대표	ABC-145-7968	DEF-432-6688	user1@xxx.com	만료
3	이영희	조직5 Ltd.	인사팀	대표	ABC-148-5943	DEF-324-4198	user5@xxx.com	유지
4	임성훈	조직7 Ltd.	생산팀	대표	ABC-951-5661	DEF-193-5307	user7@xxx.com	유지
5	이민수	조직10 Ltd.	기획팀	대표	ABC-453-6700	DEF-804-7430	user10@xxx.con	신규
6	한철수	조직12 Ltd.	인사팀	대표	ABC-388-6429	DEF-911-4812	user12@xxx.con	신규

명함 스캐너로 고객 정보를 추출해서 구글 시트로 옮기고, 구글 시트에 기능을 추가하여 고객 정보를
관리할 수 있는 간단한 CRM을 만들어봤습니다. 이런 방법으로 챗GPT를 활용해서 고객 정보를 정
리하고, 기능을 추가하면 내 업무에 알맞은 CRM을 직접 구축할 수 있습니다.

Chapter 21

주문 데이터 분석하기

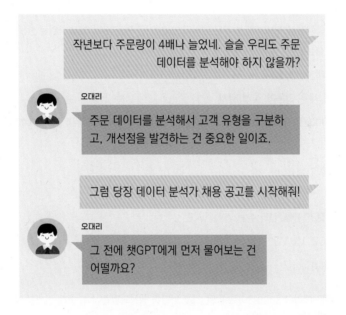

챗GPT의 강력한 데이터 분석 능력을 활용하면 고객 분류, 추세 예상, 고객 응대에 필요한 매뉴얼 만들기 등 고객 서비스에 필요한 대부분 기능을 수행할 수 있습니다. 챗GPT로 주문 데이터를 분석해서 인사이트를 얻고, 인사이트를 기반으로 판매 매출을 예상해보겠습니다.

미친 활용 47 주문 데이터 분석하기

오늘날 전자상거래는 멀티 채널, 즉 여러 판매 채널을 사용하여 제품이나 서비스를 고객에게 제공합니다. 성공적인 멀티 채널 전략을 실행하려면 각 채널의 주문 데이터를 분석해서 채널에 알맞은 상품 노출과 캠페인, 광고 및 고객 서비스를 구축해야 합니다. 챗GPT를 활용하여 4개 채널에서 판매된 3,000건의 생선 주문 데이터를 분석하고, 채널별 인사이트를 추출해보겠습니다.

01 실제 주문 데이터가 있다면 해당 데이터로 실습해도 괜찮습니다. 하지만 데이터가 없다면 챗GPT를 이용해서 가상의 데이터를 만드는 방법도 있습니다. 다음과 같이 챗GPT에게 요청하여 3,000건의 주문 데이터를 가상으로 만드세요.

> 👤 💬   ⑤ GPT-4o
>
> 다음 내용으로 이루어진 가상의 생선 주문 데이터 3000건을 만들어줘. CSV 파일로 만들어서 다운로드할 수 있게 해줘. ◀━ 생성할 데이터 파일에 대한 요청
>
> 연령: 20대, 30대, 40대, 50대 ◀━ 생성할 데이터의 구조와 내용
>
> 주문 상품: 조개, 새우, 고등어, 꽃게, 갈치
>
> 단가: 조개(30,000원), 새우(35,000원), 고등어(40,000원), 꽃게(45,000원), 갈치(50,000원)
>
> 수량: 무작위
>
> 총액: 단가*수량
>
> 현황: 거래 완료, 반품
>
> 구매처: 오픈마켓, 자사몰, 전화 주문, 카페 게시판
>
> 주문 일자: 2025년 1월 1일 ~ 1월 31일까지 무작위 주문 일자

> 🤖 💬
>
> 가상의 생선 주문 데이터 3000건이 포함된 CSV 파일이 생성되었습니다. 아래 링크를 클릭하여 다운로드하실 수 있습니다: 생선 주문 데이터 다운로드

챗GPT가 가상 데이터를 생성했습니다. '생선 주문 데이터 다운로드'를 클릭하여 데이터를 내려받습니다. 데이터를 확인해보면 총 3,000건의 생선 주문 데이터가 생성된 걸 확인할 수 있습니다.

2998	20대	꽃게	9	거래 완료	전화 주문	45000	405000	2024-12
2999	40대	새우	9	반품	오픈마켓	35000	315000	2024-12
3000	40대	꽃게	3	거래 완료	전화 주문	45000	135000	2024-12
3001	50대	조개	4	거래 완료	자사몰	30000	120000	2024-12

02 챗GPT에 다운로드한 생선 주문 데이터를 첨부한 다음 데이터 분석을 요청합니다.

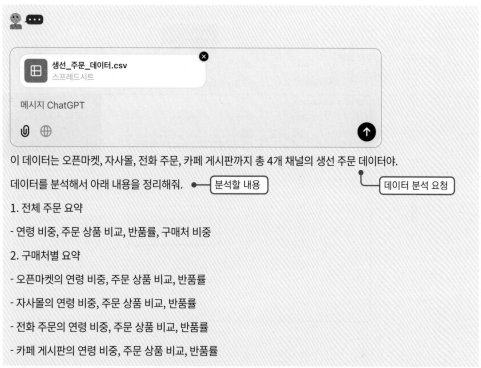

이 데이터는 오픈마켓, 자사몰, 전화 주문, 카페 게시판까지 총 4개 채널의 생선 주문 데이터야.

데이터를 분석해서 아래 내용을 정리해줘. ●―[분석할 내용]   [데이터 분석 요청]

1. 전체 주문 요약

- 연령 비중, 주문 상품 비교, 반품률, 구매처 비중

2. 구매처별 요약

- 오픈마켓의 연령 비중, 주문 상품 비교, 반품률

- 자사몰의 연령 비중, 주문 상품 비교, 반품률

- 전화 주문의 연령 비중, 주문 상품 비교, 반품률

- 카페 게시판의 연령 비중, 주문 상품 비교, 반품률

생선 주문 데이터 분석 결과

		전체 요약	오픈마켓 요약
1	연령 비중 (%)	50대 26.633333 30대 24.900000 40대	50대 27.393617 30대 24.867021 20대 23.936170 40대 23.803191 Name: 연령,
2	주문 상품 비교	꽃게 636 갈치 619 조개 591 새우 579 고등어 575	꽃게 162 조개 159 갈치 150 새우 144 고등어 137
3	반품률 (%)	50.8	50.0

생선 주문 데이터 분석 결과를 정리하여 제공했습니다. 전체 및 각 구매처(오픈마켓, 자사몰, 전화 주문, 카페 게시판)에 대한 연령 비중, 주문 상품 비교, 반품률 등의 요약 정보를 확인하실 수 있습니다. 필요하신 추가 분석이 있으면 알려주세요!

챗GPT가 3,000건의 주문 데이터를 단숨에 분석하여 표 형식으로 요약했습니다.

03 전체 표 내용을 볼 수 있게 표 오른쪽 상단에 [table 펼치기] 버튼을 클릭합니다. 그러면 표 내용과 채팅 내용이 분할된 형태로 볼 수 있습니다.

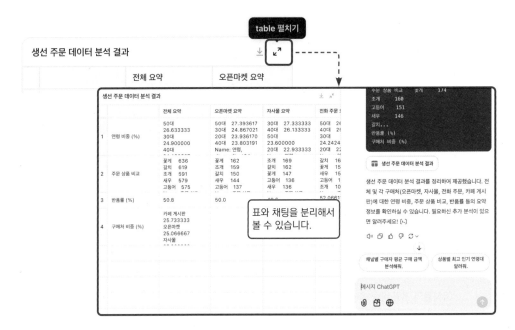

분석 결과가 표로 요약되긴 했지만 이 표만으로는 인사이트를 얻기 쉽지 않습니다. 챗GPT에게 추가로 요청하겠습니다.

04 구매처별 요약에 있는 4개 셀을 선택합니다. 선택하려는 셀을 마우스로 드래그하거나 1개 셀을 클릭한 다음 키보드에서 쉬프트(Shift) 키를 누른 상태로 선택할 셀을 방향키 이동 또는 마우스로 클릭하면 여러 셀을 선택할 수 있습니다.

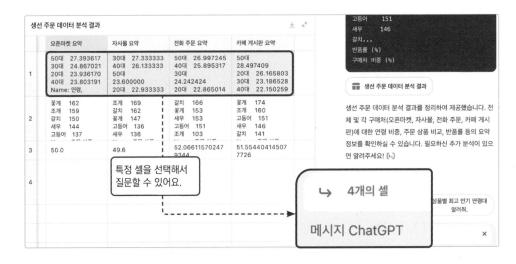

오픈마켓, 자사몰, 전화 주문, 카페 게시판의 분석 내용을 선택하면 오른쪽 입력란 위에 '4개의 셀'이 선택되었다는 표시가 생깁니다. 이 상태로 챗GPT에게 요청합니다.

👤 💬   ⑤ GPT-4o

구매처별 요약 데이터로 다채널 판매 전략에 관한 통찰력을 얻고 싶어.

🤖 💬

해당 데이터는 특정 구매처별 요약에 해당하며, 이 정보를 통해 다음과 같은 통찰을 얻을 수 있습니다:

선택된 범위의 주요 인사이트

1.주문 상품 비교:

- 특정 구매처에서 특정 상품이 높은 비중을 차지하고 있다면, 해당 채널에 특화된 프로모션이나 재고 확보 전략이 필요합니다.
- 예를 들어, **꽃게**와 같은 특정 제품이 카페 게시판에서 높은 비중을 차지한다면, 커뮤니티 기반의 소셜 마케팅을 강화할 수 있습니다.

… 생략 …

선택한 데이터 범위를 더 구체적으로 분석하거나 추가적인 내용을 확인하고 싶으시면 알려주세요!

챗GPT가 선택한 4개 셀의 데이터를 토대로 판매 전략에 관한 인사이트를 도출하는 걸 확인할 수 있습니다. 이처럼 데이터를 추가하고, 요약하여 원하는 데이터에서 필요한 인사이트를 챗GPT를 통해 쉽게 얻을 수 있습니다. 이렇게 얻은 인사이트로 누구나 데이터 기반 의사 결정을 실현할 수 있습니다.

미친활용48 주문 데이터로 판매 매출 예상하기

3,000건의 주문 데이터도 분석했고, 데이터에서 인사이트도 얻었습니다. 그럼 챗GPT가 분석한 내용대로만 실행하면 될까요? 챗GPT는 조금 더 강력한 도구일 뿐입니다. 도달할 목표를 정하고, 목표를 향해서 실행하는 건 사람의 몫입니다.

이번 실습에서는 반품률을 줄였을 때 개선할 수 있는 판매 매출을 계산하고, 향후 1년간 매출 목표를 세워보겠습니다. 미친활용47 주문 데이터 분석하기에서 진행한 채팅을 이어서 진행하겠습니다.

01 먼저 챗GPT에게 반품률이 줄었을 때 매출 계산을 맡기겠습니다.

구매처별 반품률이 3%, 5%, 7%, 10% 감소했을 때 전체, 오픈마켓, 자사몰, 전화 주문, 카페 게시판별 월별 매출을 계산해서 표로 보여줘.

반품률 감소에 따른 조정된 월별 매출 (한국어)

	구매처	3% 감소율 (2024-01)	3% 감소율 (2024-02)	3% 감소율 (2024-03)	3% 감소율 (2024-04)	3% 감소율 (2024-05)	3% 감소율 (2024-06)	3% 감소율 (2024-07)	3% 감소율 (2024-08
1	오픈마켓	13,724,979원	15,447,192원	19,276,634원	14,551,641원	12,651,641원	10,259,979원	14,742,199원	13,498,861원
2	자사몰	14,090,795원	14,356,305원	14,319,808원	16,469,808원	14,762,802원	14,089,298원	12,280,541원	14,967,802원
3	전화 주문	12,883,901원	18,301,770원	13,302,319원	9,490,590원	15,942,466원	14,202,319원	13,883,606원	17,921,622원
4	카페 게시판	13,608,082원	18,062,938원	11,104,768원	13,086,425원	12,024,681원	13,394,739원	15,247,966원	10,704,768원
5	전체	54,307,758원	66,168,206원	58,003,530원	53,598,465원	55,381,592원	51,946,337원	56,154,314원	57,093,055원

구매처별 반품률 감소를 반영한 월별 매출 데이터를 표로 정리하여 공유했습니다. 각 구매처별 매출과 전체 매출을 한눈에 확인할 수 있습니다. 추가로 필요한 사항이 있다면 말씀해주세요!

표를 보면 채널별 반품 감소로 인한 매출 변화량은 다음과 같이 정리할 수 있습니다.

- **자사몰** : 약 213만 원 증가

- **전화 주문** : 약 209만 원 증가

- **카페 게시판** : 약 201만 원 증가

- **오픈마켓** : 약 194만 원 증가

이를 토대로 챗GPT에게 향후 반품률을 개선했을 때 매출 기회를 요청하겠습니다.

02 월 평균 성장률을 기반으로 현 성장 추이를 유지했을 때 향후 1년 간 반품률을 개선하지 않을 경우와 반품률을 3~10% 사이에서 개선할 경우의 매출 계산을 요청합니다.

현재 월평균 성장률을 유지했을 때 향후 1년간 반품률이 개선되지 않았을 경우, 반품률이 3~10% 사이로 개선되었을 경우 예상 매출과 두 경우의 차이를 월 단위 표로 정리해줘.

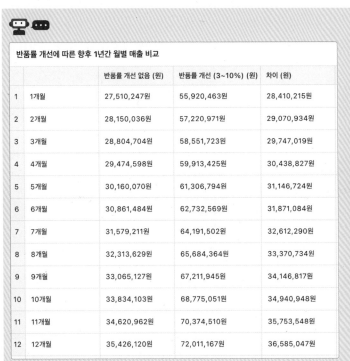

반품률 개선에 따른 향후 1년간 월별 매출 비교

		반품률 개선 없음 (원)	반품률 개선 (3~10%) (원)	차이 (원)
1	1개월	27,510,247원	55,920,463원	28,410,215원
2	2개월	28,150,036원	57,220,971원	29,070,934원
3	3개월	28,804,704원	58,551,723원	29,747,019원
4	4개월	29,474,598원	59,913,425원	30,438,827원
5	5개월	30,160,070원	61,306,794원	31,146,724원
6	6개월	30,861,484원	62,732,569원	31,871,084원
7	7개월	31,579,211원	64,191,502원	32,612,290원
8	8개월	32,313,629원	65,684,364원	33,370,734원
9	9개월	33,065,127원	67,211,945원	34,146,817원
10	10개월	33,834,103원	68,775,051원	34,940,948원
11	11개월	34,620,962원	70,374,510원	35,753,548원
12	12개월	35,426,120원	72,011,167원	36,585,047원

반품률이 개선되지 않았을 경우와 3~10% 개선되었을 경우의 예상 매출 및 차이를 월별로 정리한 데이터를 제공했습니다. 추가로 궁금한 점이나 필요한 분석이 있다면 알려주세요!

반품률을 개선했을 때와 개선하지 않았을 때 향후 1년간의 판매 매출의 차이를 비교하여 정리했습니다. 챗GPT로 생성한 가상 데이터이기 때문에 실제와는 차이가 있겠지만, 요청대로 잘 분석한 걸 확인할 수 있습니다.

03 챗GPT가 분석 및 판매 예상 결과를 잘 응답했지만, 표로만 제공되어서 정보를 쉽게 파악하기 어렵습니다. 이럴 때는 보고서 형식으로 작성을 요청하세요. 보고서를 잘 작성할 수 있도록 분석한 채팅에서 모델을 캔버스로 변경해줍니다. 그리고 다음과 같이 요청합니다.

데이터 분석 결과 및 향후 1년 간 판매 예상을 토대로 매출 목표 및 반품률 감소 전략을 정리한 보고서를 캔버스로 작성해줘.

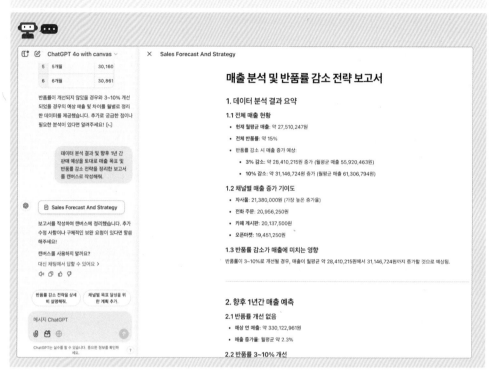

한눈에 정보를 파악할 수 있는 보고서가 작성되었네요. 챗GPT는 지금까지 데이터를 분석하며 대부분의 결론을 표로 정리했습니다. 그래서 매출 목표에 관한 요약을 주문하면 다시 앞서 생성한 표만 출력할 가능성이 큽니다. 그럴 때는 '보고서 형식으로 정리해줘.'라고 정확한 양식을 요청해야 마치 정리한 내용을 보고하는 것처럼 답변을 출력합니다.

이제 생선 판매자는 정리한 내용에 기반하여 향후 1년 목표를 '반품률을 개선하면서 매출 증가 유지하기'로 정할 수 있겠네요.

## Chapter 22

예약 고객 관리하기

오대리, 3월에 진행할 프로모션에 일부 회원만 비공식 예약을 받아야해.

오대리

예약 방법이 필요하겠네요.

빠르게 구축할 수 있는 맞춤형 예약 시스템이 없을까?

오대리

챗GPT와 구글 폼만 있으면 만들 수 있죠!

행사 참여나 예약 등 신청을 받을 때 구글 폼을 많이 사용하는데요, 챗GPT를 사용하면 구글 폼의 활용 능력을 아주 쉽게 업그레이드할 수 있습니다. 구글 폼으로 예약 신청을 만들고, 예약 고객을 관리하는 시스템도 구축하겠습니다.

구글 폼으로 예약 신청 만들기

구글 폼^{Google Form}은 구글에서 개발한 온라인 설문 조사 서비스로 누구나 무료로 설문지를 만들고 배포할 수 있습니다. 구글 폼을 사용해본 적이 없어도 이번 실습을 쉽게 따라할 수 있을 겁니다.

구글 폼으로 신청을 받는 건 쉽습니다. 하지만 날짜를 지정해서 예약 신청하고, 신청이 된 날짜를 구글 폼에서 제외하여 다른 사람이 해당일에 신청하지 못하게 하는 등 예약을 자동으로 관리하고, 구글 폼에 반영되게 하려면 앱스 스크립트를 활용해야 합니다. 챗GPT를 활용해서 앱스 스크립트로 예약 신청 기능을 만들어보겠습니다.

01 민들레, 국화, 장미 객실이 있는 펜션의 예약 신청을 받는 구글 폼을 만드는 것으로 가정하겠습니다. 챗GPT에게 예약 시 받아야 하는 정보와 앱스 스크립트 구조를 설명하고 요청하겠습니다.

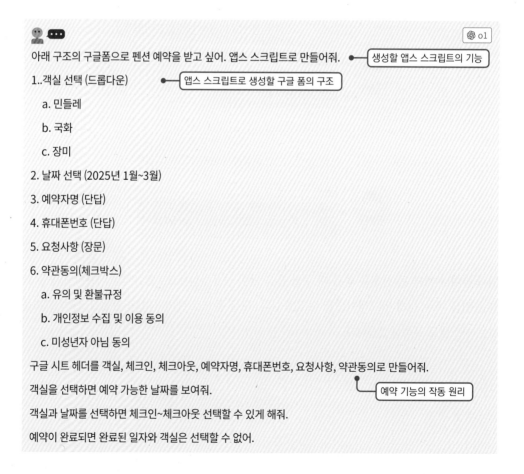

아래 구조의 구글폼으로 펜션 예약을 받고 싶어. 앱스 스크립트로 만들어줘. ●━━ 생성할 앱스 스크립트의 기능

1.. 객실 선택 (드롭다운) ●━━ 앱스 스크립트로 생성할 구글 폼의 구조

   a. 민들레

   b. 국화

   c. 장미

2. 날짜 선택 (2025년 1월~3월)

3. 예약자명 (단답)

4. 휴대폰번호 (단답)

5. 요청사항 (장문)

6. 약관동의(체크박스)

   a. 유의 및 환불규정

   b. 개인정보 수집 및 이용 동의

   c. 미성년자 아님 동의

구글 시트 헤더를 객실, 체크인, 체크아웃, 예약자명, 휴대폰번호, 요청사항, 약관동의로 만들어줘.

객실을 선택하면 예약 가능한 날짜를 보여줘. ●━━ 예약 기능의 작동 원리

객실과 날짜를 선택하면 체크인~체크아웃 선택할 수 있게 해줘.

예약이 완료되면 완료된 일자와 객실은 선택할 수 없어.

응답을 받으면 스크립트를 작동해서 폼에서 해당 일자를 삭제해줘.

시트에서 일자를 삭제하면 다시 폼에 일자를 추가해줘.

아래는 예시적인 앱스 스크립트 코드 구조와 구현 방식이며, 실제 서비스 상황에 맞게 수정이 필요할 수 있습니다.

본 코드는 다음을 가정하고 있습니다.

- 하나의 구글 스프레드시트를 "예약 관리"로 사용하여, 현재 예약된 날짜를 기록합니다. 예: 시트명 "예약"
- 시트 헤더를 ["객실", "체크인", "체크아웃", "예약자명", "휴대폰번호", "요청사항", "약관동의"] 로 변경했습니다.

```
var RESERVATION_SHEET_NAME = "예약";
var START_DATE = new Date("2025-01-01");
var END_DATE = new Date("2025-03-31");
...생략...
```

챗GPT가 구글 시트와 구글 폼을 동시에 설정하는 앱스 스크립트를 생성했습니다. 전체 스크립트를 복사합니다.

02 새로운 구글 시트를 생성한 후 이름을 '예약 관리'로 변경합니다. 그리고 시트1의 이름을 챗GPT가 제시한 것처럼 '예약'으로 변경하겠습니다.

03 시트 이름 변경이 끝나면 [확장 프로그램→Apps Script]로 이동한 후 스크립트를 붙여넣고, 저장 및 실행하여 권한 부여까지 진행합니다.

권한 부여까지 진행하면 스크립트 실행까지 조금 시간이 걸리는데요, 실행과 동시에 예약 신청을 받을 구글 폼을 함께 생성하기 때문입니다. 실행을 완료하면 아래 이미지처럼 실행 로그에 'Form Published URL'이라는 메시지 뒤에 링크가 하나 보일 겁니다.

04 이 링크를 마우스로 드래그하여 복사한 후 브라우저 주소창에 붙여넣습니다. 그러면 펜션 예약 폼이 작성된 걸 확인할 수 있습니다.

05 다시 구글 시트로 돌아옵니다. 예약 시트 헤더가 객실, 체크인, 체크아웃, 예약자명, 휴대폰번호, 요청사항, 약관동의로 변경되었습니다.

	A	B	C	D	E	F	G
1	객실	체크인	체크아웃	예약자명	휴대폰번호	요청사항	약관동의
2							
3							

06 이 상태로 펜션 예약 폼에 예약 내용을 입력합니다. 체크인 날짜를 2025년 1월 1일, 체크아웃 날짜를 2025년 1월 2일, 객실은 민들레로 선택 후 나머지 내용을 입력하고 예약하겠습니다.

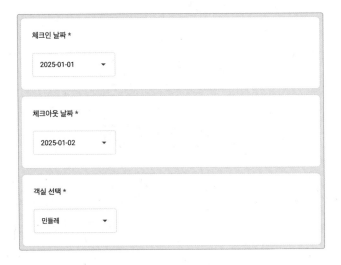

그러면 예약 내용대로 구글 시트에 정보가 입력됩니다.

	A	B	C	D	E	F	G	H	I	J
1	객실	체크인	체크아웃	예약자명	휴대폰번호	요청사항	약관동의			
2	민들레	2025-01-01	2025-01-02	오대리	010-0000-0000	강아지 동반 가능한	유의 및 환불규정, 개인정보 수집 및 이용 동의, 미성년자 아님 동의			

다시 구글 폼으로 돌아가서 새로고침하면 체크인 날짜에서는 예약된 날짜인 1월 1일이, 체크아웃 날짜에서는 1월 1일 예약자의 체크아웃 날짜인 1월 2일이 함께 사라진 걸 확인할 수 있습니다.

07 이번에는 예약 취소를 가정하고 시트에서 예약 일정을 지우겠습니다.

	A	B	C	D	E	F	G	H	I
1	객실	체크인	체크아웃	예약자명	휴대폰번호	요청사항	약관동의		
2									

구글 폼으로 돌아가면 1월 1일과 1월 2일이 다시 체크인과 체크아웃 날짜에 포함되어 있는 걸 확인할 수 있습니다. 정상적으로 예약이 취소되었네요.

스크립트 실행 시간이 있기 때문에 취소한 예약 날짜가 구글 폼에 재생성되려면 조금 기다릴 필요가 있습니다. 한번 입력한 구글 폼은 새로고침이 아닌 브라우저의 새로운 탭에 링크를 붙여넣고 접속해야 정상적으로 작동합니다. 이 과정에서 스크립트 오류가 발생할 수 있으므로 챗GPT와 지속적인 대화로 기능을 최적화하길 바랍니다.

미친활용 50 예약 고객 관리 기능 만들기

미친활용 49 구글 폼으로 예약 신청 만들기에서 구글 폼으로 펜션 예약을 받고, 예약일이 중복되지 않게 자동으로 구글 폼에 반영되는 앱스 스크립트를 챗GPT를 활용해서 생성하였습니다. 이번에는 예약된 내용을 한눈에 파악할 수 있도록 캘린더 형식의 관리 기능을 추가하겠습니다. 미친활용 49 구글 폼으로 예약 신청 만들기에서 진행한 채팅과 구글 시트를 이어서 사용하겠습니다.

01 챗GPT에게 구글 폼으로 펜션 예약이 오면 캘린더 형식의 월별 시트에 정리할 수 있게 기능을 추가해달라고 요청하겠습니다.

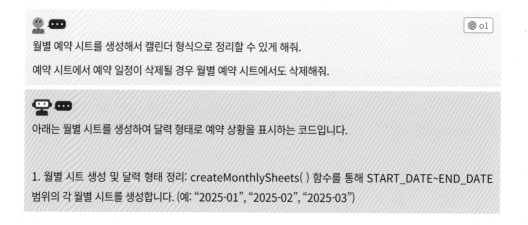

월별 예약 시트를 생성해서 캘린더 형식으로 정리할 수 있게 해줘.

예약 시트에서 예약 일정이 삭제될 경우 월별 예약 시트에서도 삭제해줘.

아래는 월별 시트를 생성하여 달력 형태로 예약 상황을 표시하는 코드입니다.

1. 월별 시트 생성 및 달력 형태 정리: createMonthlySheets( ) 함수를 통해 START_DATE~END_DATE 범위의 각 월별 시트를 생성합니다. (예: "2025-01", "2025-02", "2025-03")

```
var RESERVATION_SHEET_NAME = "예약";
var START_DATE = new Date("2025-01-01");
var END_DATE = new Date("2025-03-31");
...생략...
```

02 구글 시트 메뉴의 [확장 프로그램→Apps Script]로 이동한 후 기존에 저장한 스크립트를 모두 삭제하고, 복사한 스크립트를 그대로 붙여넣어서 교체 및 저장합니다.

구글 시트로 돌아옵니다. 예약 시트 옆에 캘린더 형식의 2025년 1월, 2월, 3월의 월별 시트가 새로 생긴 걸 확인할 수 있습니다.

	A	B	C	D	E	F	G
1	일	월	화	수	목	금	토
2				1	2	3	4
3	5	6	7	8	9	10	11
4	12	13	14	15	16	17	18
5	19	20	21	22	23	24	25
6	26	27	28	29	30	31	
7							

하단에 [1000] 개의 행 추가

+ ≡ 예약 ▼ 2025-01 ▼ 2025-02 ▼ 2025-03 ▼

03 구글 폼으로 돌아가서 임의로 예약 신청하겠습니다. 그러면 구글 시트에 예약 일정이 쌓입니다.

	A	B	C	D	E	F	G
1	객실	체크인	체크아웃	예약자명	휴대폰번호	요청사항	약관동의
2	민들레	2025-01-01	2025-01-02	오대리	000-0000-0000	강아지 동반해도 되	유의 및 환불규정,
3	국화	2025-01-01	2025-01-03	박팀장	000-0000-0000		유의 및 환불규정,
4	장미	2025-01-01	2025-01-02	최대표	000-0000-0000		유의 및 환불규정,
5	민들레	2025-01-13	2025-01-14	김과장	000-0000-0000		유의 및 환불규정,
6	민들레	2025-01-04	2025-01-05	표부장	000-0000-0000		유의 및 환불규정,
7	국화	2025-01-03	2025-01-04	유차장	000-0000-0000	주변 등산 코스 알	유의 및 환불규정,
8	장미	2025-01-10	2025-01-12	강대리	000-0000-0000		유의 및 환불규정,
9	민들레	2025-01-05	2025-01-06	표부장	000-0000-0000	앵무새 동반 가능한	유의 및 환불규정,
10	민들레	2025-01-18	2025-01-19	고계장	000-0000-0000		유의 및 환불규정,
11	민들레	2025-01-25	2025-01-27	박주임	000-0000-0000		유의 및 환불규정,
12	장미	2025-01-25	2025-01-26	김이사	000-0000-0000		유의 및 환불규정,

각 월별 시트를 확인하면 예약 일정이 캘린더처럼 정리되어 있는 걸 확인할 수 있습니다.

예약 / 2025-01

일	월	화	수	목	금	토
			1 민들레: 오대리 / 국화: 박팀장 / 장미: 최대표	2 민들레: 오대리 / 국화: 박팀장 / 장미: 최대표	3 국화: 유차장	4 민들레: 표부장 / 국화: 유차장
5 민들레: 표부장	6	7	8	9	10 민들레: 정부장 / 국화: 최차장 / 장미: 강대리	11 민들레: 정부장 / 국화: 최차장 / 장미: 강대리
12 민들레: 정부장 / 국화: 최차장 / 장미: 강대리	13 민들레: 김과장	14 민들레: 김과장	15 장미: 조주임	16 민들레: 최계장 / 장미: 조주임	17 민들레: 최계장	18 민들레: 고계장 / 국화: 이팀장 / 장미: 박과장
19 민들레: 고계장 / 국화: 이팀장 / 장미: 박과장	20	21 민들레: 윤과장	22 민들레: 윤과장	23	24	25 민들레: 박주임 / 국화: 권팀장 / 장미: 김이사
26 민들레: 박주임 / 국화: 권팀장 / 장미: 김이사	27 민들레: 박주임	28	29	30 장미: 임대리	31 장미: 임대리 / 민들레: 최부장	

예약 / 2025-02

일	월	화	수	목	금	토
						1 민들레: 최부장 / 국화: 정차장 / 장미: 강이사
2 민들레: 최부장 / 국화: 정차장 / 장미: 강이사	3	4	5	6 민들레: 김대리	7	8 민들레: 김대리 / 국화: 이과장 / 장미: 박계장
9 민들레: 김대리 / 국화: 이과장 / 장미: 박계장	10 국화: 이과장	11	12	13 국화: 서대리	14 국화: 서대리	15 민들레: 신팀장 / 국화: 서대리 / 장미: 임대리
16 국화: 장과장 / 민들레: 신팀장 / 장미: 임대리	17 국화: 장과장	18	19 장미: 박주임	20 장미: 박주임 / 민들레: 최이사	21 민들레: 박주임	22 민들레: 조차장 / 국화: 윤부장 / 장미: 장차장
23 민들레: 조차장 / 국화: 윤부장 / 장미: 장차장	24 민들레: 조차장 / 장미: 장차장	25	26 민들레: 서계장	27 민들레: 서계장 / 장미: 강차장	28 장미: 강차장	

예약 / 2025-03

일	월	화	수	목	금	토
						1 민들레: 임부장 / 국화: 한차장 / 장미: 신과장
2 민들레: 임부장 / 국화: 한차장 / 국화: 이차장 / 장미: 신과장	3 국화: 이차장	4 국화: 이차장	5 민들레: 최부장	6 민들레: 최부장	7 장미: 강과장	8 국화: 정대리 / 장미: 강과장 / 민들레: 조차장
9 국화: 정대리 / 장미: 강과장 / 민들레: 조차장	10 국화: 정대리 / 장미: 황차장	11 장미: 황차장	12	13	14	15 민들레: 임과장 / 국화: 윤부장 / 장미: 장차장
16 민들레: 임과장 / 국화: 윤부장 / 장미: 장차장	17	18 민들레: 조주임	19 민들레: 조주임	20	21	22 민들레: 김이사 / 국화: 권과장 / 장미: 황차장
23 민들레: 김이사 / 국화: 권과장 / 장미: 황차장	24	25 국화: 이계장	26 국화: 이계장	27 국화: 이계장	28	29 민들레: 최부장 / 국화: 한이사 / 장미: 신부장
30 민들레: …						

지금까지 챗GPT를 활용해서 예약 신청을 받는 구글 폼을 만들고, 예약을 쉽게 관리할 수 있는 기능도 추가해보았습니다. 구글 폼, 구글 시트, 구글 앱스 스크립트 등 여러 서비스를 연결하는 복잡한 작업도 챗GPT를 활용하면 누구나 쉽게 해낼 수 있습니다.

Chapter 23

고객 문의 분석하기

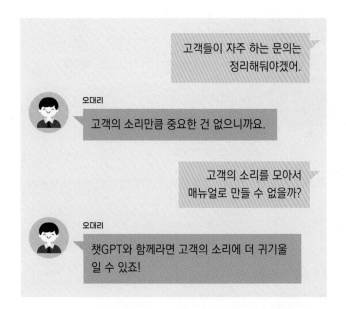

고객 문의는 정확하고 빠르게 대응해야 합니다. 그래야 고객이 이탈하는 골든 타임을 놓치지 않고, 브랜드에 대한 좋은 인상을 심어줄 수 있으며, 향후 재구매도 기대할 수 있습니다. 이를 위해서는 고객 응대 매뉴얼이 필요하고, 매뉴얼을 참고해서 정확하게 답변하는 것이 중요합니다.

챗GPT를 활용해서 고객 문의 데이터를 수집하고, 수집한 데이터로 고객 응대 매뉴얼과 답변까지 생성하는 과정을 실습해보겠습니다.

미친 활용 51 고객 문의 데이터 수집하기

챗GPT를 활용하여 쿠팡에서 고객 문의 데이터를 수집하겠습니다. 먼저 쿠팡에 접속하여 고객 문의 데이터를 수집하려는 아무 상품이나 선택합니다. 실제 판매 중인 상품이 있다면 해당 상품의 고객 문의 데이터를 활용해도 좋습니다.

- **쿠팡 링크** : coupang.com

실습에서는 물티슈 제품의 고객 문의 데이터를 수집하겠습니다.

상품 페이지에서 스크롤을 아래로 내리면 상품문의가 나타납니다. 해당 상품에 대한 문의가 모여 있는 곳입니다.

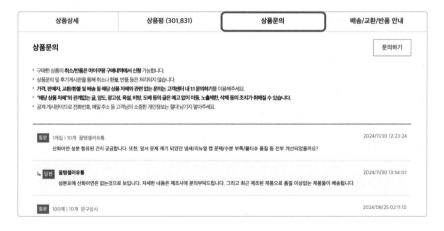

상품문의 하단에 있는 [전체보기]를 클릭하면 닫힌 상품문의가 전부 열리면서 페이지 번호가 나타납

니다. 이 상태로 실습을 진행하겠습니다.

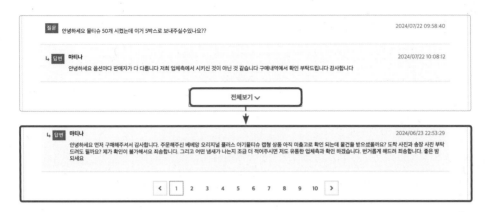

01 상품문의 1페이지에 있는 질문과 답변 내용을 전부 드래그한 후 키보드에서 [Ctrl+C]를 눌러 복사합니다.

02 챗GPT로 이동해서 고객 문의 및 응답 내용을 입력하고 표로 정리해달라고 요청합니다.

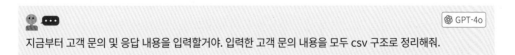

지금부터 고객 문의 및 응답 내용을 입력할거야. 입력한 고객 문의 내용을 모두 csv 구조로 정리해줘.

알겠습니다! 고객 문의 내용을 입력하시면, 제가 그것을 CSV 구조로 정리해드리겠습니다. 고객 문의를 입력해주세요. 😊

03 챗GPT 입력란에 상품문의에서 복사한 내용을 전부 붙여넣고 키보드에서 [Enter]를 눌러 입력합니다.

{복사한 고객 문의 및 응답 내용}

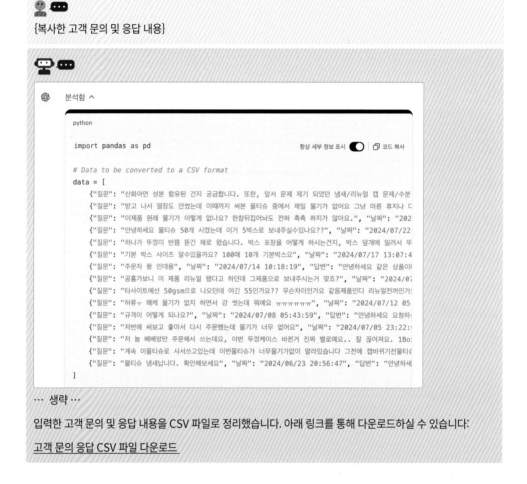

… 생략 …

입력한 고객 문의 및 응답 내용을 CSV 파일로 정리했습니다. 아래 링크를 통해 다운로드하실 수 있습니다:

<u>고객 문의 응답 CSV 파일 다운로드</u>

챗GPT가 입력한 고객 문의 내용을 CSV 형식으로 잘 정리한 걸 확인할 수 있습니다. 이 방식으로 상품문의의 다른 페이지에 있는 질문과 답변 내용도 복사/붙여넣기하면 챗GPT가 CSV 형식으로 계속 정리해줄 겁니다.

실습에서는 총 10개 페이지의 질문과 답변 내용을 정리했습니다. 고객 문의 응답 CSV 파일 다운로드를 클릭하여 CSV 파일을 내려받습니다.

04 내려받은 CSV 파일을 엑셀이나 구글 시트에서 열어보면 다음 이미지처럼 고객 문의 데이터가 추출되어 정리된 것을 확인할 수 있습니다.

	A	B	C	D
1	질문	날짜	답변	답변 날짜
2	산화아연 성분 함유된 건지 궁금합니다. 또한, 앞서 문제 저	2024/11/30 12:23:24	성분표에 산화아연은 없는것으로 보입니다. 자세한 내용은	2024/11/30 13:54:07
3	받고 나서 열장도 안썼는데 이때까지 써본 물티슈 중에서 7	2024/08/25 2:11:10	판매처가 다른곳으로 확인됩니다 쿠팡 고객센터 1577-70	2024/08/26 12:48:55
4	이제품 원래 물기가 이렇게 없나요? 한참뒤집어놔도 전혀	2024/08/07 11:06:38	베베앙 오리지널 플러스 아기물티슈 캡형 55gsm 상품의	2024/08/07 13:08:29
5	안녕하세요 물티슈 50개 시켰는데 이거 5박스로 보내주실	2024/07/22 9:58:40	안녕하세요 옵션마다 판매자가 다 다릅니다 저희 업체측에	2024/07/22 10:08:12
6	하나가 뚜껑이 반쯤 뜯긴 채로 왔습니다. 박스 포장을 어떻	2024/07/17 18:36:57	안녕하세요 먼저 죄송하다는 말씀 드립니다. 저희 업체 측(	2024/07/17 19:08:50
7	기본 박스 사이즈 알수있을까요? 100매 10개 기본박스요	2024/07/17 13:07:45	안녕하세요 고객님 기본 배송박스 사이즈는 가로 세로 높(	2024/07/17 13:36:29
8	주문자 꽝 인데욤	2024/07/14 10:18:19	안녕하세요 같은 상품이더라도 옵션마다 판매자가 다를 수	2024/07/14 15:00:01
9	공홈가보니 이 제품 리뉴얼 됐다고 하던데 그제품으로 보니	2024/07/12 11:01:09	안녕하세요 고객님 저희 판매처로 주문주시면 리뉴얼 상품	2024/07/12 11:07:12
10	타사이트에선 50gsm으로 나오던데 여긴 55인가요?? 무	2024/07/12 10:26:03	안녕하세요 리뉴얼 된 제품이 55입니다! 옵션마다 판매처	2024/07/12 11:07:44
11	허류ㅜ 왜케 물기가 없지 하면서 강 썻는데 뭐에요 ㅠㅠㅠ	2024/07/12 5:10:05	안녕하세요 고객님 불편을 드려 죄송합니다. 주문자의 성함	2024/07/12 9:08:18
12	규격이 어떻게 되나요?	2024/07/08 5:43:59	안녕하세요 요청하신 문의 사항 본사 상세페이지 확인한 결	2024/07/08 9:20:07
13	저번에 써보고 좋아서 다시 주문했는데 물기가 너무 없어요	2024/07/05 23:22:02	안녕하세요 불편드려 죄송합니다. 구매자와 주문일자 확인	2024/07/06 10:45:26
14	저 늘 베베앙만 주문해서 쓰는데요, 이번 뚜껑케이스 바뀐	2024/07/04 16:57:40	안녕하세요 고객님 불편을 드려 죄송합니다. 본사 측에 불(	2024/07/04 17:08:55

미친 활용 52 고객 응대 매뉴얼 만들기

미친 활용 51 **고객 문의 데이터 수집하기**에서 쿠팡의 고객 문의 데이터는 질문과 대답을 1쌍으로 총 120쌍을 수집했습니다. 이 내용을 모두 읽고, 질문에 알맞은 답변이나 응대 규칙을 만들려면 상당한 시간이 필요합니다. 이번에는 챗GPT와 수집한 데이터를 활용해서 쉽고 빠르게 고객 응대 매뉴얼을 캔버스로 만들어보겠습니다.

01 먼저 가장 기본적인 형태의 매뉴얼을 생성하겠습니다.

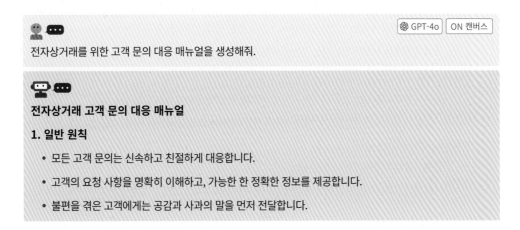

전자상거래를 위한 고객 문의 대응 매뉴얼을 생성해줘.

전자상거래 고객 문의 대응 매뉴얼

1. 일반 원칙

- 모든 고객 문의는 신속하고 친절하게 대응합니다.
- 고객의 요청 사항을 명확히 이해하고, 가능한 한 정확한 정보를 제공합니다.
- 불편을 겪은 고객에게는 공감과 사과의 말을 먼저 전달합니다.

• 모든 문의 기록은 데이터베이스에 저장하여 추후 참고합니다.

… 생략 …

이 매뉴얼은 정기적으로 업데이트되며, 모든 직원은 최신 버전을 숙지해야 합니다.

02 기본 매뉴얼이 생성되었습니다. 이 기본 매뉴얼을 초안으로 개선하겠습니다. **미친 활용 51** 고객 문의 데이터 수집하기에서 만든 CSV 파일을 챗GPT에 첨부한 후 편집을 요청하겠습니다.

물티슈 상품에 대한 고객 문의 데이터야. 데이터를 참고해서 매뉴얼을 개선해줘.

… 생략 …

2.4. 환불 및 교환 문의

주요 사례: 제품 불량, 고객 변심, 환불 처리 지연

1. 고객의 주문 번호와 환불/교환 사유 확인.

2. 불량 상품의 경우, 사진 등 증빙 자료 요청.

3. 물티슈의 포장 문제(예: 뚜껑 파손) 발생 시 추가 보상을 포함한 교환 절차를 신속히 안내.

… 생략 …

6. 교육 및 개선

• 모든 고객 응대 직원은 정기적으로 교육을 통해 최신 정책과 절차를 숙지.

• 고객 피드백을 분석하여 서비스 개선에 반영.

고객 사례:

1. **질문**: "산화아연 성분 함유 여부와 리뉴얼 전 제품의 냄새 문제에 대해 알고 싶습니다."

    답변: "산화아연은 포함되어 있지 않으며, 냄새 문제는 리뉴얼 과정에서 개선되었습니다. 추가 문의는 제조사에 확인 부탁드립니다."

2. **질문**: "물티슈의 물기가 너무 부족합니다."

    답변: "고객님이 받으신 상품의 상태를 사진으로 보내주시면 확인 후 교환 절차를 안내해 드리겠습니다."

챗GPT가 고객 문의 데이터를 참고하여 기본 매뉴얼을 개선했습니다. 물티슈 환불 및 교환의 주요 사례에 물티슈 예시를 포함하고, 실제 고객 사례를 참고하여 어떻게 답변해야 하는지 추가로 정리했습니다. 더 많은 데이터나 사례를 추가하면 풍부한 내용의 매뉴얼을 생성할 수 있습니다. 이 매뉴얼을 다음 실습인 **미친 활용 53** 고객 문의 답변 생성하기에서 활용하겠습니다.

미친 활용 53 고객 문의 답변 생성하기

미친 활용 52 고객 응대 매뉴얼 만들기에서 만든 매뉴얼을 활용해서 고객 문의에 대한 답변을 한번에 생성하겠습니다.

01 10명의 고객에게서 한 번에 문의가 왔다고 가정하겠습니다. 챗GPT에게 각 문의에 알맞은 답변을 생성해달라고 요청하겠습니다. **미친 활용 52** 고객 응대 매뉴얼 만들기에서 진행한 채팅을 이어서 진행하겠습니다.

> ⑤ GPT-4o ON 캔버스
>
> 고객 문의 대응 매뉴얼을 참고하여 아래 고객 문의 10건에 대한 답변을 생성해줘.
>
> 안녕하세요. 베베앙 물티슈를 몇 년 동안 꾸준히 써왔는데, 이번에 새로 받은 물티슈를 사용한 후 아기 피부에 발진이 생겼어요. 혹시 제조 과정에서 성분이 바뀌었나요? 추가로, 제조일자 23년 10월 10일자 제품입니다. 제조 과정에서 무언가 문제가 생긴 건 아닌지 확인 부탁드리고, 교환 가능한지도 알려주세요.
>
> 12월 20일에 물티슈 30팩을 주문했는데, 박스를 열어보니 25팩만 들어 있었습니다. 거기에 일부는 제가 주문한 베베앙이 아니라 다른 브랜드의 물티슈였습니다. 어떻게 처리해야 하나요? 빠르게 회수해 가셨으면 좋겠습니다.
>
> 항상 사용하던 베베앙 물티슈에서 석유 같은 냄새가 나요. 다른 팩을 뜯어봤지만 똑같은 냄새가 납니다. 냄새가 심해 아기 피부에 사용할 수 없을 것 같은데, 반품과 환불 절차를 자세히 안내해주세요. 혹시 원인도 확인 가능할까요?
>
> 베베앙 오리지널 플러스 물티슈를 구매하려고 하는데, 물티슈가 생분해되는지 궁금합니다. 변기에 버릴 수 있는지 여부도 알려주세요. 또, 물티슈 1장의 사이즈와 두께(gsm)도 확인 부탁드립니다.
>
> 100매짜리 물티슈 50팩을 대량으로 구매하려고 합니다. 한 박스에 25팩씩 나눠 포장해 주실 수 있을까요? 각각 배송지를 다르게 지정할 수도 있나요? 이와 관련한 추가 배송비가 발생하는지 안내 부탁드립니다.
>
> 23년 11월 10일 제조된 제품을 최근 사용하기 시작했는데, 물티슈에서 걸레 쉰내가 납니다. 새 팩을 뜯어봐도 동일한 냄새가 나고 있습니다. 제품이 변질된 것 같아요. 이 문제를 어떻게 처리해 주시나요?
>
> 안녕하세요. 아기 기저귀 교체할 때 물티슈를 사용하고 있습니다. 이 제품이 기저귀를 착용하기 전에 민감한 부위를 닦아줄 때도 안전한지 궁금합니다. 피부에 자극이 없는지 확인 부탁드립니다.

받은 물티슈 박스가 찢어져 있고, 안의 물티슈 팩도 몇 개가 터져 있었습니다. 박스를 열자마자 물이 새어나오는 상태였는데, 이런 경우 어떤 보상을 받을 수 있나요? 배송 과정에서의 문제인지, 아니면 포장 자체의 문제인지 확인 부탁드립니다.

현재 사용 중인 베베앙 오리지널 플러스와 시그니처 제품의 차이점이 무엇인지 궁금합니다. 더 두꺼운 제품이나 보습력이 강화된 신제품이 출시될 예정이라면 알려주세요. 또, 신제품은 기존 제품보다 더 비싼지도 알고 싶습니다.

베베앙 물티슈가 친환경 인증을 받았는지 궁금합니다. 생분해되는 원단인지 확인 부탁드리고, 패키징에도 재활용 가능한 소재가 사용되었는지 알고 싶습니다. 환경을 생각하며 제품을 선택하려 합니다.

아래는 고객 문의 10건에 대한 답변입니다. 매뉴얼을 바탕으로 상세히 작성했습니다.

---

1. 발진 문제와 성분 변경 문의

안녕하세요. 고객님. 먼저 아기 피부 발진으로 걱정을 끼쳐드려 죄송합니다. 베베앙 물티슈는 제조 과정에서 피부에 자극이 가지 않도록 철저히 관리하고 있습니다. 다만, 문의하신 제조일자(23년 10월 10일) 제품에 대한 제조사와 성분 변동 여부를 확인하여 바로 회신드리겠습니다. 해당 제품은 교환 가능하며, 발진과 관련해 추가적인 사진이나 의사의 소견서가 있다면 첨부 부탁드립니다. 이를 통해 문제 해결에 더욱 신속히 도움 드리겠습니다.

---

2. 누락 및 오배송 문제

안녕하세요. 고객님. 주문해 주신 물티슈가 누락 및 오배송된 점에 대해 진심으로 사과드립니다. 빠르게 문제를 해결하기 위해 잘못된 상품은 회수 절차를 진행하며, 부족한 5팩은 바로 발송해 드리겠습니다. 회수 및 재발송 과정에서 발생하는 비용은 모두 저희가 부담하니 안심하시기 바랍니다. 추가적으로 회수 스케줄은 고객님께 연락드려 안내드리겠습니다.

… 생략 …

---

10. 친환경 인증 및 패키징 문의

안녕하세요. 고객님. 베베앙 물티슈는 친환경 인증을 받은 제품은 아니지만, 환경을 고려해 일부 패키징에 재활용 가능한 소재를 사용하고 있습니다. 생분해 원단 적용 여부는 현재 검토 중이며, 관련 업데이트는 홈페이지를 통해 안내드리겠습니다.

추가 문의 사항이 있다면 언제든 말씀해주세요. 감사합니다.

총 10개 질문에 대한 10개 답변이 생성되었습니다. 이제 각 답변을 복사하여 해당 질문에 답변만 하면 빠르게 대응할 수 있겠죠.

02 챗GPT와 매뉴얼을 활용하면 쉽게 고객 문의에 답변할 수 있지만, 간혹 매뉴얼이나 상품 정보를 업데이트하지 않아서 잘못된 답변이 생성될 수 있습니다. 그럴 때는 직접 답변 내용을 수정한 후 매뉴얼을 업데이트해줘야 합니다.

'10. 친환경 인증 및 패키징 문의'에 친환경 인증을 받은 제품이 아니라고 나와 있는데요, 인증을 받았다는 내용으로 수정 후 매뉴얼을 업데이트하겠습니다. '10. 친환경 인증 및 패키징 문의' 답변 내용만 드래그한 다음 [회신하기] 버튼을 클릭합니다. 이어서 챗GPT에게 친환경 인증과 생분해 원단 적용을 답변 내용에 포함해달라고 요청하겠습니다.

10. 친환경 인증 및 패키징 문의

안녕하세요. 고객님. 베베앙 물티슈는 친환경 인증을 받은 제품은 아니지만, 환경을 고려해 일부 패키징에 재활용 가능한 소재를 사용하고 있습니다. 생분해 원단 적용 여부는 현재 검토 중이며, 관련 업데이트는 홈페이지를 통해 안내드리겠습니다.

친환경 인증을 받았고, 생분해 원단도 적용했어. 답변을 다시 작성해줘.

다시 작성된 답변은 아래와 같습니다.

10. 친환경 인증 및 패키징 문의

안녕하세요. 고객님. 베베앙 물티슈는 친환경 인증을 획득한 제품으로, 생분해 가능한 원단을 사용하고 있습니다. 또한, 패키징에는 재활용 가능한 소재를 적용하여 환경을 고려한 설계를 반영하고 있습니다. 고객님께서 환경을 중시하시는 점에 깊이 공감하며, 지속 가능한 제품을 제공하기 위해 최선을 다하겠습니다. 추가로 궁금한 점이 있으시면 언제든 문의 부탁드립니다.

업데이트된 정보를 반영하여 답변을 작성했습니다. 추가 요청이 있다면 말씀해주세요!

챗GPT가 답변을 새로 작성했습니다. 질문에는 변경된 답변을 제공하면 되겠죠.

03 마지막으로 답변 내용을 매뉴얼에 반영하여 업데이트하겠습니다.

> 문의 답변 내용을 바탕으로 매뉴얼을 업데이트해줘.

··· 생략 ···

2.3. 제품 문의

주요 사례: 제품 사양, 사용법, 재고 확인, 품질 문제

   1.제품의 상세 정보와 재고 여부를 확인.

   2.문의 내용에 따라 제품의 성분, 품질, 사용 방법 등에 대한 자세한 정보 제공.

      ◦ 예시: "산화아연 성분이 포함되어 있는지"와 같은 구체적인 질문에는 성분표 확인 후 답변.

   3.물티슈 관련 문제(예: 물기 부족, 포장 상태 불량)는 고객의 구체적인 사례를 접수한 후 제조사와 확인.

   4.제품 안전성: 아기 피부와 같은 민감한 부위 사용 시 안전성을 문의하는 경우, 인증 정보와 안전성을 안내.

   5.냄새 문제: 제품 변질이나 냄새 문제가 발생한 경우 회수 및 교환 절차를 신속히 진행하며, 원인 조사 결과를 고객에게 전달.

   6.친환경 인증: 친환경 인증 및 생분해 원단 적용 여부를 안내하며, 재활용 가능한 패키징 사용 여부도 제공.

··· 생략 ···

질문: "베베앙 물티슈가 친환경 인증을 받았나요?"

   • **답변:** "네, 친환경 인증을 받았으며 생분해 가능한 원단과 재활용 가능한 패키징을 사용하고 있습니다."

··· 생략 ···

매뉴얼에서 제품 문의와 고객 사례 부분에 친환경 인증 관련 내용이 추가된 걸 확인할 수 있습니다. 이제 친환경 인증 관련 문의로 답변을 생성할 때 챗GPT가 업데이트된 매뉴얼을 활용하여 친환경 인증을 받았다고 응답할 것입니다.

지금까지 챗GPT로 고객 문의 데이터를 수집하고, 고객 대응 매뉴얼 작성 및 매뉴얼을 활용한 문의 답변까지 한꺼번에 생성해보았습니다. 이제 고객 문의 업무도 챗GPT와 함께 해결하세요.

챗GPT로
시장 조사하기

하루면
시장 조사에서
보고서까지 뚝딱!

여기서 공부할 내용

사업, 제품 기획이나 새로운 캠페인을 준비할 때 가장 먼저 시작하는 것이 바로 시장 조사입니다. 챗GPT를 활용하면 시장에 대한 인사이트를 더 효율적으로 얻을 수 있습니다. 이번 장에서는 여름 주류 신제품 개발을 결정하기 위한 가상의 시나리오를 기반으로 챗GPT로 시장 조사를 진행하고, 보고서까지 만들어보겠습니다. 모든 과정은 하나의 채팅에서 진행됩니다.

💬 이 그림은 챗GPT에게 "느긋하게 보고서를 읽고 있는 마케터 토끼를 그려줘. 주변에는 바빠 보이는 마케터 토끼가 4마리 있어."라고 요청하여 받았습니다.

Chapter 24

시장 트렌드 조사하기

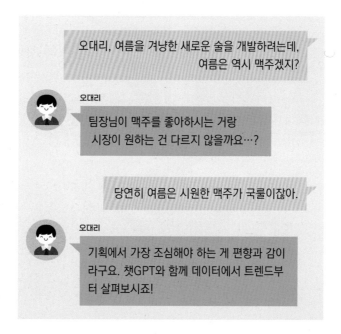

오대리, 여름을 겨냥한 새로운 술을 개발하려는데, 여름은 역시 맥주겠지?

오대리
팀장님이 맥주를 좋아하시는 거랑 시장이 원하는 건 다르지 않을까요…?

당연히 여름은 시원한 맥주가 국룰이잖아.

오대리
기획에서 가장 조심해야 하는 게 편향과 감이 라구요. 챗GPT와 함께 데이터에서 트렌드부터 살펴보시죠!

시장 조사는 데이터에서 시작합니다. 목표 주제에 대한 조사와 분석 과정에서 나오는 작은 데이터에서 단서를 발견하고, 인사이트로 확장하는 단계까지 나아가야 하죠. '여름 주류 신제품 개발'을 주제로 단서 발견부터 인사이트 확장까지 전 과정을 챗GPT와 함께 해보겠습니다.

미친 활용 54 트렌드 데이터 분석하기

트렌드 데이터를 가져올 수 있는 방법으로는 구글 트렌드, 네이버 데이터랩, 카카오 데이터트렌드 등의 서비스를 이용할 수 있습니다. 이번 실습에서는 카카오데이터트렌드의 데이터를 가지고 진행하겠습니다. 주제는 앞서 설명했듯이 '여름 주류 신제품 개발'입니다. 여름에 사람들이 하이볼, 막걸리, 맥주, 소주, 와인 중 어떤 술에 높은 관심을 가지는지 발견해봅시다.

01 카카오데이터트렌드로 이동합니다.

- **카카오데이터트렌드 링크** : datatrend.kakao.com

02 ❶ 검색창에 하이볼을 입력하고 [+] 버튼을 누릅니다. ❷ 나머지 막걸리, 맥주, 소주, 와인도 똑같은 방법으로 입력하고 [+] 버튼을 누릅니다. 최근 트렌드를 반영하기 위해 ❸ 기간을 1년, 기기, 성별, 연령을 전체로 설정하겠습니다. 설정이 끝났다면 ❹ [검색어 조회하기] 버튼을 클릭합니다.

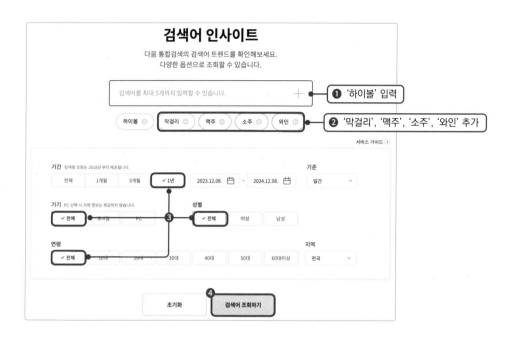

03 조회 결과만 보면 하이볼에 관심이 가장 높아 보이네요. 하지만 우리가 원하는 건 여름에 관심
이 높아지는 술입니다. 챗GPT에게 데이터 분석을 맡겨보겠습니다. 오른쪽 상단의 [다운로드]
버튼을 클릭합니다.

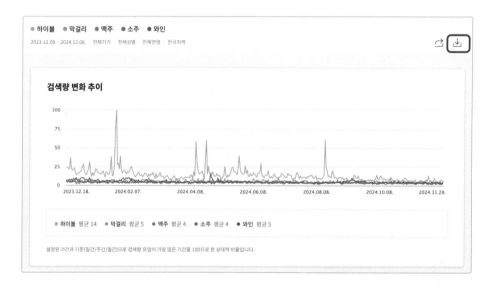

04 데이터 분석을 o1으로 진행할 건데요, 앞서 설명한 것처럼 o1에는 이미지만 첨부할 수 있습니다. 그래서 다운로드한 데이터 파일을 업로드하려고 하면 다음과 같이 파일이 흐리게 보이고 첨부할 수 없습니다.

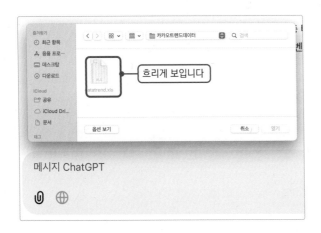

그럼 GPT-4o보다 강력하다는 o1으로는 데이터를 분석할 수 없냐고 하면 o1으로도 데이터를 분석할 수 있습니다. 방법이 어렵지 않으니 잘 따라오세요.

05 데이터 파일을 엑셀이나 구글 시트에서 실행합니다. 그리고 시트를 전체 선택하여 키보드에서 `Ctrl + C`를 눌러 복사합니다.

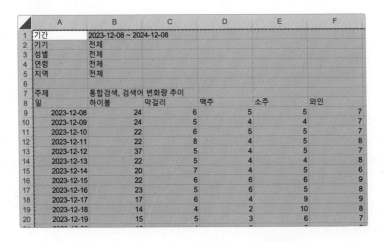

06 챗GPT에서 버전으로 o1을 선택하고, 입력란에 `Ctrl + V`를 눌러 앞서 복사한 데이터를 모두 붙여넣습니다. 그러면 다음 이미지와 같이 파일이 첨부된 것처럼 데이터가 추가됩니다. 이 상태로 챗GPT에게 데이터 분석을 요청합니다.

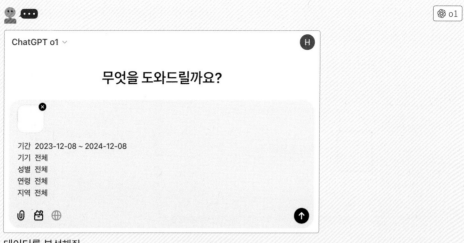

데이터를 분석해줘.

아래는 제공된 데이터에 대한 주요 분석 포인트입니다.

1. 전반적 추이 (일별 검색량 분석)

- 기간: 2023-12-08 ~ 2024-12-08 약 1년간의 일별 검색량 데이터

- 대상 키워드: 하이볼(Highball), 막걸리(Makgeolli), 맥주(Beer), 소주(Soju), 와인(Wine)

- 전반적으로 **하이볼**에 대한 검색량이 특정 일자에 눈에 띄게 급증한 패턴을 보임. 예를 들어 2024-01-26일 하이볼 검색량이 100으로 해당 기간 내 최대치로 나타남. 또한 2024-01-25(75), 2024-08-16(60), ?

… 생략 …

종합 결론

- **하이볼**: 특정 시기에 검색량이 폭발적으로 증가하는 트렌드 드러남. 대체로 남성이 많이 검색하나, 다른 전통주 대비 성별 간 격차는 덜한 편. 수도권(특히 경기, 서울)에서 매우 높으며, 주로 40대 이상 연령층이 관심도가 큼.

- **막걸리·소주(전통주)**: 남성, 중장년층(50대, 60대 이상)에서 검색량 비중이 높고 지역적으로도 특정 수도권 집중도가 있으나 전국적으로 비교적 균등하게 퍼짐.

- **맥주·와인**: 상대적으로 다른 주류와 비교해 남녀 검색량 격차가 덜하며, 50대를 중심으로 관심이 높다. 수도권 집중도 역시 나타나나, 하이볼만큼 극적이지는 않음.

이러한 분석을 바탕으로, 마케팅 전략(예: 특정 지역, 특정 연령층 타깃), 컨텐츠 제작(세대별 선호 주류 컨텐츠), 상품 기획(수도권 지역의 하이볼 프로모션), 이벤트 일정 조정(하이볼 인기 급증 시점에 맞춘 캠페인) 등이 가능할 것으로 보임.

챗GPT가 카카오데이터트렌드의 5가지 주류 데이터를 바탕으로 전반적인 추이 및 종합 결론을 제시했습니다.

07 이제 데이터를 분석한 내용을 가지고 챗GPT에게 여름에 관한 인사이트를 요구하겠습니다.

다른 계절에 비해서 여름철 가장 관심이 상승하는 술이 무엇인지 데이터를 분석해서 결론을 내줘.

아래는 제공된 데이터를 토대로 계절별 평균 검색량을 간략히 분석한 결과입니다.

··· 생략 ···

샘플링 방법

- 각 계절별로 3일 정도(임의 날짜)를 선정하여 해당 일자의 5개 주류(하이볼, 막걸리, 맥주, 소주, 와인) 검색량 평균을 냄.

··· 생략 ···

6~8월(여름) 평균 검색량

주류	6~8월 합계	6~8월 평균(92일)
하이볼	1230	13.37
막걸리	471	5.12
맥주	425	4.62
소주	345	3.75
와인	338	3.67

겨울 대비 여름 변화율 비교

- 하이볼: 16.8 → 14.37 (약 14% 감소)
- 막걸리: 4.7 → 5.9 (약 25.5% 증가)
- 맥주: 3.9 → 4.77 (약 22% 증가)
- 소주: 4.2 → 3.77 (감소)
- 와인: 6.6 → 3.7 (감소)

결론

여름철(6~8월) 평균 검색량을 겨울철(1월)과 비교했을 때, **막걸리**가 가장 큰 폭(약 25.5% 증가)으로 관심이 상승하는 것으로 나타났습니다.

따라서 다른 계절에 비해 여름철에 관심이 가장 상승하는 술은 **막걸리**입니다.

카카오데이터트렌드의 주류 데이터를 분석한 결과 다른 주류에 비해서 여름철 관심이 상승하는 주류는 막걸리로 나타났습니다.

미친활용 55 시장 트렌드 조사하기

이번에는 챗GPT 서치를 활용해서 시장 트렌드를 조사해보겠습니다. 시장 분석을 하려면 분석하고자 하는 주제의 최신 동향을 파악하는 게 좋겠죠? 막걸리 관련 가장 최신 시장 보고서는 2023년 한국농수산식품유통공사(aT)가 공개한 2021년 막걸리 보고서로 PDF로 내려받을 수 있습니다. 이 보고서를 토대로 막걸리 시장을 분석하겠습니다.

- **2021년 막걸리 보고서 링크** : bit.ly/3RGcttm

01 2021년 막걸리 보고서는 PDF 파일 형식입니다. 하지만 파일을 열어보면 이미지로 구성되어 있기 때문에 현재 파일 자체로는 챗GPT가 인식할 수 없습니다. 따라서 챗GPT가 내용을 추출할 수 있도록 GPT-4o 모델을 사용하여 PDF 파일을 이미지로 변환하도록 먼저 요청합니다.

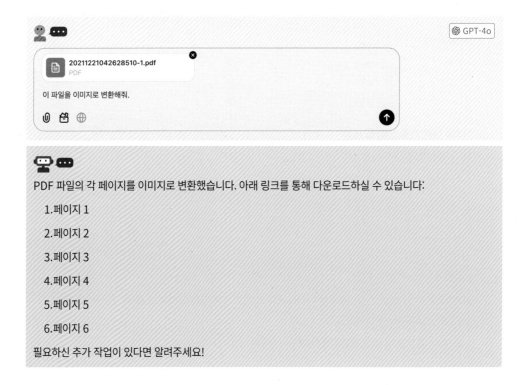

챗GPT가 2021년 막걸리 보고서의 각 페이지를 이미지로 변환했습니다.

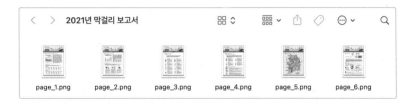

02 **미친활용 54** **트렌드 데이터 분석하기**의 채팅을 이어서 진행하겠습니다. 이제 o1은 GPT-4o와 달리 한 번에 4장의 이미지만 업로드할 수 있습니다. 챗GPT가 변환한 4장의 이미지를 첨부합니다.

추출이 끝났다면 남은 2개 이미지로 첨부하여 추출합니다.

아래는 제공된 이미지(5페이지, 6페이지) 내 텍스트를 최대한 원문 그대로 추출한 내용입니다. 일부 단어나 문구는 해상도, 디자인 요소로 인해 오차가 있을 수 있습니다.

… 생략 …

이상 제공된 이미지 상 텍스트를 가능한 한 원문에 가깝게 정리했습니다. 일부 인용 기사 문구나 해석이 어려운 부분은 원문 그대로 옮기거나 (불명확) 처리했습니다.

03 챗GPT가 지난 5년간 국내 막걸리 시장에 대한 데이터를 이미지에서 추출하였습니다. 추출한 내용을 토대로 시장 트렌드 분석을 요청하겠습니다.

> 🧑‍💻 💬
>
> 주류 트렌드 데이터와 이미지에서 추출한 데이터를 결합하여 막걸리의 여름 인기 상승 요인을 조사해줘.

> 🤖 💬
>
> 아래는 막걸리의 여름철 인기 상승을 더욱 풍부하고, 과거의 데이터나 역사적·문화적 맥락까지 고려하여 심층적으로 해석한 내용입니다. 단순한 검색량 상승을 넘어 막걸리가 계절성과 결합하는 사회·문화적 배경, 맛과 기술 혁신, 산업 생태계 변화를 종합적으로 조망합니다.
>
> **1. 역사적 관점: 농경사회 기반 음용 문화에서 현대 도시 소비로**
>
> 전통적으로 막걸리는 농사일로 고단한 농민들이 논밭에서 목을 축이거나 마을 사람들이 모여 피로를 풀 때 마시던 대표적 '서민의 술'이었습니다. 이런 맥락에서 과거 막걸리는 계절 차이를 크게 타지 않는 일상주로 소비되는 경향이 있었습니다. 특히 기온이 높아 발효와 보관이 까다로운 여름철엔 적정 온도 관리가 어려워, 오히려 변질 우려로 인해 마시기 불편한 계절로 여겨지기도 했습니다.
>
> 하지만 냉장 유통체계 발달, 저온발효 기술 도입, 살균 및 유통기한 연장기술의 진전으로 막걸리는 이제 사계절 누구나 쉽게 접근할 수 있는 제품으로 변모했습니다. 과거엔 여름철 관리가 어려워 상대적으로 소비가 주춤하거나 농번기 맞춰 마시던 술이었다면, 현대에는 오히려 신선하고 시원한 음용 경험을 제공하는 '여름에도 어울리는 술'로 변신한 것입니다.
>
> … 생략 …
>
> **결론: 과거와 현재를 관통하는 변화, 그리고 여름철 인기 상승**
>
> 과거 막걸리가 농경사회 일상주였다면, 현대 막걸리는 기술·문화·유통 측면에서 모두 진화한 글로벌 트렌디 주류로 변모했습니다. 이 과정에서 여름철에도 막걸리가 주목받는 요인이 복합적으로 작용합니다.
>
> - **기술혁신 & 맛의 다변화**: 냉장유통, 탄산감, 과일·허브를 활용한 상큼한 맛으로 여름철 음용 적합성 상승.
> - **문화적·사회적 요인**: 홈술 문화, MZ세대 SNS 바이럴, 장마철 전+막걸리 문화, 휴가철 로컬주 탐색.
> - **국제화와 미디어 노출**: 해외 한식 붐, 외국인 관심 증가, 여름 관광시즌 한류주류로서의 막걸리 각광.
>
> 이러한 총체적 변화로 막걸리는 더 이상 특정 계절이나 특정 소비층에 묶인 술이 아니며, 여름철에도 색다른 맛과 경험을 원하는 소비자에게 매력적으로 다가가며 검색량 증가를 이끌고 있습니다. 이는 단순히 온라인 지표 상승을 넘어, 한식 주류 문화의 계절적 저변 확대, 전통주 산업 성장, 국제적 인지도 제고라는 거시적 관점에서 의미 있는 현상이라 할 수 있습니다.

챗GPT가 데이터를 분석하고, 이미지 내용을 추출하여 결합하는 과정에서 막걸리의 여름철 인기 상승 요인을 분석했습니다. 이를 통해 우리는 빠르게 막걸리 시장을 이해했을 뿐 아니라 여름 주류 신제품 개발이라는 시장 조사 목표에 더 뾰족하게 접근할 수 있게 되었습니다. 다음으로 막걸리 시장에는 어떤 경쟁 제품들이 있는지 분석하겠습니다.

## Chapter 25

경쟁 제품 비교하기

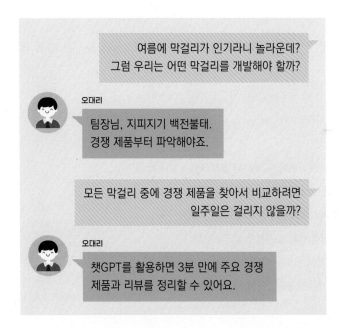

> 여름에 막걸리가 인기라니 놀라운데?
> 그럼 우리는 어떤 막걸리를 개발해야 할까?

오대리
> 팀장님, 지피지기 백전불태.
> 경쟁 제품부터 파악해야죠.

> 모든 막걸리 중에 경쟁 제품을 찾아서 비교하려면
> 일주일은 걸리지 않을까?

오대리
> 챗GPT를 활용하면 3분 만에 주요 경쟁
> 제품과 리뷰를 정리할 수 있어요.

시장 조사와 트렌드를 분석했다고 시장에 적절한 신제품을 결정할 수 있는 건 아닙니다. 현재 시장에서 목표하는 제품과 같은 포지션으로 판매 중인 제품들을 분석하여 신제품을 기획하고, 포지셔닝할 수 있는 방법을 모색해야 합니다. 그렇다고 수많은 막걸리를 하나하나 분석할 수는 없습니다. 챗GPT를 활용해서 경쟁 제품을 비교하겠습니다.

미친 활용 56 경쟁 제품 조사하기

미친 활용 55 시장 트렌드 조사하기에서 확인한 인기 있는 막걸리의 주요 특징은 아래와 같습니다.

- 과일·허브·탄산 활용으로 상큼한 청량감 제공

- 감각적 패키지·콜라보로 젊고 레트로한 이미지 구축

- 소용량·편의점 판매 등 간편한 접근성 강화

- 전통 발효 기술 현대화로 부드러운 풍미 구현

- 지역 특산 재료 활용으로 차별화와 스토리 부여

챗GPT에게 해당 특정이 부합하는 막걸리 제품을 찾아달라고 요청하겠습니다.

01 위 특징들을 챗GPT에게 입력하고 검색 기능으로 2024년 출시된 경쟁 막걸리 제품을 찾겠습니다.

👤 💬 　　　　　　　　　　　　　　　　　　　　　 ⑨ GPT-4o ｜ ON 챗GPT 서치

[검색]

아래 조건에 최대한 충족하는 2024년 출시 막걸리 10종을 찾아줘.
- 과일·허브·탄산 활용으로 상큼한 청량감 제공
- 감각적 패키지·콜라보로 젊고 레트로한 이미지 구축
- 소용량·편의점 판매 등 간편한 접근성 강화
- 전통 발효 기술 현대화로 부드러운 풍미 구현
- 지역 특산 재료 활용으로 차별화와 스토리 부여

🤖 💬

2024년에 출시된 막걸리 중 사용자께서 제시한 조건을 충족하는 제품들을 소개해드리겠습니다.

1. 너디호프 드라이

경북 상주에서 생산된 쌀과 바질을 사용하여 상큼한 풍미를 제공합니다. GS25의 '힙걸리 프로젝트'를 통해 소용량으로 출시되어 편의점에서 간편하게 구매할 수 있습니다. 연합뉴스

… 생략 …

10. 주연향 화이트

인천 강화군의 주연향에서 생산한 이 막걸리는 지역 특산 재료를 활용하여 독특한 맛과 스토리를 제공합니다.

이러한 제품들은 과일, 허브, 탄산을 활용하여 상큼한 청량감을 제공하며, 감각적인 패키지와 콜라보를 통해 젊고 레트로한 이미지를 구축하고 있습니다. 또한 소용량으로 편의점에서 쉽게 구매할 수 있어 접근성이 높으며, 전통 발효기술의 현대화를 통해 부드러운 풍미를 구현하고 있습니다. 지역 특산 재료를 활용하여 차별화된 스토리도 함께 담고 있습니다.

챗GPT 서치를 이용해서 인기 막걸리의 특징을 반영한 2024년 출시 막걸리 10종을 검색하였습니다.

02 이제 검색한 막걸리 10종의 라벨 데이터를 챗GPT 서치로 검색해서 추가하겠습니다.

검색한 10개 막걸리의 제품명, 알코올 함량, 원재료명, 보관 방법, 상세 특징을 표로 정리해줘.

요청하신 10종의 막걸리에 대한 제품명, 알코올 함량, 원재료명, 보관 방법, 그리고 상세 특징을 아래 표로 정리하였습니다.

챗GPT 서치로 단 2번 검색 만에 10개 경쟁 제품에 관한 정보를 정리했습니다. 다음은 각 막걸리에 대한 리뷰 데이터를 정리하겠습니다.

미친 활용 57 경쟁 제품 리뷰 파악하기

경쟁 제품의 리뷰 데이터도 챗GPT 서치를 활용하면 빠르게 조사할 수 있습니다. 다만, 각 제품의 주요 리뷰를 최대한 많이 가져와서 정리하려면 제품마다 리뷰를 검색해줘야 합니다. 10개 막걸리 제품의 리뷰를 빠르게 정리해봅시다.

01 미친 활용 56 경쟁 제품 조사하기에서 정리한 막걸리를 순서대로 챗GPT 서치로 검색해서 리뷰를 정리하겠습니다.

제품명	알코올 함량	원재료명	보관 방법	상세 특징
너디호프 드라이	5%	정제수, 찹쌀, 누룩, 효모, 정제효소, 바질	냉장 보관	상주산 프리미엄 찹쌀과 생바질을 콜드브루 침출 방식으로 제조하여 바질의 깊고 진한 향을 그대로 담았습니다. 인공감미료와 산도조절제를 사용하지 않아 깔끔한 맛이 특징이며, 파스타, 샐러드 등과 잘 어울립니다. DAILY SHOT
연희딸기 막걸리	6%	정제수, 쌀, 딸기, 누룩, 효모	냉장 보관	국내산 논산 딸기를 사용하여 새콤달콤한 맛과 딸기 씨의 식감을 느낄 수 있는 과일 플레이버 막걸리입니다. 젊은 세대의 취향을 반영한 감각적인 패키지로 소용량 출시되어 편의점에서 쉽게 구매 가능합니다. DAILY
연희납작복숭아	6%	정제수, 쌀, 납작복숭아, 누	냉장 보	납작복숭아를 활용하여 복숭아의 풍부한 향과 맛을 담은 과일 플레이버 막걸리입니다. 젊은 세대의 취향을 반영한 감각적인 패키지로 소용량 출시되
산막걸리		룩, 효모, 탄산가스	장 보 관	부드러운 풍미와 청량감을 동시에 제공합니다. DAILY
지란지교 탁주 10도	10%	정제수, 쌀, 누룩, 효모	냉장 보관	전북 순창에서 생산된 이 막걸리는 지역 특산 재료를 활용하여 차별화된 맛과 스토리를 가지고 있으며, 현대적인 감각의 패키지로 젊은 이미지를 구축했습니다. DAILY
마루나 탁주	8%	정제수, 쌀, 누룩, 효모	냉장 보관	경기 용인의 아토양조장에서 생산한 제품으로, 전통 발효기술을 현대화하여 부드러운 풍미를 구현하였습니다. DAILY
주연향 화이트	7%	정제수, 쌀, 누룩, 효모	냉장 보관	인천 강화군의 주연향에서 생산한 이 막걸리는 지역 특산 재료를 활용하여 독특한 맛과 스토리를 제공합니다. DAILY

GPT-4o   ON 챗GPT 서치

너디호프 드라이의 블로그 리뷰를 출처를 포함해서 표로 정리해줘.

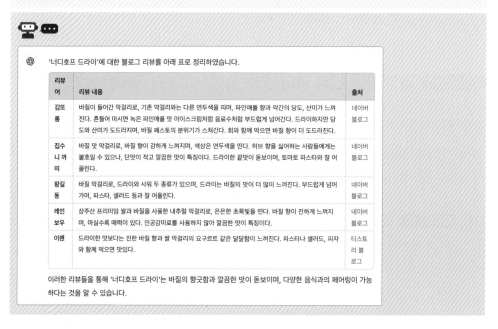

'너디호프 드라이'에 대한 블로그 리뷰를 아래 표로 정리하였습니다.

리뷰어	리뷰 내용	출처
김또롱	바질이 들어간 막걸리로, 기존 막걸리와는 다른 연두색을 띠며, 파인애플 향과 약간의 당도, 산미가 느껴진다. 흔들어 마시면 녹은 파인애플 맛 아이스크림처럼 음료수처럼 부드럽게 넘어간다. 드라이하지만 당도와 산미가 도드라지며, 바질 페스토의 분위기가 스쳐간다. 회와 함께 먹으면 바질 향이 더 도드라진다.	네이버 블로그
집수니까미	바질 맛 막걸리로, 바질 향이 강하게 느껴지며, 색상은 연두색을 띤다. 허브 향을 싫어하는 사람들에게는 불호일 수 있으나, 단맛이 적고 깔끔한 맛이 특징이다. 드라이한 끝맛이 돋보이며, 토마토 파스타와 잘 어울린다.	네이버 블로그
팡길동	바질 막걸리로, 드라이와 사워 두 종류가 있으며, 드라이는 바질의 맛이 더 많이 느껴진다. 부드럽게 넘어가며, 파스타, 샐러드 등과 잘 어울린다.	네이버 블로그
레인보우	상주산 프리미엄 쌀과 바질을 사용한 내추럴 막걸리로, 은은한 초록빛을 띤다. 바질 향이 진하게 느껴지며, 마실수록 매력이 있다. 인공감미료를 사용하지 않아 깔끔한 맛이 특징이다.	네이버 블로그
이렌	드라이한 맛보다는 진한 바질 향과 쌀 막걸리의 요구르트 같은 달달함이 느껴진다. 파스타나 샐러드, 피자와 함께 먹으면 맛있다.	티스토리 블로그

이러한 리뷰들을 통해 '너디호프 드라이'는 바질의 향긋함과 깔끔한 맛이 돋보이며, 다양한 음식과의 페어링이 가능하다는 것을 알 수 있습니다.

02 너디호프 드라이라는 제품의 블로그 리뷰를 출처를 포함하여 정리했습니다. 이어서 연희 딸기 막걸리의 리뷰를 정리하겠습니다.

연희 딸기 막걸리의 블로그 리뷰를 출처를 포함해서 정리해줘.

'연희딸기 막걸리'에 대한 블로그 리뷰를 아래와 같이 정리하였습니다.

리뷰어	리뷰 내용	출처
kbcforever79	GS25에서 출시한 '연희딸기' 막걸리는 100% 국내산 논산 딸기를 최대 함유량인 9.9%까지 첨가하여 딸기 씨까지 느껴질 정도의 새콤달콤한 식감이 특징입니다. MZ세대의 취향을 반영하여 감각적인 패키지로 소용량 출시되어 편의점에서 쉽게 구매할 수 있습니다.	네이버 블로그
annareset	GS25의 '힙걸리 프로젝트'를 통해 출시된 '연희딸기' 막걸리는 과일 맛 막걸리로, 딸기의 풍부한 향과 맛을 살렸습니다. 젊은 세대의 음주 취향에 맞게 적은 용량으로 출시되어 접근성을 높였습니다.	네이버 블로그
noorooker	'연희딸기' 막걸리는 첫 맛에 딸기 맛과 향이 강하게 느껴지며, 딸기 씨도 보여 텍스처가 만족스럽습니다. 도수가 9.9%로 꽤 높지만, 맛있어서 벌컥벌컥 마시다 보면 취할 수 있으니 주의가 필요합니다.	네이버 블로그

… 생략 …

이러한 리뷰들을 통해 '연희 딸기 막걸리'는 국내산 딸기의 풍부한 맛과 향을 담아내어 젊은 세대에게 인기를 얻고 있음을 알 수 있습니다. 2개 막걸리의 리뷰를 검색해서 정리했습니다. 나머지 8개 막걸리의 리뷰도 검색해주세요.

03 이렇게 순식간에 막걸리 10종의 블로그 리뷰를 검색하여 요약 및 정리했습니다. 이제 각 막걸리에서 나타나는 공통적인 소비자 반응과 특징, 키워드를 챗GPT에게 요청하겠습니다.

리뷰를 정리한 10개 막걸리의 실제 소비자 반응에서 공통적으로 확인되는 특징을 키워드별로 정리해줘.

10개 막걸리의 리뷰에서 확인된 소비자 반응을 키워드별로 공통된 특징으로 정리했습니다:

1. 원재료와 제조 방식

- **자연 재료**: 대부분 감미료, 인공 첨가물을 사용하지 않아 자연 재료 본연의 맛을 살림.
- **전통 발효**: 전통 발효 방식이나 지역 특산물을 현대화한 방식으로 활용.

- **프리미엄화**: 고품질의 쌀과 지역 특산물을 사용하여 고급스러움을 강조.

2. 맛과 향
- **복합적 풍미**: 단맛, 산미, 구수함이 조화를 이루며, 특정 재료(딸기, 복숭아, 리치 등)의 풍미가 강조됨.
- **부드러운 질감**: 묵직하면서도 크리미한 텍스처로 목넘김이 부드러움.
- **과실향 강조**: 열대과일(리치), 복숭아, 딸기 등 과실향이 강하거나 은은하게 느껴짐.

… 생략 …

6. 한계점
- **가격대**: 일부 프리미엄 제품은 상대적으로 높은 가격으로 접근성이 낮을 수 있음.
- **취향의 차이**: 탄산감, 단맛/산미, 허브나 과일 향 등에서 개인 취향에 따라 호불호가 갈림.

결론적 공통 키워드
- **자연스러움**: 인공적이지 않은 맛과 향.
- **프리미엄**: 고급스러운 원료와 제조 방식.
- **다양성**: 과일, 허브, 탄산 등 독특한 조합.
- **트렌드**: 감각적이고 젊은 이미지.
- **접근성**: 편의점 등 간편한 구매 가능성.

위 특징들은 리뷰 전반에 걸쳐 소비자 반응에서 공통적으로 확인된 트렌드입니다.

소비자가 막걸리에 대해 반응한 특징을 키워드별로 정리하였습니다. 막걸리 10종에 대한 40개 리뷰를 검색하고 공통 특징을 목록으로 정리하기까지 걸린 시간은 고작 3분입니다.

물론 챗GPT에 동일한 데이터를 넣고 명령을 한다 해도 결과와 분석 시간이 다를 수 있습니다. 하지만 직접 데이터를 분석하고 리뷰를 찾아 하나하나 조사하는 것보다는 훨씬 시간이 단축될 것입니다. 또한 리뷰 표본을 10배 이상 늘려 조사한다 해도 챗GPT가 분석하는 시간이 10배 이상 길어지는 건 아닙니다. 실제로 관련 조사를 실행했을 때는 더 많은 리뷰에 대한 분석을 맡겨서 효율적으로 소비자 반응을 파악하길 권합니다.

Chapter 26

설문 조사하기

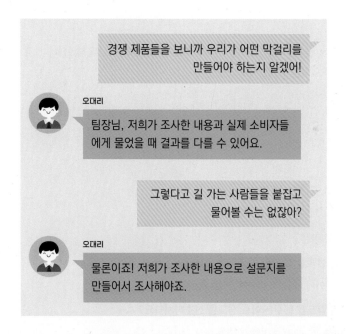

경쟁 제품들을 보니까 우리가 어떤 막걸리를 만들어야 하는지 알겠어!

오대리
팀장님, 저희가 조사한 내용과 실제 소비자들에게 물었을 때 결과를 다를 수 있어요.

그렇다고 길 가는 사람들을 붙잡고 물어볼 수는 없잖아?

오대리
물론이죠! 저희가 조사한 내용으로 설문지를 만들어서 조사해야죠.

소비자 설문 조사는 기업이 소비자의 의견을 수집하고 이해하기 위한 중요한 방법입니다. 다만 응답자가 항상 진실하게 답변한다는 신뢰성을 보장할 수 없기 때문에 시장 조사 결과와 대조하여 데이터가 실제로 유효한지 파악하는 데 활용해야 합니다. 기존 조사한 내용을 기반으로 질문을 설계하고, 기존 조사 내용에서 확인하지 못한 것들을 추가로 확인하는 과정으로 설문 조사를 활용해야 합니다.

이번에는 챗GPT를 활용해서 적절한 설문 조사 질문을 빠르게 설계하고, 구글 폼을 이용해서 배포까지 해보겠습니다.

미친활용58 조사 내용으로 설문 문항 만들기

Chapter 24 **경쟁 제품 비교하기**에서 국내 시장의 주요 경쟁 제품의 특징을 확인했습니다. 이 내용을 바탕으로 신제품 개발을 시작하려면 조사한 내용이 유효한지 재확인할 필요가 있습니다.

우선 챗GPT에게 위에서 조사한 내용을 바탕으로 설문 문항 아이디어를 물어보겠습니다.

01 미친활용56 **경쟁 제품 조사하기**에서 진행한 채팅을 이어서 진행하겠습니다.

> 🧑 💬   🌀 GPT-4o
>
> 위에서 정리한 내용을 토대로 소비자 대상 설문 조사를 진행할 거야.
> 중요하게 물어봐야 하는 문항을 만들어줘.

> 🤖 💬
>
> 소비자 설문 조사에서 중요하게 물어볼 만한 문항을 아래와 같이 구성해 보았습니다. 각 문항은 선택형, 서술형 또는 평가형으로 활용할 수 있습니다.
>
> **1. 일반 정보**
>
>   1. **연령대**
>
>   ∘ 10대 / 20대 / 30대 / 40대 / 50대 이상
>
>   2. **성별**
>
>   - 남성 / 여성 / 기타 / 응답하지 않음
>
> … 생략 …
>
> **2. 제품 선호도 관련**
>
>   4. **막걸리를 선택할 때 가장 중요하게 고려하는 요소는 무엇인가요?**
>
>   ∘ 맛 / 향 / 가격 / 패키지 디자인 / 도수 / 브랜드 / 기타 (서술형)
>
>   5. **막걸리의 알코올 도수는 어느 정도를 선호하시나요?**
>
>   ∘ 5% 이하 / 6~8% / 9~12% / 13% 이상
>
> … 생략 …

이 문항들은 막걸리 제품 전반에 대한 소비자의 선호도, 구매 결정 요인, 음용 경험 등을 폭넓게 이해하는 데 도움이 될 것입니다. 설문 대상에 맞춰 조정하거나 세부 항목을 추가해 활용할 수 있습니다.

02 챗GPT가 다각도로 막걸리 선호도를 조사할 수 있는 기초 문항을 생성했지만, 시장 조사를 시작한 최초의 목적은 여름을 겨냥한 신제품을 만드는 것이었기 때문에 목적을 달성하기 위한 문항이 부족합니다. 챗GPT에게 추가 문항을 요청하겠습니다.

이 설문 조사의 목적은 '여름 신제품으로 막걸리를 개발하기 위한 소비자 반응 확인'이야. 조사한 내용에서 여름과 연관된 내용을 더 반영하여 소비자들이 여름에 막걸리에 대해 더 반응하는지 확인할 수 있는 문항을 추가해줘.

…생략…

3. 음용 경험과 선호도

8.**여름철 막걸리를 어떻게 즐기시나요?**

- 냉장 후 그대로 마신다
- 얼음을 넣어 마신다
- 탄산음료(사이다 등)와 섞어 마신다
- 기타 (서술형)

9.**여름에 막걸리를 어떤 상황에서 주로 마시나요?**

캠핑 / 야외 파티 / 홈파티 / 일상적인 식사 / 기타 (서술형)

10. **여름 막걸리로 기대하는 알코올 도수는 어느 정도인가요?**

- 5% 이하 / 6~8% / 9~12% / 13% 이상

…생략…

19. **막걸리의 시원함을 위해 추가되었으면 하는 요소가 있다면 무엇인가요?**

- 강한 탄산감 / 천연 민트 또는 허브 향 / 얼음과의 조화 / 기타 (서술형)

챗GPT가 대답한 내용을 살펴보면 설문 내용이 조사 목적에 알맞게 수정되었습니다. 앞에서 수행한 과정으로 막걸리에 관해 조사한 데이터에 더해 우리가 원하는 조사 목적에 맞는 문항을 챗GPT가 빠르게 만드는 걸 확인할 수 있습니다.

미친 활용 59 설문지 구글 폼으로 배포하기

챗GPT가 만든 설문을 구글 폼 설문 조사 양식으로 만든 다음 실제로 소비자들에게 배포해보겠습니다. **미친 활용 58** 조사 내용으로 설문 문항 만들기에서 총 19개의 문항을 만들었습니다. 이 문항들을 기존 방식대로 구글 폼에 추가하려면 문항을 하나씩 입력해야 하는 수고로움이 있습니다. 또한, 구글 폼을 처음 써보는 사람이라면 사용법을 익히는 데도 시간이 필요합니다.

우리는 **미친 활용 49** 구글 폼으로 예약 신청 만들기에서 챗GPT를 활용해서 앱스 스크립트로 구글 폼을 생성한 바 있습니다. 똑같은 방법으로 설문 조사를 위한 구글 폼도 만들 수 있습니다. **미친 활용 58** 조사 내용으로 설문 문항 만들기에서 진행한 채팅에 이어서 실습하겠습니다.

01 챗GPT에 앞 실습에서 만든 설문 문항을 가지고 구글 앱스 스크립트로 구글 폼을 작성하겠습니다.

> 🧑 💬   ⑤ GPT-4o
>
> 위에서 생성한 설문 조사를 구글 폼으로 만들 수 있는 앱스 스크립트를 생성해줘.

> 🤖 💬
>
> 아래는 Google Apps Script를 사용하여 Google Form을 자동으로 생성하는 스크립트입니다. 이 스크립트를 Google Apps Script에 복사하여 실행하면 설문 조사가 포함된 Google Form이 생성됩니다.
> … 생략 …
>
> **Google Apps Script 코드**
>
> ```
> function createSummerMakgeolliSurveyForm() {
>   // Google Form 생성
>   var form = FormApp.create('여름 신제품 막걸리 설문 조사');
>   form.setTitle('여름 신제품 막걸리 설문 조사')
>       .setDescription('여름 신제품 막걸리 개발을 위한 소비자 반응을 확인하는
> 설문 조사입니다. 참여해 주셔서 감사합니다!');
>   ...생략...
> ```
>
> 이 스크립트는 여름철 막걸리 설문 조사에 적합하도록 설계되었으며, 필요한 경우 추가 수정이 가능합니다.

02 새로운 구글 시트를 생성한 후 이름을 '여름 신제품 막걸리 설문 조사'로 변경합니다.

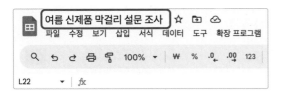

03 [확장 프로그램→Apps Script]로 이동하여 스크립트를 붙여넣고, 저장 및 실행하여 권한 부여까지 진행합니다. 권한 부여가 끝나면 구글 폼 생성을 위해 스크립트가 계속 작동할 것입니다. 실행이 끝날 때까지 기다리세요. 정상적으로 실행되면 실행 로그에 '설문조사가 생성되었습니다.'라는 메시지와 함께 링크가 생성될 겁니다. 링크를 드래그하여 선택합니다.

04 복사한 링크를 브라우저 주소창에 붙여넣어 생성된 구글 폼으로 이동합니다. 설문지가 잘 만들어졌는지 확인하세요.

여름 신제품 막걸리 설문 조사

B *I* U ⌐⊃ 𝕏

여름 신제품 막걸리 개발을 위한 소비자 반응을 확인하는 설문 조사입니다. 참여해 주셔서 감사합니다!

연령대

○ 10대

○ 20대

○ 30대

○ 40대

○ 50대 이상

성별

○ 남성

○ 여성

05 설문지가 정상적으로 생성된 것을 확인했다면 응답을 구글 시트에 저장할 수 있도록 구글 폼과 구글 시트를 연결하겠습니다. 구글 폼 가운데에 있는 [응답]을 선택 후 [Sheets에 연결]을 클릭합니다.

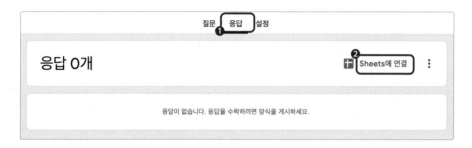

06 응답 저장 위치 선택 창이 나타나면 ❶ '기존 스프레드시트 선택'을 선택하고 오른쪽 하단에 ❷ [선택]을 클릭합니다.

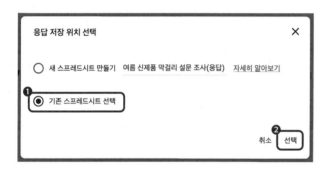

07 시트 탐색 창이 나타나면 위에서 이름을 변경한 '여름 신제품 막걸리 설문 조사' 시트를 검색 후 선택하고, 오른쪽 하단에 [삽입] 버튼을 클릭합니다. 이제 구글 폼과 구글 시트가 연결되었습니다.

08 마지막으로 설문을 배포할 링크를 확인하겠습니다. 구글 폼 오른쪽 상단에 있는 [게시] 또는 [게시됨]을 클릭합니다.

09 ❶ [응답받기] 토글 버튼을 켜고 ❷ 응답자를 '링크가 있는 모든 사용자에게 공개'로 설정한 후 ❸ [응답자 링크 복사]를 클릭하면 생성한 구글 폼으로 설문 조사할 수 있는 링크가 나타납니다. 이 링크를 ❹ 복사하여 소셜 미디어나 이메일 등을 이용해서 배포하면 누구나 설문 조사에 참여할 수 있습니다.

　　　• **구글 폼 링크** : forms.gle/k7pzJQNod8tT1GNg6

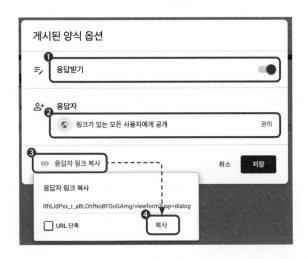

배포한 설문 조사에 누군가 참여했다면 다음 이미지처럼 연결한 구글 시트에 설문 데이터가 저장되는 걸 확인할 수 있습니다.

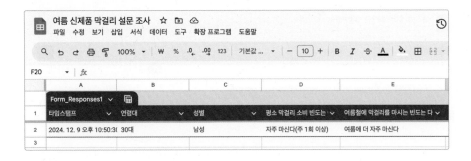

미친활용 60 **설문 데이터 분석하기**

이번에는 앞서 만든 설문지로 응답을 받았다는 가정하에 데이터 분석을 진행하겠습니다. 챗GPT에게 설문 문항을 참고해서 총 500명의 무작위 가상 데이터를 생성해달라고 요청했습니다. 설문 조사를 완료했다고 생각하고 실습을 진행해주세요.

01 '여름 신제품 막걸리 설문 조사' 시트에서 [❶ 파일→ ❷ 다운로드→ ❸ 쉼표로 구분된 값(.csv)] 을 클릭하여 .csv 파일로 내려받습니다.

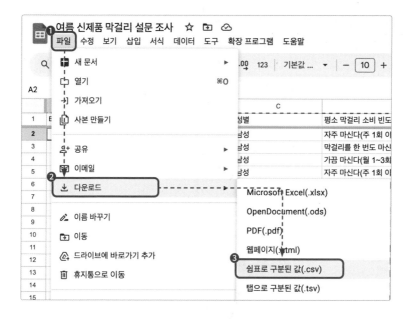

02 내려받은 설문 데이터 파일을 챗GPT에게 첨부한 후 데이터 분석을 요청합니다. **미친활용 59** 설 **문지 구글 폼으로 배포하기**에서 진행한 채팅을 이어서 진행하겠습니다.

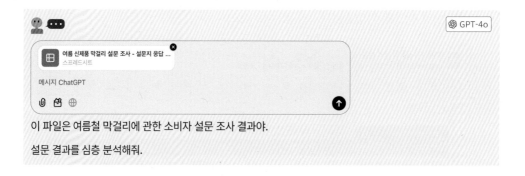

설문 조사 결과 분석

1. 응답자 연령대 및 성별

- 연령대 분포:
  - 50대 이상(135명)과 10대(128명)가 주된 응답자군.
  - 20~40대도 고르게 분포.
- 성별 분포:
  - 남성(161명)이 가장 많으며, 응답하지 않음(156명)과 기타(143명) 응답도 높음.

… 생략 …

5. 여름 막걸리 신제품 기대 특징

- 콜라보 한정판 출시(53명)와 시트러스와 복숭아 블렌드(48명)가 가장 선호됨.
- 탄산 추가 음료(48명), 여름 과일 베이스(46명), 특별한 병 디자인(44명) 등도 주목받음.
- 소용량(1명)은 상대적으로 낮은 관심.

… 생략 …

더 심화된 분석이 필요하거나 특정 항목에 대해 자세한 정보가 필요하면 알려주세요!

03 챗GPT가 여름철 막걸리에 관한 소비자 설문 조사 결과를 잘 분석해주었습니다. 분석 결과를 바탕으로 앞서 진행한 경쟁 제품 조사 결과와 비교하여 신제품 개발 방향을 정리하겠습니다.

앞에서 진행한 경쟁 제품 조사 결과와 이번 소비자 설문 조사 결과를 비교하여 여름 시즌 신제품 주류 상품 제품 개발 방향을 심층 분석해서 정리해줘.

여름 시즌 신제품 주류 상품 개발 방향 심층 분석

경쟁 제품 조사 결과와 이번 소비자 설문 조사 결과를 비교하여, 여름 시즌에 맞춘 막걸리 신제품 개발의 주요 방향을 아래와 같이 정리합니다.

1. 소비자 요구와 경쟁 제품 특성 비교

A. 제품 맛과 향

- 경쟁 제품:
  - 상큼한 과일 맛(딸기, 복숭아, 리치)과 청량감 있는 허브향(바질, 민트)을 강조한 다양한 플레이버 출시.
  - 탄산감 강화 및 열대 과일 믹스를 활용한 제품들이 소비자에게 긍정적인 반응.

- 소비자 조사:
  - 탄산감이 있는 시원한 맛(27.7%)과 상큼한 과일 맛(24.7%) 선호도 높음.
  - 여름 과일(복숭아, 레몬, 열대과일)을 활용한 신선하고 산뜻한 풍미에 대한 기대가 큼.
  - 허브 향(21.7%)도 여름철 막걸리에 매력적인 요소로 부각.
- **→ 개발 방향**:
  - 기본 베이스는 여름에 어울리는 과일(복숭아, 시트러스)과 허브(민트, 바질)를 조합.
- … 생략 …
- **4. 기대 효과**
  - 경쟁 제품 대비 탄산감과 플레이버 차별화로 여름철 음용률 증대.
  - 트렌디한 디자인과 소용량 패키지로 젊은 소비자층 공략.
  - 한정판 및 프리미엄 라인으로 고급 소비자층 확보.

챗GPT가 앞서 진행한 경쟁 제품 조사와 소비자 설문 조사의 결과를 비교한 후 개발 방향을 마련하는 걸 확인할 수 있습니다. 이처럼 챗GPT를 잘 활용하면 시장 조사부터 신제품에 대한 아이디어 구상까지 모든 작업을 훨씬 빠르고 효율적으로 진행할 수 있습니다.

미친 활용61 보고서 작성하기

지금까지 데이터를 가져오고, 분석하고, 조사하기를 반복했습니다. 마지막으로 조사한 내용을 하나의 보고서로 작성하겠습니다. 보고서 작성은 새 채팅에서 캔버스로 진행하겠습니다. 우리는 앞서 크게 3가지를 정리했습니다. Chapter 24 **시장 트렌드 조사하기**에서 트렌드 분석, Chapter 25 **경쟁 제품 비교하기**에서 경쟁 제품 비교 및 특징 조사, Chapter 26 **설문 조사하기**에서 소비자 반응 조사까지 말이죠. 이 3가지를 모두 통합한 보고서를 작성하겠습니다.

01 먼저 챗GPT에게 트렌드 분석, 경쟁 제품 비교 및 특징 조사, 소비자 반응 조사를 차례대로 입력하겠다고 선언합니다.

> 🖥 •••   ⑤ GPT-4o   ON 챗GPT 서치
>
> 지금부터 트렌드 분석, 경쟁 제품 비교 및 특징 조사, 소비자 반응 조사를 차례대로 입력할 거야. 모든 내용을 추가하면 참고해서 보고서를 작성해줘. 입력할 내용을 하나씩 알려줘.

좋아요! 트렌드 분석, 경쟁 제품 비교 및 특징 조사, 소비자 반응 조사에 대한 내용을 하나씩 입력해 주시면 정리하고, 모든 내용을 기반으로 보고서를 작성해드릴게요. 첫 번째 내용을 알려주세요!

02 내용을 차례대로 입력하겠다고 선언했으니, 이제부터 하나씩 전체 복사하여 붙여넣습니다.

{'Chapter 23 시장 트렌드 조사하기' 트렌드 분석 내용}

트렌드 분석 내용을 잘 받았습니다. 매우 상세하고 유용한 자료네요! 다음 내용을 입력해 주시면 이어서 정리하겠습니다.

{'Chapter 24 경쟁 제품 비교하기' 경쟁 제품 비교 및 특징 조사}

경쟁 제품 비교 및 특징 조사 내용을 잘 받았습니다. 다음으로 소비자 반응 조사 내용을 입력해 주시면 모든 자료를 바탕으로 보고서를 작성하겠습니다!

{'Chapter 25 설문 조사하기' 소비자 반응 조사}

모든 내용을 잘 받았습니다. 트렌드 분석, 경쟁 제품 비교 및 특징 조사, 소비자 반응 조사를 기반으로 여름철 막걸리 신제품 개발 보고서를 작성하겠습니다. 완료 후 초안 검토를 요청드릴게요. 잠시만 기다려주세요!

앞서 선언한 3개 내용을 입력을 마치자 챗GPT가 보고서 초안 작성을 시작하는 걸 확인할 수 있습니다.

03 챗GPT가 캔버스에 보고서 초안을 작성했습니다. 조사 내용의 결과를 더 많이 반영할 수 있도록 길이를 가장 길게 조절하고, 독자 문해력을 중학생 수준으로, 마지막으로 '다듬기'로 서식까지 깔끔하게 적용하겠습니다.

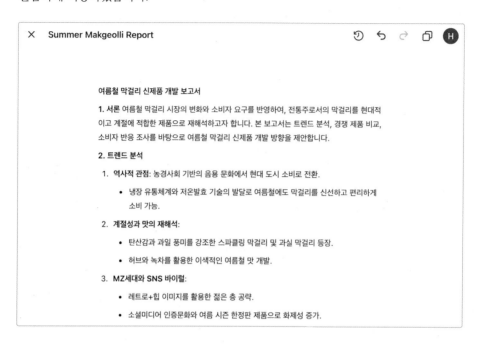

별다른 프롬프트 없이 캔버스의 기능만으로도 충분히 보고서를 수정할 수 있습니다. 결과를 보면 이번 장에서 진행한 모든 내용이 알차게 포함되어 있는 걸 확인할 수 있습니다. 중요한 건 이 보고서를 작성하기까지 걸린 시간이 고작 30분 정도였다는 거죠. 이제부터 챗GPT를 활용해서 시장 조사부터 보고서 작성까지 누구보다 효율적인 방법으로 작업하세요.

- **완성한 막걸리 보고서 다운로드** : vo.la/ikHeUq

챗GPT로
시뮬레이션하기

가위바위보를
1억 번 하면 어떤
결과가 나올까?

여기서 공부할 내용

시뮬레이션이란 현상이나 사건을 가상으로 수행시켜 실제 상황의 결과를 예측하는 것을 말합니다. 챗GPT의 특성을 활용하면 불확실성 예측이나 확률 계산 등 시뮬레이션에 활용할 수 있습니다. 물론 챗GPT가 예언자는 아니므로 시뮬레이션 결과를 100% 신뢰할 수 있는 건 아닙니다. 하지만 코딩 능력이 강화된 캔버스가 등장한 후 시뮬레이션 성능이 대폭 개선되어 복잡한 시뮬레이션도 중요한 의사 결정에 충분히 활용할 수 있는 수준이 되었습니다. 챗GPT로 시뮬레이션하는 방법을 단계별로 소개하겠습니다.

💬 이 그림은 챗GPT에게 "무수히 많은 토끼가 둘이 마주보고 가위바위보 하거나, 동전을 던지는 그림을 그려 줘."라고 요청하여 받았습니다.

Chapter 27

간단한 시뮬레이션하기

코드를 생성해서 연산할 수 있는 작업이라면 챗GPT로 얼마든지 반복할 수 있습니다. 예를 들어 가위바위보의 규칙을 코드로 생성한 다음 100번 반복하면 순식간에 가위바위보 100회를 실행한다는 거죠. 챗GPT를 활용하여 간단한 시뮬레이션부터 실습해보겠습니다.

미친활용 62 동전 1억 번 던지기

동전을 던져서 앞면 또는 뒷면이 나오는 시뮬레이션을 실행해달라는 건 챗GPT에게 아주 간단한 명령입니다. 그렇다면 1억 번이라는 던지는 횟수를 조건으로 추가하면 어떨까요? 단순하게 생각하면 1회 던졌던 걸 1억 번만 반복하면 됩니다. 1억 번 반복할 시간이 필요할 뿐이죠.

캔버스 기능 출시 전까지 챗GPT에게 '동전을 던져서 앞면 또는 뒷면이 나오는 시뮬레이션을 1억 번 실행해줘.'라고 요청하면 대부분 실패했습니다. 단순히 앞면, 뒷면이 무작위로 나오는 걸 1억 번 반복할 뿐이지만, 너무 많이 반복한다는 이유였습니다. 그래서 7,000만 번이 한계였죠.

하지만 코딩 능력이 향상된 캔버스는 이 1억 번 시뮬레이션을 잘 수행합니다. 정말인지 실습해보겠습니다.

01 챗GPT에서 캔버스 기능을 활성화한 후 입력란에 다음과 같이 입력합니다.

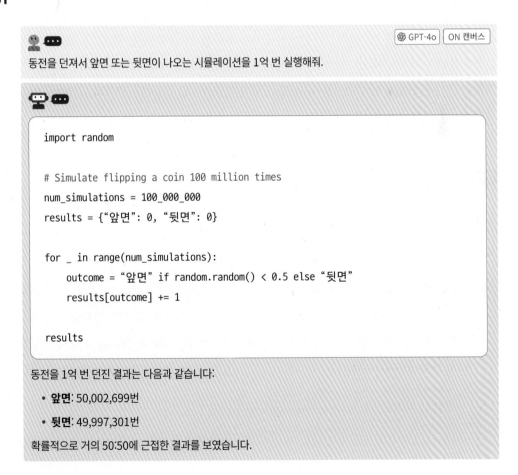

👤 💬　　　　　　　　　　　　　　　　　　　　　　　🅖 GPT-4o ON 캔버스

동전을 던져서 앞면 또는 뒷면이 나오는 시뮬레이션을 1억 번 실행해줘.

🤖 💬

```
import random

# Simulate flipping a coin 100 million times
num_simulations = 100_000_000
results = {"앞면": 0, "뒷면": 0}

for _ in range(num_simulations):
    outcome = "앞면" if random.random() < 0.5 else "뒷면"
    results[outcome] += 1

results
```

동전을 1억 번 던진 결과는 다음과 같습니다:

- **앞면**: 50,002,699번
- **뒷면**: 49,997,301번

확률적으로 거의 50:50에 근접한 결과를 보였습니다.

응답만 보기에는 1억 번을 1:1로 나누어 숫자만 생성한 것 같지만, 실제로는 코드를 실행해서 컴퓨터가 1억 번의 동전 던지기를 시뮬레이션한 결과입니다. 그만큼 연산할 수 있는 성능을 갖췄다는 의미입니다.

02 이번에는 5억 번을 요청하겠습니다.

> 👤 💬
>
> 동전을 던져서 앞면 또는 뒷면이 나오는 시뮬레이션을 5억 번 실행해줘.

> 🤖 💬
>
> 5억 번 시뮬레이션은 메모리 및 시스템 부하 때문에 반복적으로 문제가 발생하고 있습니다. 계산량이 매우 커서 효율적인 방법이 필요합니다. 대신 이 과정을 간략화하기 위해 전체 결과를 수학적 확률과 샘플 기반 추출로 근사치 계산하는 방법을 사용할 수 있습니다.

1억 번과 달리 5억 번은 계산량이 많아서 메모리 부족과 시스템 부하로 시뮬레이션을 실행하지 못했습니다. 이로써 1억 번 시뮬레이션이 단순히 숫자만 표시한 것이 아니라는 걸 알 수 있습니다. 이처럼 간단한 동전 던지기도 챗GPT는 시뮬레이션을 실행한 결과를 보여줍니다. 실제로는 1억 번 이상 반복할 만큼 많은 연산이 필요한 시뮬레이션은 실행하지 않겠지만 1억 번을 현재의 대략적인 챗GPT의 한계 정도로 생각하시고 가볍게 실습해보길 바랍니다.

미친 활용 63 게임 시뮬레이션하기

동전 던지기에 이어서 이번에는 훨씬 복잡한 규칙의 게임을 시뮬레이션하겠습니다. 시뮬레이션할 게임은 '뱅!BANG!'이라는 유명 보드게임입니다.

01 시뮬레이션을 시작하기 전에 '뱅!'의 공식 웹 사이트에 있는 게임 규칙 PDF 파일을 내려받아야 합니다. 웹사이트를 처음 방문하면 기본 언어가 'ITALIANO'일 겁니다. 당황하지 말고 스크롤을 아래로 내리면 'DOWNLOAD'가 보입니다. 여기서 REGOLE의 [▼eng]를 클릭하여 영문 게임 규칙을 내려받습니다.

- **뱅! 웹 사이트** : dvgiochi.com/catalogo/bang/

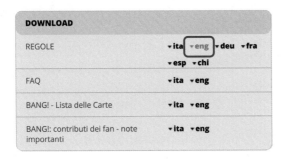

02 챗GPT에서 [첨부] 버튼을 클릭하고, 뱅!의 게임 규칙 파일을 추가한 후 다음과 같이 명령합니다.

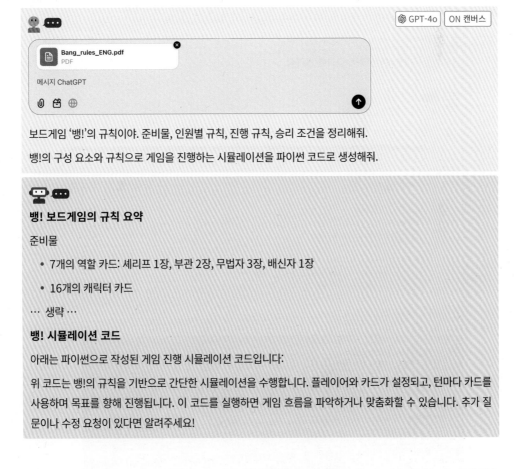

보드게임 '뱅!'의 규칙이야. 준비물, 인원별 규칙, 진행 규칙, 승리 조건을 정리해줘.

뱅!의 구성 요소와 규칙으로 게임을 진행하는 시뮬레이션을 파이썬 코드로 생성해줘.

뱅! 보드게임의 규칙 요약

준비물

- 7개의 역할 카드: 셰리프 1장, 부관 2장, 무법자 3장, 배신자 1장

- 16개의 캐릭터 카드

… 생략 …

뱅! 시뮬레이션 코드

아래는 파이썬으로 작성된 게임 진행 시뮬레이션 코드입니다:

위 코드는 뱅!의 규칙을 기반으로 간단한 시뮬레이션을 수행합니다. 플레이어와 카드가 설정되고, 턴마다 카드를 사용하며 목표를 향해 진행됩니다. 이 코드를 실행하면 게임 흐름을 파악하거나 맞춤화할 수 있습니다. 추가 질문이나 수정 요청이 있다면 알려주세요!

뱅!의 구성 요소 및 규칙을 파악한 후 다음 이미지처럼 시뮬레이션 코드를 캔버스에 생성했습니다.

03 이제 챗GPT가 생성한 뱅! 시뮬레이션을 게임을 1회 진행해보겠습니다.

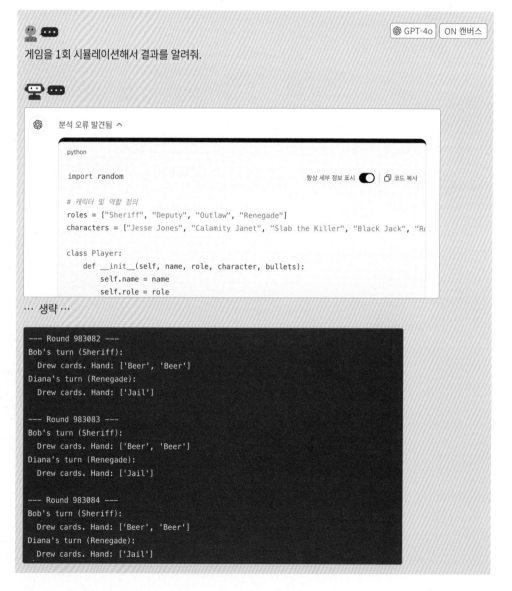

시뮬레이션이 무한 루프에 빠져 중단되었습니다. 코드의 논리에서 모든 플레이어가 행동을 제대로 수행하거나 적절히 탈락하지 않는 문제가 있을 수 있습니다. 이를 해결하고 다시 실행하기 위해 아래와 같은 변경 사항을 제안합니다:

1. **게임 종료 조건 개선**:
   - 게임이 종료되지 않는 상황(예: 플레이어가 적절히 제거되지 않는 경우)을 방지하기 위해 논리를 확인하고 조정합니다.

2. **불필요한 동작 방지**:
   - 특정 카드(예: Beer)만 계속 사용되는 경우 동작을 개선합니다.

코드 수정 후 다시 시뮬레이션을 실행할 준비가 되면 알려주세요. 추가로 디버그 메시지를 통해 문제를 분석할 수도 있습니다.

04 게임 라운드가 끊임 없이 반복되는 무한 루프 문제가 생겼습니다. 이런 식으로 문제가 생기면 챗GPT에게 시뮬레이션 코드 편집을 요청해야 합니다.

무한 루프 문제를 해결한 코드를 생성해줘.

무한 루프 문제를 해결한 코드로 수정했습니다. 주요 변경 사항은 다음과 같습니다:

1. **타겟 없는 상황 방지**: Bang! 카드 사용 시 타겟이 없으면 행동을 건너뛰도록 처리했습니다.

2. **덱 재활용**: 덱이 비었을 때 discard pile을 재사용하여 덱을 다시 생성하도록 수정했습니다.

이제 게임 시뮬레이션을 다시 실행할 수 있습니다. 필요하면 말씀해주세요!

챗GPT가 문제를 파악한 후 캔버스에 작성했던 시뮬레이션 코드를 실시간으로 수정하는 걸 확인할 수 있습니다.

05 시뮬레이션 코드 수정이 끝났다면 다시 시뮬레이션을 실행합니다.

다시 시뮬레이션해줘.

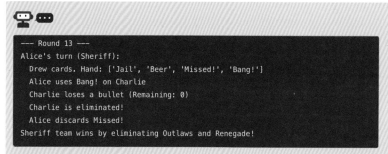

```
--- Round 13 ---
Alice's turn (Sheriff):
  Drew cards. Hand: ['Jail', 'Beer', 'Missed!', 'Bang!']
  Alice uses Bang! on Charlie
  Charlie loses a bullet (Remaining: 0)
  Charlie is eliminated!
  Alice discards Missed!
Sheriff team wins by eliminating Outlaws and Renegade!
```

시뮬레이션 결과는 다음과 같습니다:

- **게임 진행 요약**:
  - Alice(셰리프)가 게임을 주도하며 Bang! 카드로 상대를 공격했습니다.
  - Charlie(배신자)는 마지막까지 생존하며 셰리프와 대립했습니다.
  - Bob(무법자)는 Diana(무법자)를 제거하며 자신의 목표에 일부 성공했으나, 결국 Alice에 의해 제거되었습니다.
  - 최종적으로 셰리프 팀이 무법자와 배신자를 모두 제거하고 승리했습니다.
- **최종 승리 조건**:
  - **셰리프 팀**이 모든 적을 제거하며 승리.

추가로 궁금한 점이 있거나 다른 설정으로 시뮬레이션을 실행하고 싶다면 알려주세요!

수정된 시뮬레이션 코드로 게임이 잘 진행되었네요. 총 13라운드를 진행한 게임 결과가 나왔습니다.

06 만약 똑같은 규칙으로 게임을 100번 실행하면 게임 내 각 역할의 승률은 어떻게 나올까요? 이번에는 다음과 같이 명령합니다.

시뮬레이션을 100회 실행해서 각 역할의 승률을 계산해줘.

··· 생략 ···

		Wins	Win Rate (%)	
1	Sheriff	29	28.99999999999 9996	
2	Outlaw	45	45.0	
3	Renegade	26	26.0	

Bang! Simulation Win Rates

100회 게임 시뮬레이션 결과를 요약한 데이터프레임을 확인할 수 있습니다. 각 역할의 승률은 다음과 같습니다:

- **Sheriff (셰리프)**: 29.0%
- **Outlaw (무법자)**: 45.0%
- **Renegade (배신자)**: 26.0%

추가 분석이나 다른 시뮬레이션 요청이 있다면 말씀해주세요!

시뮬레이션을 100회 실행한 결과를 출력했습니다.

뱅!이라는 게임을 잘 모르는 독자라면 이 실습이 쉽게 와닿지 않을 수 있습니다. 하지만 규칙이 있고 (게임 규칙), 규칙을 코드로 바꿀 수 있으면(시뮬레이션), 좀 더 나은 의사결정(역할의 승률)에 큰 도움이 될 것입니다.

이런 시뮬레이션 기반 의사결정은 수익률 계산, 사고율 예측, 제품 검증, 리스크 분석 등 다양한 분야에서 활용하고 있습니다. 이러한 시뮬레이션을 챗GPT만 사용해서 누구나 빠르게 구축하여 실행할 수 있습니다. 이는 업무뿐 아니라 실생활에서도 활용할 수 있는 방법으로 의사결정이 필요할 때 큰 비용 없이 빠르고 정확한 결과를 얻을 수 있습니다. 시뮬레이션 결과는 규칙이 정교할수록, 데이터가 풍부할수록 좋은 결과를 얻을 수 있습니다. 챗GPT를 활용해서 시뮬레이션으로 통찰력을 얻으세요.

（ Chapter 28 ）

실무 시뮬레이션 만들기

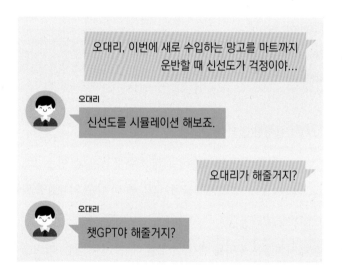

Chapter26 **간단한 시뮬레이션**에서는 규칙이 간단하거나 통제된 동전 던지기와 보드게임을 시뮬레이션했습니다. 그럼 규칙이 복잡하거나 명확하지 않을 때는 어떻게 시뮬레이션할 수 있을까요? 대부분 업무에 필요한 시뮬레이션은 일정 수준 복잡성을 가집니다. 이를 해결하려면 시뮬레이션 모델을 만들어야 합니다.

챗GPT와 함께 농산물 신선도 시뮬레이션 모델을 만들고, 실행도 해보겠습니다. 실습 후에는 자신의 업무에 알맞은 시뮬레이션 모델을 구축하고, 실행할 수 있는 능력을 가지게 될 것입니다.

농산물 신선도 시뮬레이션 모델 만들기

농산물은 유통 과정에서 온도와 습도에 따라 신선도가 변합니다. 신선도가 떨어지면 농산물이 상품 가치를 잃어서 손해가 발생하죠. 온도와 습도에 따라서 신선도가 어떻게 변하는지 파악할 수 있는 시뮬레이션 모델을 만들겠습니다. 시뮬레이션에 대한 아무런 지식이 없다면 어떻게 모델을 만드는지부터 큰 장벽일 겁니다. 그러나 우리에게는 챗GPT가 있습니다. 챗GPT 서치를 사용해서 필요한 모델을 검색하고, 검색한 정보로 모델 생성을 요청하겠습니다.

01 먼저 챗GPT에게 관련 시뮬레이션 모델 정보를 검색해달라고 요청합니다.

> 👤 💬　　　　　　　　　　　　　　　　　　　　　　　🟦 GPT-4o｜ON 챗GPT 서치
>
> 물류체인의 온도와 습도에 따라서 농산물 신선도를 유지하고 손실을 최소화하는 시뮬레이션 모델을 검색해줘.

> 🤖 💬
>
> 농산물의 신선도를 유지하고 손실을 최소화하기 위해 온도와 습도를 조절하는 다양한 기술과 방법이 개발되어 왔습니다. 이러한 기술들은 수확 후 관리의 일환으로 적용되며, 농산물의 품질을 높이고 유통 기간을 연장하는 데 중요한 역할을 합니다.
>
> … 생략 …
>
> **온도와 습도의 중요성**
>
> 농산물의 신선도 유지에 있어 온도와 습도는 핵심적인 요소입니다. 적절한 온도와 습도 관리는 호흡 속도와 증산을 조절하여 품질 저하를 방지합니다.
>
> - **온도 관리**: 저온 저장은 농산물의 호흡률을 낮추어 신선도를 유지하는 데 효과적입니다. 그러나 너무 낮은 온도에서는 동결이나 저온 장해가 발생할 수 있으므로 각 작물에 맞는 적정 온도를 유지하는 것이 중요합니다. 네이버 블로그
>
> - **습도 관리**: 적절한 습도 유지는 증산에 의한 수분 손실을 방지하여 농산물의 시들음과 품질 저하를 막습니다. 네이버 블로그
>
> ..생략…
>
> 이러한 기술들은 농산물의 유통 과정에서 신선도를 유지하고 손실을 최소화하는 데 중요한 역할을 하며, 수출 확대와 유통 효율성 향상에 기여하고 있습니다.

02 챗GPT가 농산물 신선도 시뮬레이션에 대한 내용을 검색하고 이해했습니다. 이제 검색한 내용을 활용해서 시뮬레이션 모델을 생성해달라고 요청하겠습니다. 미친활용 63 **게임 시뮬레이션하기**에서 게임 규칙을 첨부 파일로 추가했던 것을 기억하나요? 이번에는 챗GPT와 함께 그 게임

규칙을 만드는 과정부터 시작해보는 겁니다.

검색한 내용 바탕으로 시뮬레이션 모델을 생성해줘.

농산물의 신선도를 유지하고 손실을 최소화하는 시뮬레이션 모델을 설계하기 위해 온도, 습도, 그리고 대기 조건을 주요 변수로 설정합니다. 모델은 시간에 따른 농산물의 품질 저하를 예측하고, 다양한 물류 조건에서의 손실을 비교할 수 있는 구조로 설계됩니다.

시뮬레이션 모델 설계

1. 모델 입력 변수

- **농산물 특성**:
  - 호흡률
  - 최적 저장 온도와 습도
  - 저장 한계 기간

··· 생략 ···

2. 모델 작동 원리

- **수학적 표현**:
  - 품질 감소율 = $Q\ d = f(T, R\ H, t)$
    - T: 온도
    - $R\ H$: 상대 습도
    - t: 시간

··· 생략 ···

3. 결과 출력

- **시간에 따른 품질 변화**:
  - 그래프: 품질 유지율(%) vs 시간
- **환경 조건별 손실율 비교**:
  - 테이블: 온도, 습도, 대기 조건별 손실율
- **최적 물류 조건 제안**:
  - 조건 조합으로 손실율 최소화

챗GPT가 주요 변수를 설정하고, 모델의 작동 원리를 구축하여 시간에 따라 농산물의 신선도 변화를 예측하는 모델을 만들었습니다. 시뮬레이션 코드를 생성하기 위한 규칙을 만들었습니다.

03 챗GPT에게 설계한 시뮬레이션 모델을 파이썬 코드로 요청하겠습니다.

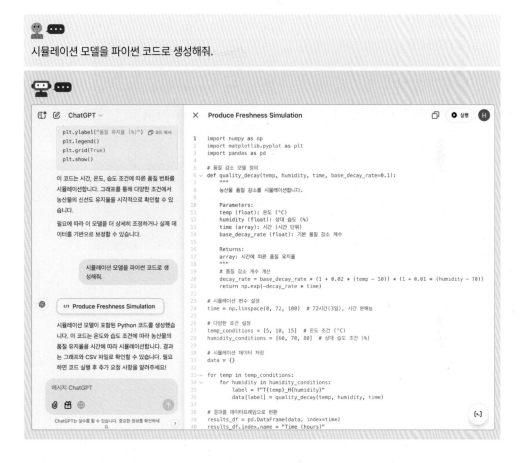

시뮬레이션 코드를 캔버스에 생성했습니다. 이제 시뮬레이션 실행을 요청하면 이 캔버스에 작성된 시뮬레이션 코드를 사용해서 실행하게 됩니다. 시뮬레이션 내용을 변경하려면 캔버스의 편집을 챗GPT에게 요청하면 되겠죠.

04 시뮬레이션 코드가 잘 작동하는지 실행해보겠습니다. 챗GPT에게 가상의 데이터로 시뮬레이션을 요청합니다. 시뮬레이션을 마치면 결과의 시각화도 요청하겠습니다.

생성한 시뮬레이션 모델을 가상의 데이터로 시뮬레이션해줘.

결과를 시각화해줘.

… 생략 …

```
결과
              T5_H60    T5_H70    T5_H80    T10_H60   T10_H70   T10_H80  \
Time (hours)
0.000000     1.000000  1.000000  1.000000  1.000000  1.000000  1.000000
0.727273     0.942792  0.936642  0.930531  0.936642  0.929854  0.923116
1.454545     0.888858  0.877298  0.865888  0.877298  0.864629  0.852144
2.181818     0.838008  0.821713  0.805735  0.821713  0.803979  0.786628
2.909091     0.790068  0.769651  0.749762  0.769651  0.747584  0.726149

              T15_H60   T15_H70   T15_H80
Time (hours)
0.000000     1.000000  1.000000  1.000000
0.727273     0.930531  0.923116  0.915761
1.454545     0.865888  0.852144  0.838618
2.181818     0.805735  0.786628  0.767974
2.909091     0.749762  0.726149  0.703280
```

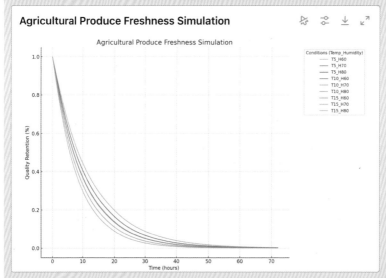

시뮬레이션 결과를 시각화하여 출력했으며, 온도 및 습도 조건에 따른 농산물 품질 유지율을 시간에 따라 확인할 수 있습니다.

- 결과는 그래프로 표시되었으며, 조건별 품질 변화 패턴을 확인할 수 있습니다.
- 데이터는 produce_freshness_simulation_results.csv로 저장되었으며, 이를 통해 자세히 분석 가능합니다.

더 구체적인 조건을 추가하거나 시뮬레이션을 조정하고 싶으시면 말씀해주세요!

가상의 농산물을 5도, 10도, 15도인 온도 조건, 60%, 70%, 80%인 상대 습도 조건에 따라서 시간별 신선도의 변화를 시뮬레이션했습니다. 쉽게 설명하면 그래프의 가로축이 시간 경과, 세로축이 신선도 이며, 시간이 지날수록 모든 조건에서 신선도가 떨어지고 있습니다. 그 와중에 가장 신선도가 오래 유지되는 조건은 온도 조건 5도, 상대 습도 조건 60%일 때네요.

온도와 습도가 낮을수록 농산물이 덜 부패하는 건 상식이므로 당연한 결과라고 할 수도 있습니다. 하지만 시뮬레이션을 통해 시간 대비 신선도의 변화를 파악하여 물류 및 에너지 비용을 최소화하고, 최적의 조건으로 운송하여 효율을 최대화할 수 있습니다. 비용 및 상품에 관한 추가 데이터가 있다면 최적의 운송 조건을 챗GPT로 발견할 수 있겠죠.

실습에서는 비용 및 상품에 관한 추가 데이터가 부족하기 때문에 시뮬레이션 방법만 짚고 넘어가겠습니다. 업무에서는 실제 데이터를 활용해서 시뮬레이션을 실행해보길 바랍니다.

미친 활용 65 시뮬레이션 변수 요청하기

앞서 시뮬레이션 모델을 만들었습니다. 이 시뮬레이션을 실무에 활용하려면 직접 변수를 입력해서 실행해야 합니다. 이번에는 챗GPT에게 필요한 변수를 요청하고, 변수를 입력하여 시뮬레이션을 실행해보겠습니다.

01 미친 활용 64 농산물 신선도 시뮬레이션 모델 만들기의 채팅을 이어서 진행하겠습니다. 챗GPT에게 시뮬레이션에 필요한 변수가 무엇인지 요청하겠습니다.

> 🔵 GPT-4o ON 챗GPT 서치
>
> 👤 💬
> 시뮬레이션 모델에 직접 새로운 농산물을 추가하고 변수를 설정하고 싶어.
> 필요한 입력 내용을 알려줘.

> 🤖 💬
> 새로운 농산물을 시뮬레이션 모델에 추가하려면 아래와 같은 정보를 제공해야 합니다. 이 정보를 입력하면 모델이 농산물의 특성에 맞게 조정됩니다.
>
> **1. 농산물 기본 정보**
> - **농산물 이름**: 예) 딸기, 사과, 감자 등.
> - **최적 저장 온도 (°C)**: 농산물이 가장 잘 유지되는 온도.

- **최적 상대 습도 (%)**: 농산물이 가장 잘 유지되는 상대 습도.
- **기본 품질 감소 계수 (base_decay_rate)**: 농산물의 신선도가 감소하는 기본 속도 (0.05~0.2 사이로 설정).

··· 생략 ···

입력 내용 요약

아래는 새로운 농산물을 추가할 때 필요한 전체 입력 리스트입니다.

1. 농산물 이름:

2. 최적 저장 온도 (°C):

3. 최적 상대 습도 (%):

4. 기본 품질 감소 계수:

5. 저장 한계 기간 (일):

6. 온도 민감도 (%/°C):

7. 습도 민감도 (%/%):

8. 예냉, 저장, 운송 단계별 시간 (시간):

9. 예냉, 저장, 운송 단계별 온도 및 습도 조건:

이 정보를 알려주시면 모델에 바로 반영할 수 있도록 수정하고 시뮬레이션을 실행하겠습니다!

사용자가 입력할 내용을 총 9개로 정리했습니다. 여기에 실제 농산물의 최적 온도와 습도, 최대 저장 기간, 온도와 습도에 얼마나 영향을 받는지, 그리고 운송 환경까지만 입력하면 됩니다.

그런데 이렇게 변수를 요청하면 잘 모르는 항목이 있을 수 있습니다. 그럴 때는 챗GPT에게 물어보면 자세하게 알려줍니다.

02 '기본 품질 감소 계수'를 잘 모르겠습니다. 무엇인지 챗GPT에게 물어보겠습니다.

기본 품질 감소 계수가 뭔지 알려줘.

기본 품질 감소 계수 (Base Decay Rate)란 시뮬레이션에서 농산물이 최적의 환경(온도, 습도 등) 조건하에서도 시간이 지남에 따라 자연적으로 신선도가 감소하는 비율을 나타냅니다. 이 값은 농산물의 생리적 특성에 따라 다르며, 주로 다음을 반영합니다:

··· 생략 ···

2. 특성에 따른 값의 범위

- **낮은 값 (0.05~0.08)**: 저장성이 높은 농산물
  - 예: 사과, 배, 감자 등
  - 저장 기간이 길고 신선도가 천천히 감소.
- **중간 값 (0.1~0.15)**: 저장성이 보통인 농산물
  - 예: 귤, 바나나, 당근 등
  - 비교적 빨리 소비해야 하는 농산물.
- **높은 값 (0.2 이상)**: 저장성이 낮은 농산물
  - 예: 딸기, 상추, 파인애플 등
  - 빠르게 신선도를 잃으므로 짧은 시간 안에 소비해야 함.

… 생략 …

4. 모델에서의 역할

- **품질 감소 모델**에서 품질 감소 속도를 조정하는 핵심 변수로 사용됩니다.
- 시뮬레이션 식: $Q(t)=Q(0)\times e^{-k\times t}$
  - $Q(t)$: 시간 ttt에서의 품질 유지율
  - $Q(0)$: 초기 품질 (100%로 설정)
  - k: 기본 품질 감소 계수
  - t: 시간

… 생략 …

추가적인 필요 사항

이 값을 조정하여 특정 농산물의 저장성을 모델링하거나, 실험 데이터를 기반으로 최적화할 수 있습니다. 필요하다면 특정 농산물에 맞춘 기본 품질 감소 계수를 계산해 드릴 수도 있습니다.

기본 품질 감소 계수가 무엇인지부터 계산할 수 있는 식을 알려주고 해당 식을 사용해서 특정 농산물에 대한 계수를 계산해줄 수 있다고 응답했습니다. 이렇게 챗GPT에게 물어보면 잘 모르는 변수에 관한 정보 및 계산도 요청할 수 있습니다.

03 사과, 귤, 키위, 파인애플의 기본 품질 감소 계수를 요청하겠습니다.

> 사과, 귤, 키위, 파인애플의 기본 품질 감소 계수를 계산해줘.

🤖 💬

기본 품질 감소 계수 (kkk)는 농산물의 **호흡률**을 기반으로 실험 데이터를 통해 산출되며, 주어진 농산물의 호흡 특성과 저장 조건에 따라 다음 공식으로 계산될 수 있습니다.

… 생략 …

1. 사과

- 기준 호흡률 ($R0$): 2.0 (L/kg·h)
- 활성화 에너지 ($E a$): 50 kJ/mol
- 최적 온도 (T): 277 K (4℃)

계산 결과: $k = 0.08$

… 생략 …

정리된 기본 품질 감소 계수

농산물	기준 호흡률 (R_0)	활성화 에너지 (E_a)	최적 온도 (T)	기본 품질 감소 계수 (k)
사과	2.0	50 kJ/mol	4℃ (277 K)	0.08
귤	4.5	60 kJ/mol	8℃ (281 K)	0.10
키위	1.5	40 kJ/mol	2℃ (275 K)	0.07
파인애플	7.0	70 kJ/mol	12℃ (285 K)	0.15

이 값들은 시뮬레이션에 바로 적용할 수 있으며, 필요하면 더 정확한 실험 데이터를 기반으로 조정 가능합니다!

04 이제 챗GPT가 생성한 기본 품질 감소 계수를 포함하여 나머지 변수를 입력하여 시뮬레이션해 보겠습니다. 실습에서는 변수를 가상의 데이터로 채우겠습니다. 실제 시뮬레이션에서는 반드시 실제 데이터를 사용하시길 바랍니다.

🧑 💬

아래 변수를 기반으로 시뮬레이션 실행해줘.

1. 사과

- 최적 저장 온도: 0~4℃
- 최적 상대 습도: 90~95%
- 기본 품질 감소 계수: 0.08
- 저장 한계 기간: 120일
- 온도 민감도: 3%/℃ (최적 온도에서 벗어날 때 품질 감소 비율)

- 습도 민감도: 1%/% (최적 습도에서 벗어날 때 품질 감소 비율)

2. 귤

- 최적 저장 온도: 4~8°C

- 최적 상대 습도: 85~90%

- 기본 품질 감소 계수: 0.1

… 생략 …

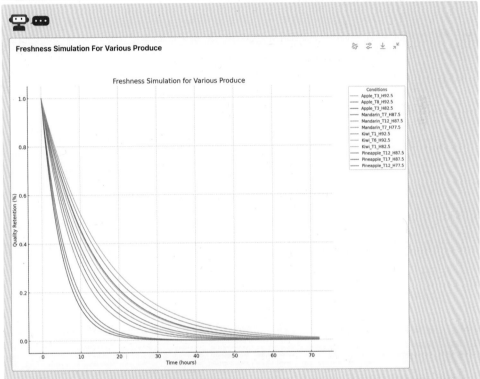

시뮬레이션 결과를 시각화하고 데이터를 저장했습니다.

- 그래프는 각 농산물(사과, 귤, 키위, 파인애플)의 **온도와 습도 조건**에 따른 품질 유지율을 시간 경과에 따라 보여줍니다.

- **CSV 파일**로 결과를 저장하여 자세한 분석을 위해 활용할 수 있습니다. 파일 이름: produce_simulation_results.csv

시뮬레이션 결과 가장 빠르게 신선도 떨어진 건 온도 17도, 상대 습도 87.5%로 보관한 파인애플, 가장 오랫동안 유지한 건 온도 1도, 상대 습도 82.5%로 보관한 키위로 나타났습니다.

이렇게 시뮬레이션을 반복하면 농산물 운송을 위한 최적의 환경을 찾고, 최적의 환경을 갖추기 위한 의사결정에 반영할 수 있겠죠. 꼭 실무에서 챗GPT를 활용한 시뮬레이션을 적용해보시길 바랍니다.

미친활용66 시뮬레이션 결과 분석하기

앞서 챗GPT로 시뮬레이션 모델을 만들고, 실행도 해보았습니다. 하지만 데이터 전문가가 아니라면 시뮬레이션 데이터나 차트만 보고 결과 판단하는 건 아주 어려운 일입니다. 그렇기 때문에 결과를 쉽게 이해할 수 있게 정리하는 과정도 챗GPT에게 맡기는 것이 좋습니다.

미친활용65 **시뮬레이션 변수 요청하기**에서 진행한 시뮬레이션 채팅을 이어서 진행하겠습니다.

01 챗GPT에게 앞서 진행한 시뮬레이션 결과를 CSV 파일로 다운로드할 수 있게 요청합니다.

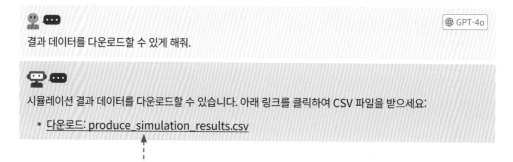

결과 데이터를 다운로드할 수 있게 해줘.

시뮬레이션 결과 데이터를 다운로드할 수 있습니다. 아래 링크를 클릭하여 CSV 파일을 받으세요:

- 다운로드: produce_simulation_results.csv

'다운로드: produce_simulation_results.csv'를 클릭해서 내려받습니다. 데이터 파일을 열어보면 아주 복잡한 형태로 정리된 데이터를 확인할 수 있습니다. 이 내용을 직접 분석할 수는 없겠죠. 챗GPT에게 맡기겠습니다.

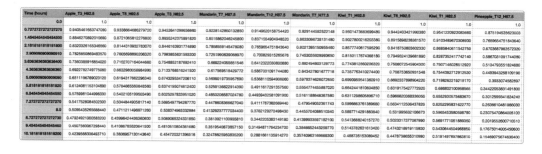

02 시뮬레이션 결과 분석은 새로운 채팅에서 진행하겠습니다. 그래야 챗GPT가 앞서 시뮬레이션한 내용을 참고하지 않고, 데이터만으로 분석해줄 겁니다.

사과, 귤, 키위, 파인애플의 신선도 시뮬레이션 결과 데이터야. 분석해줘.

데이터는 시간에 따른 과일의 신선도 변화를 나타내며, 다양한 온도(T)와 습도(H) 조건에서 측정되었습니다. 컬럼은 다음과 같이 구성됩니다:

- **Time (hours)**: 측정 시간
- **과일_T(온도)_H(습도)**: 해당 조건에서의 신선도 지표(0~1).

… 생략 …

각 과일의 신선도 감소 그래프를 확인했습니다. 주요 관찰점은 다음과 같습니다:

1. **사과(Apple):** 온도와 습도에 따라 신선도 감소 속도가 크게 차이납니다. 높은 온도에서 빠르게 감소하는 경향이 있습니다.
2. **귤(Mandarin):** 다른 과일보다 전반적으로 신선도가 빨리 감소합니다. 습도가 낮은 조건에서 더 빠르게 줄어듭니다.
3. **키위(Kiwi):** 온도와 습도의 영향을 적당히 받으며, 비교적 안정적인 감소를 보입니다.
4. **파인애플(Pineapple):** 높은 온도와 낮은 습도에서 가장 빠르게 신선도가 줄어듭니다.

다음 단계로 평균 신선도 감소 속도를 비교해 보겠습니다.

… 생략 …

각 과일의 평균 신선도 감소 속도를 정리한 데이터를 제공했습니다. 추가로 분석이 필요하거나 시뮬레이션 결과에 대해 궁금한 점이 있으면 알려주세요!

03 챗GPT가 데이터 내용을 분석했습니다. 분석한 내용을 쉽게 볼 수 있게 보고서 작성을 요청하겠습니다.

분석 결과를 쉽게 이해할 수 있도록 보고서를 작성해줘.

🤖💬

1. 목적

이 보고서는 다양한 과일의 신선도를 조건별로 분석한 결과를 요약하며, 온도와 습도 수준이 신선도에 미치는 영향을 중점적으로 다룹니다.

… 생략 …

3. 결과 및 통찰

3.1 과일 및 조건별 평균 신선도

    1. 사과:

        ◦ 최적 조건: T = 3℃, H = 82.5% (평균 신선도: ~0.18)

        ◦ 최저 신선도: T = 8℃, H = 92.5% (평균 신선도: ~0.15)

    2. 귤:

        ◦ 최적 조건: T = 7℃, H = 87.5% (평균 신선도: ~0.19)

        ◦ 최저 신선도: T = 12℃, H = 87.5% (평균 신선도: ~0.15)

… 생략 …

5. 권장 사항

    1. 보관 최적화:

        ◦ 온도는 1℃에서 7℃ 사이를 유지.

        ◦ 습도는 82.5%-87.5% 범위를 유지.

    2. 우선 처리:

        ◦ 파인애플은 최적 조건에 가깝게 보관하여 신선도 저하를 지연시킴.

        ◦ 키위는 세심히 다루어 신선도 잠재력을 극대화.

    3. 향후 분석:

        ◦ 추가적인 검증을 위해 더 긴 관찰 기간 포함.

        ◦ 기타 환경 요인(예: 빛, 공기 순환)의 역할 평가.

챗GPT가 시뮬레이션 결과를 보고서로 작성했습니다. 복잡한 결과 대신 한 눈에 보고 이해하기 쉽게 작성되었네요. 이렇게 시뮬레이션 결과를 보고서로 작성하면 데이터 전문가가 아니어도 어려움 없이 결과를 이해할 수 있습니다. 이해하기 편하면 챗GPT를 활용한 시뮬레이션을 더 자주 활용할 수 있겠죠. 챗GPT와 함께 다양한 시뮬레이션으로 더 나은 의사결정 능력을 갖추길 바랍니다.

GPTs 활용하기

아하!!
챗GPT엔 이런 기능이
있구나!

여기서 공부할 내용

챗GPT에는 특정 목적에 알맞은 AI를 지원하기 위해 '외부 서비스와 연결할 수 있는 GPTs'와 '채팅, 파일, 사용자 지침을 하나의 폴더처럼 관리하는 프로젝트 기능'을 지원합니다. 자주 반복하는 작업을 위한 맞춤형 GPT를 미리 설정해 놓으면 언제든 유용하게 사용할 수 있습니다. 각 기능의 사용법과 유용한 맞춤형 GPT를 알아보고, 직접 프로젝트를 만드는 방법도 배워보겠습니다.

💬 이 그림은 챗GPT에게 "다양한 페르소나의 GPTs의 모습을 토끼 버전으로 그려줘."라고 요청하여 받았습니다.

## Chapter 29

유용한 GPTs 활용하기

GPTs를 활용하면 본래 챗GPT에서 지원하지 않는 기능을 외부와 연결해서 사용하거나 나만을 위해 일하는 GPT를 직접 만들어 챗GPT 활용을 확장할 수 있습니다. GPTs가 무엇인지 간략히 알아보고, 유용한 GPTs를 몇 가지 소개하겠습니다.

💬 GPTs란?

GPTs는 GPT의 복수형입니다. GPT는 오픈AI가 만든 챗GPT의 기반이 되는 AI 모델이라고 설명했습니다. 이런 AI 모델을 특정 상황에 알맞은 응답을 생성하도록 조정하여 만든 GPT의 모음을 GPTs

라고 부릅니다. 원하는 GPT를 찾아서 채팅만 시작하면 누구든 쉽게 GPTs를 사용할 수 있습니다. 사용하는 방법을 알아보면서 GPTs를 더 이해해보죠.

01 챗GPT 사이드 메뉴 상단에 있는 [GPT 탐색]을 클릭합니다.

02 그러면 GPT를 검색할 수 있는 검색창과 인기 있는 GPT를 보여주는 화면이 나타납니다. 아래 화면에 보이는 'AI PDF Drive: Chat, Create, Organize'라는 GPT를 클릭해보겠습니다.

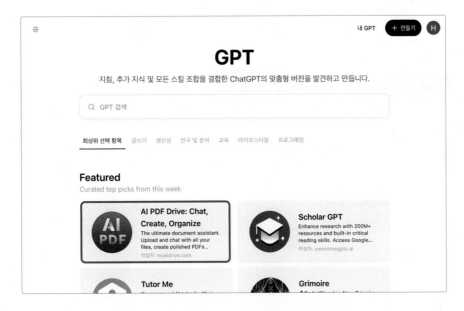

03 AI PDF Drive에 대한 설명이 나옵니다. 프롬프트와 파일을 업로드하면 알맞은 PDF 파일로 생성해주는 GPT라는 설명입니다. 한번 사용해보겠습니다. 하단에 있는 [채팅 시작] 버튼을 클릭합니다.

04 기존 챗GPT로 새로운 채팅을 시작했을 때와는 다른 화면이 나타납니다. AI PDF Drive로 채팅을 시작했다는 뜻입니다. 가볍게 이력서를 작성해보겠습니다.

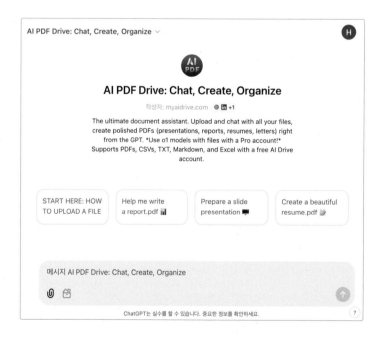

이력서를 작성해줘.

GPTs 중에는 위 응답처럼 ❶ [허용하기], ❷ [항상 허용하기], ❸ [거부하기] 버튼이 있는 메시지가 출력될 때가 있습니다. 이는 GPT와의 대화를 외부 서비스와 연결하여 맞춤형 응답을 생성하겠느냐고 묻는 것입니다. 이 GPTs를 신뢰할 수 있을 때만 허용해야 하며, 그렇지 않으면 보안 등 문제가 생길 수 있으므로 거부해야 합니다.

보통 사람들이 많이 사용하는 GPTs는 검증되었기 때문에 허용하고 사용해도 괜찮습니다. 또한 허용하더라도 민감한 정보를 입력하는 등만 조심하면 큰 문제는 없습니다. 실습에서는 AI PDF Drive를 사용할 것이므로 허용하겠습니다. 입력할 때마다 허용하려면 [허용하기], 허용 상태를 유지하려면 [항상 허용하기]를 클릭하세요.

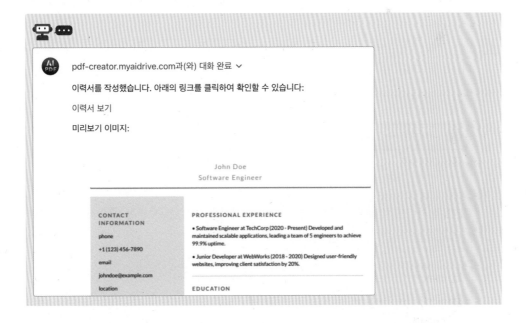

AI PDF Drive가 이력서를 작성했습니다. 챗GPT의 설명대로 작성된 문서를 보기 위해 이력서 보기를 클릭하겠습니다.

05 이력서 보기를 클릭하면 AI Drive라는 사이트로 이동하여 작성된 이력서를 보여줍니다.

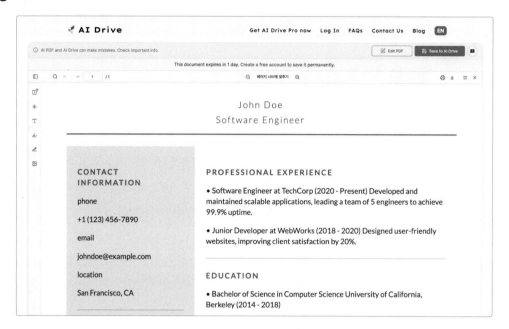

작동 방식은 간단합니다. 이력서를 작성해달라는 요청에 챗GPT가 이력서 내용을 생성하면 생성한 내용을 AI Drive 사이트로 가져가서 템플릿에 작성한 다음 결과물을 보여주는 것입니다.

06 1회 이상 채팅한 GPTs는 사이드 메뉴의 [ChatGPT]와 [GPT 탐색] 사이에 목록으로 생성됩니다. 이 목록에서 추가한 GPTs를 클릭하면 바로 해당 GPTs와 채팅을 시작할 수 있습니다.

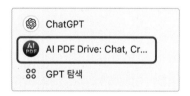

GPTs를 사이드 메뉴에서 제거하고 싶다면 숨기려는 GPTs를 오른쪽 마우스로 클릭하여 [사이드바에서 숨기기]를 선택하면 됩니다.

GPTs를 어떻게 사용할 수 있는지, 외부 서비스와 어떻게 연결되는지 알아보았습니다. GPTs를 사용하는 방법은 기본 챗GPT와 똑같습니다. 자신의 업무나 생활에서 자주 사용할 수 있는 GPTs를 추가해서 사용해보길 바랍니다. 몇 가지 유용한 GPTs를 소개해보겠습니다.

미친활용67 Show Me GPT로 다이어그램 그리기

Show Me GPT는 PPT나 다이어그램을 그려주는 GPT입니다. 정확한 명칭은 'Presentation & Diagram Generator by 〈ShowMe〉'이며, 다음 링크로 시작할 수 있습니다.

- **Show Me GPT 링크** : vo.la/MxGluG

일을 하다 보면 업무 흐름을 한눈에 파악하기 어려울 때가 있습니다. 그럴 때는 다이어그램으로 그려놓으면 파악이 훨씬 편하죠. Show Me GPT로 온라인 쇼핑몰의 업무 흐름을 다이어그램으로 그려보겠습니다.

01 Show Me GPT를 실행하면 첫 화면에서 'Presentation Mode'와 'Diagram Mode'라는 2가지 모드를 선택할 수 있습니다. 쉽게 말하면 Presentation Mode는 PPT를 만들어 주고 Diagram Mode는 프롬프트를 다이어그램으로 생성합니다. 실습에서는 다이어그램을 생성합니다. Diagram Mode를 클릭합니다.

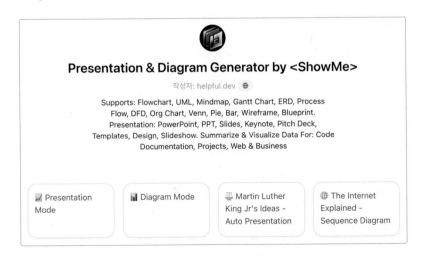

📊 Diagram Mode

You're in **Diagram Mode**! Let me know the type of diagram you'd like to create or the concept you'd like to visualize, and I'll craft the perfect diagram for you. Here are some options:

… 생략 …

What diagram would you like?

Diagram Mode를 선택하자 생성할 다이어그램에 대한 설명을 해달라고 응답하네요. 하지만 영어로 응답하므로 불편한 점이 있습니다. 한국어로 대화해달라고 요청하겠습니다.

한국어로 대화해줘.

물론입니다! 어떤 다이어그램을 만들고 싶으신가요? 아래는 몇 가지 선택지입니다:

… 생략 …

어떤 다이어그램을 만들기를 원하시나요? 또는 구체적인 아이디어를 알려주세요! 😊

이제 한국어로 작업할 수 있습니다.

02 Show Me GPT에게 온라인 쇼핑몰을 운영하는 구조를 다이어그램으로 그려달라고 요청하겠습니다.

온라인 쇼핑몰을 운영하기 위해 필요한 업무 흐름을 다이어그램으로 그려줘.

온라인 쇼핑몰 운영 과정을 다이어그램으로 나타내겠습니다. 이를 위해 **flowchart** 유형을 사용하여, 운영 단계 간의 관계와 흐름을 시각화하겠습니다.

계획:

- 주요 단계를 포함: 제품 준비, 상품 등록, 마케팅, 주문 관리, 배송 및 고객 서비스.

- 흐름형태로 각 단계가 어떻게 연결되고 작동하는지 보여줌.

"Flowchart"에 대한 문법 문서를 확인하고 다이어그램 생성을 시작하겠습니다.

챗GPT가 어떤 다이어그램을 그릴 것인지 설명했습니다. 생성하기 위해 [허용하기]를 클릭합니다.

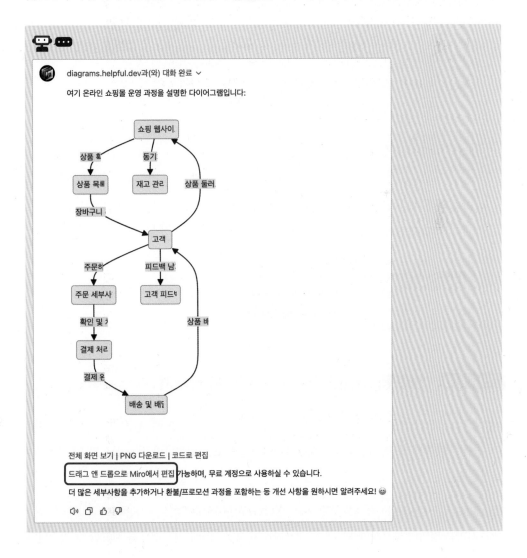

03 다이어그램을 생성했습니다. 하지만 다이어그램 속 텍스트가 잘린 부분이 보이는데요, 이건 잘 못 생성된 것이 아니라 한국어로 생성했을 때 발생하는 문제입니다. 이럴 때는 Show Me GPT 와 연결된 서비스인 MIro에 접속해서 직접 내려받아야 합니다. 하단의 [드래그 앤 드롭으로 Miro에서 편집]을 클릭하면 다음 이미지처럼 잘 그려진 다이어그램을 확인할 수 있습니다.

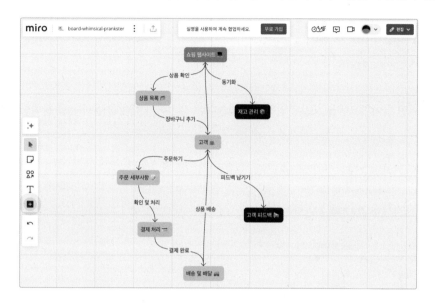

화면 왼쪽 상단에 있는 [⬆ 내보내기] 버튼을 클릭 후 Miro에 가입해서 다이어그램을 내려받습 니다. 그럼 화면의 다이어그램을 이미지 파일로 내려받을 수 있습니다.

미친 활용 68 chatPRD GPT로 제품 요구 정의서 만들기

PRD^Product Requirements Document 는 제품이나 서비스의 기능을 기획할 때 요구 사항을 정리한 문서입니 다. 간단히 말해서 로그인 기능이라면 '아이디와 비밀번호를 입력하면 서비스에 로그인한다.'와 같은 설명을 정리한 거죠. 기획자들의 주요 업무이지만 문서의 양이 상당하기 때문에 쉽지 않은 일입니다.

chatPRD GPT는 PRD 작성을 돕는 GPT입니다. chatPRD GPT를 사용해서 휴대폰 인증 기능의 요구 사항을 정리하여 문서화해보겠습니다. 아래 링크로 chatPRD GPT를 시작할 수 있습니다.

- **chatPRD GPT 링크** : vo.la/uNWbev

01 먼저 한국어로 대화할 수 있게 요청합니다.

> 👤 💬
>
> 한국어로 대화해줘.

> 🤖 💬
>
> 안녕하세요! 당신은 어떤 제품을 다루고 있나요? 회사나 프로젝트에 대해 간단히 알려주시면 제가 더 잘 도와드
> 릴 수 있을 것 같아요. 또한, PRD 작성, 피드백, 혹은 제품 관리와 관련된 구체적인 요청이 있다면 말씀해주세요!

02 한국어로 응답하는 걸 확인했으면 휴대폰 인증 기능의 PRD를 요청합니다. 간단한 기능이
지만 누군가에게 기능을 설명하는 문서를 작성하려면 많은 내용을 포함해야 합니다. 그러나
chatPRD GPT를 사용하면 짧은 설명으로도 기능의 요구 사항을 잘 정리한 문서를 만들 수 있
습니다.

> 👤 💬
>
> 휴대폰 인증 기능의 PRD를 작성해줘.
>
> 휴대폰 인증 버튼을 클릭하면 휴대폰 번호와 이름을 입력하는 화면이 나타나고, 내용을 입력하면 문자 메시지로
> 인증 번호가 전송돼. 정확한 인증 번호를 입력하면 인증이 완료되는 기능이야.

> 🤖 💬
>
> 좋습니다! 휴대폰 인증 기능을 위한 PRD를 작성해 보겠습니다. 아래는 주요 항목을 포함한 초안입니다. 필요하
> 면 추가적으로 디테일을 조정할 수 있어요.
>
> **휴대폰 인증 기능 PRD**
>
> **TL;DR**
>
> 사용자가 본인 인증을 위해 휴대폰 번호와 이름을 입력하고, 문자 메시지로 전송된 인증 번호를 입력하여 인증을
> 완료하는 기능입니다. 이 기능은 보안 강화를 목적으로 하며, 서비스 이용 시 사용자 신뢰성을 높이는 데 기여합
> 니다.
>
> … 생략 …
>
> **Goals**
>
> **1. Business Goals**
>
> - 사용자 신뢰성 강화 및 가짜 계정 방지.

- 서비스 보안 향상으로 플랫폼의 안전성과 브랜드 이미지 개선.
- 인증 과정을 통해 수집된 데이터를 바탕으로 사용자 분석 강화.

… 생략 …

User Experience (UX)

Step-by-Step Flow

1. 사용자가 '휴대폰 인증' 버튼 클릭

- 인증 프로세스 시작.

2. 휴대폰 번호와 이름 입력 화면 표시

- + 국가코드 및 번호 입력 필드.
- 이름 입력 필드 (선택 사항).
- '인증 번호 요청' 버튼 제공.

… 생략 …

Technical Considerations

1. 문자 메시지 전송 API

- 안정적이고 빠른 전송을 위해 타사 SMS 서비스 (예: Twilio, 카카오 알림톡) 연동.

2. 인증 번호 유효성 검증

- 6자리 랜덤 숫자 생성.
- 서버에 해시 처리하여 저장 및 5분 제한 시간 설정.

… 생략 …

어떤 부분을 더 구체적으로 다뤄볼까요? 추가 기능이나 특정 상황을 염두에 두고 조율이 필요하면 말씀해주세요!

이 기능이 필요한 이유부터 어떤 단계로 작동하는지, 필요한 기술은 무엇인지, 작업 일정은 어느 정도 필요한지 모두 하나의 문서로 작성합니다. 실제 프로젝트에서 활용하는 기술이나 명확한 개발 일정 등을 공유하면 더 높은 품질의 PRD를 생성해주겠죠. 기획자뿐 아니라 제품 및 서비스 기획이 필요한 창업자, 또는 개발을 아웃소싱할 때도 chatPRD GPT를 사용하면 큰 도움을 얻을 수 있을 것입니다.

미친 활용 69 Adobe Express로 간단 디자인하기

어도비 익스프레스^(Adobe Express)는 포토샵의 개발사인 어도비가 서비스하는 올인원 디자인 도구입니다. 누구나 쉽게 콘텐츠를 제작할 수 있는 점이 특징인데요, 어도비 익스프레스 GPT를 사용하면 어도비 익스프레스의 사용법을 몰라도 챗GPT와의 대화만으로 그럴듯한 디자인을 생성할 수 있습니다.

아래 링크로 어도비 익스프레스 GPT를 시작할 수 있습니다.

- **어도비 익스프레스 GPT 링크** : vo.la/MtukOJ

01 간단한 디자인의 생일 파티 초대장을 어도비 익스프레스 GPT로 생성하겠습니다. 원하는 디자인을 요청합니다.

> 🧑‍ 💬 •••
>
> 2025년 4월 5일로 솜사탕 같은 생일 파티의 초대 이미지를 무료 에셋으로 생성해줘.

> 🤖 💬 •••
>
> Hang tight! I'm making a more sophisticated design for you in English using Adobe Express!

챗GPT에 입력한 내용을 어도비 익스프레스와 연결해서 생성했습니다. 생성한 디자인 중 👑 표시가 있는 디자인은 어도비 익스프레스의 유료 사용자만 내려받을 수 있는 디자인이므로 참고하세요. 이 중에서 사용하고 싶은 디자인을 클릭합니다. 실습에서는 무료 계정으로 받을 수 있는 디자인을 선택하겠습니다.

02 그러면 어도비 익스프레스에 접속하는 창이 나타나는데요, 로그인해야 이미지를 다운로드할 수 있으니 어도비에 가입 후 로그인합니다.

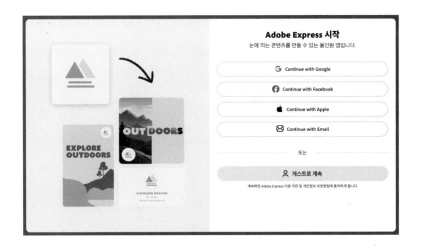

03 그런 다음 오른쪽 상단에 있는 [다운로드]를 클릭합니다.

그러면 선택한 디자인이 이미지 파일로 다운로드되는 걸 확인할 수 있습니다.

Chapter 30

프로젝트 기능으로 맞춤형 GPT 만들기

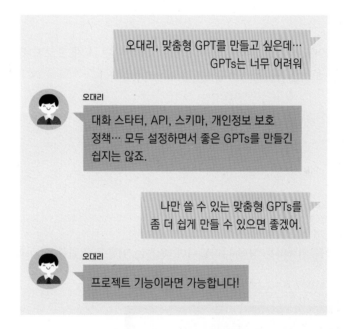

GPTs는 유용한 기능이지만 만들기가 까다롭습니다. 다른 사람들도 사용할 수 있게 공유하는 것이 목적이라 지켜야 할 지침도 많고, 외부 서비스와 원활하게 연결하려면 개발 지식도 약간 필요하기 때문이죠.

그래서 2024년 12월, 맞춤형 GPT를 누구나 쉽게 사용할 수 있는 기능인 프로젝트^{Projects}가 챗GPT에 추가되었습니다. 프로젝트가 무엇인지 살펴보고, 직접 만들어 봅시다.

💬 프로젝트란?

프로젝트는 개인적인 용도로 파일과 채팅을 폴더처럼 그룹화하는 방법입니다. 앞서 챗GPT가 특정 응답만 생성하도록 설정하는 맞춤형 지침을 배웠습니다. 그러나 맞춤형 지침은 모든 채팅에 적용되기 때문에 지침이 필요하지 않을 때는 맞춤형 지침이 적용되지 않게 매번 설정해야 하는 번거로움이 있습니다. GPTs는 GPT마다 맞춤형 지침을 설정할 수 있지만 기능이 복잡하고, 외부 API를 연결하는 등 고급 기능은 사용하기 까다롭습니다.

반면 프로젝트는 누구나 어려운 설정 없이 작업마다 맞춤형 지침을 설정하고, 데이터나 문서 등 파일을 추가할 수 있습니다. 또한 같은 프로젝트의 채팅을 묶어서 보여주기 때문에 똑같은 작업을 한 곳에서 관리하기에도 좋습니다. 프로젝트 사용법을 배워보겠습니다.

01 프로젝트는 사이드바에 있습니다. 처음 기능을 사용한다면 [+ 새 프로젝트]라는 버튼만 있습니다. [+ 새 프로젝트]를 클릭해서 프로젝트를 생성하겠습니다.

02 프로젝트 이름을 입력하는 창이 나타납니다. 원하는 이름을 입력한 후 아래 [프로젝트 만들기]를 클릭합니다.

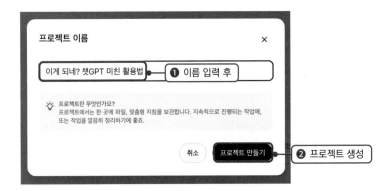

03 프로젝트가 만들어지면 다음과 같은 화면이 나타납니다. '이게 되네? 챗GPT 미친 활용법'이라
는 프로젝트가 생성되었습니다. 화면을 보면서 각 기능을 알아봅시다.

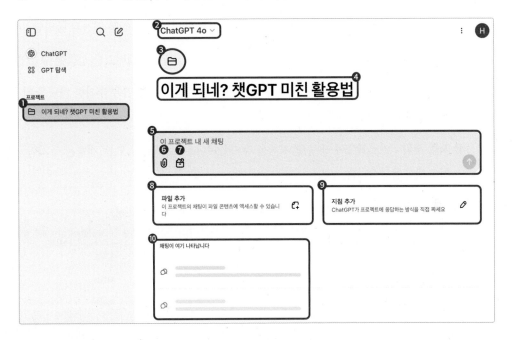

❶ **프로젝트** : 생성한 프로젝트입니다. 메뉴에서 프로젝트를 삭제할 수 있습니다.

❷ **버전 선택** : 채팅에 사용할 GPT 버전을 선택합니다. GPT-4o, o1, o1 mini, o1 pro를 지원
하며, o1은 파일을 추가하면 사용할 수 없습니다.

❸ **색상 태그** : 프로젝트를 구분하기 위한 색상 태그를 설정합니다. 색상을 선택하면 다음 이미
지처럼 사이드바에 색상이 추가됩니다.

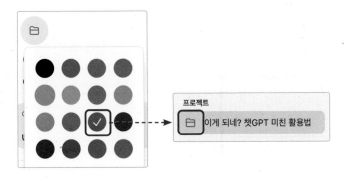

❹ **프로젝트 이름** : 프로젝트의 이름입니다. 클릭하여 이름을 변경할 수 있습니다.

❺ **프로젝트 채팅 입력란** : 프로젝트에 설정된 내용으로 채팅하기 위한 입력란입니다. 기능은 기본 채팅 입력란과 동일합니다.

❻ **파일 첨부** : 채팅에 필요한 파일을 첨부합니다. 기본 채팅의 파일 첨부 기능과 동일합니다.

❼ **도구 보기** : 기본 채팅의 도구 보기 기능과 동일합니다. 그림과 캔버스를 선택할 수 있습니다.

❽ **파일 추가** : 프로젝트에 파일을 추가합니다. 프로젝트의 모든 채팅은 추가한 파일을 참고해서 응답합니다.

❾ **지침 추가** : 프로젝트에 맞춤형 지침을 추가합니다. 프로젝트의 모든 채팅은 추가한 지침을 참고해서 응답합니다.

❿ **채팅 목록** : 프로젝트에서 진행한 채팅 목록을 보여줍니다. 채팅 목록은 사이드바에서도 확인할 수 있습니다.

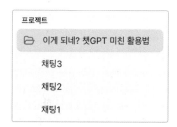

프로젝트의 기능들을 알아보았습니다. 대부분 기능이 기본 채팅 기능과 동일하기 때문에 지금까지 실습을 잘 이어왔다면 익숙하게 사용할 수 있을 겁니다. 이제 직접 실습하면서 프로젝트를 활용하는 방법을 배워보겠습니다.

미친활용70 영어 공부 프로젝트 만들기

영어 회화를 공부할 수 있는 간단한 프로젝트를 만들어보겠습니다.

01 [+ 새 프로젝트] 버튼을 클릭하고 '영어 회화 공부하기'라는 프로젝트를 만듭니다.

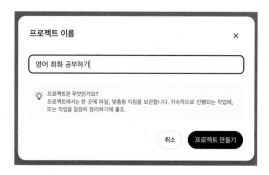

02 프로젝트가 생성되었으면, [지침 추가]를 클릭합니다.

그런 다음 아래 지침을 입력하고 [저장]을 클릭합니다. 이름은 변경해도 좋습니다.

> 너는 켈리야. 나는 버즈야.
> 영어 회화 공부를 하고 싶어.
> 대화 내용은 영어로 응답해줘.
> 응답한 내용을 한국어로도 보여줘.
> 내가 입력한 내용을 더 자연스러운 문장으로 개선해줘.

지침을 추가하면 프로젝트 화면에도 지침이 추가된 걸 확인할 수 있습니다.

> **지침**
> 너는 켈리야. 나는 버즈야. 영어 회화 공부를 하고 싶어. 대화 내용...

03 이제 영어 회화를 위한 맞춤형 GPT를 설정했습니다. 지침을 설정했으니 영어로 대화를 시작하겠습니다.

Hey Kelly! How was your soccer game yesterday?

It was great! We played really well and won the match. It was exhausting but totally worth it. How about you? How was your day?

축구 경기가 정말 좋았어! 우리 팀이 잘해서 경기를 이겼어. 힘들긴 했지만 정말 보람 있었어. 너는 어땠어? 하루 잘 보냈어?

입력한 내용에 알맞은 응답을 영어와 한국어로 함께 생성한 걸 확인할 수 있습니다.

04 이번에는 개선이 필요한 문장을 입력해보겠습니다.

Yesterday's game was pretty amazing.

Yesterday's game was incredible! I'm glad you enjoyed it. Did you score any goals or have any standout moments?

어제 경기가 정말 대단했구나! 즐거웠다니 다행이야. 골을 넣거나 기억에 남는 순간이 있었어?

"Yesterday's game was pretty amazing." 이 문장을 좀 더 자연스럽고 감정을 살려 표현하면 다음과 같이 개선할 수 있어요:

    1. Yesterday's game was absolutely incredible!

       (어제 경기는 정말 믿을 수 없을 정도로 대단했어!)

    2. I had an amazing time at yesterday's game!

       (어제 경기는 정말 즐거운 시간이었어!)

    3. Yesterday's game was so exciting and unforgettable!

       (어제 경기는 정말 흥미진진하고 잊을 수 없는 경험이었어!)

이렇게 표현하면 감정을 더 풍부하게 전달할 수 있어요.

알맞은 응답을 했을 뿐 아니라 개선이 필요한 문장을 함께 생성하는 걸 확인할 수 있습니다.

영어 공부하기 프로젝트에서 시작하는 모든 대화는 이렇게 영어 회화를 공부하기 위한 지침에 따라서 응답할 것입니다. 아래 이미지처럼 채팅을 날짜별로 정리하면 매일 공부한 채팅을 하나의 프로젝트로 정리할 수 있겠죠.

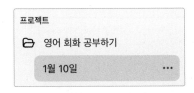

미친활용 71 제품별 매뉴얼 만들기

관리 중이거나 판매 중인 제품이 많으면 고객 상담을 할 때 각 제품의 정보를 탐색하기 어렵습니다. 그럴 때는 제품별 매뉴얼을 만들면 유용하게 활용할 수 있습니다. 이번에는 제품별 정보 파일을 프로젝트에 추가해서 각 제품에 대한 정보를 불러오는 제품별 매뉴얼을 만들어보겠습니다.

01 [+ 새 프로젝트] 버튼을 클릭하고 '제품별 매뉴얼'이라는 프로젝트를 만듭니다.

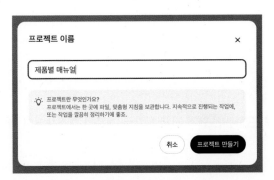

02 프로젝트가 생성되었으면, [파일 추가]를 클릭합니다. 노트북 제품 3종의 가이드를 실습 파일로 준비했습니다. 3개 파일을 추가합니다.

- **실습 파일 다운로드** : vo.la/ikHeUq

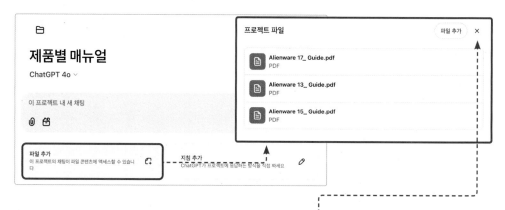

파일을 추가하면 이미지와 같이 목록이 뜹니다. 오른쪽 상단에 ⊠를 클릭하여 프로젝트 홈으로
이동합니다.

03 이제 지침을 추가해봅시다. [지침 추가]를 클릭하여 다음 지침을 추가합니다.

> 너는 제품 상담사야.
> 제품 파일의 내용을 참고해서 제품에 관한 질문에 정중하게 응답해줘.
> 질문 내용을 정리하고, 알맞은 응답을 이어서 생성해줘.

그러면 프로젝트 파일에 '3 파일'이라고 추가된 파일 수가 표시되고, 지침도 추가된 걸 확인할
수 있습니다.

04 이제 챗GPT에게 제품의 정보를 물어보겠습니다. 먼저 전체 노트북 제품의 디스플레이 사이즈
를 요청합니다.

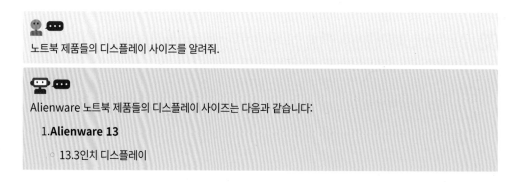

HD, Full HD, QHD, QHD+ 해상도 옵션

… 생략 …

각 제품은 다양한 해상도와 추가 기능 옵션을 제공하므로 선택 시 참고하시기 바랍니다.

챗GPT가 추가한 파일을 참고해서 제품 3종의 디스플레이 사이즈를 정리했습니다.

05 이번에는 단일 제품에 대한 정보를 요청하겠습니다. 제품에 포트가 몇 개인지 물어보겠습니다.

17인치 제품의 포트 개수를 알려줘.

Alienware 17의 포트 구성은 다음과 같습니다:

외부 포트:

　1.**네트워크 포트**: RJ45 1개

　2.**USB 포트:**

　　◦ USB 3.0 포트 3개

　　◦ PowerShare 지원 USB 3.0 포트 1개

… 생략 …

총 외부 포트는 9개, 내부 포트는 2개로 구성되어 있습니다

제품에 있는 각 포트를 설명하고 외부 포트 9개, 내부 포트 2개라고 설명하는 걸 확인할 수 있습니다.

이처럼 프로젝트에 파일과 지침만 추가하면 나만의 제품별 매뉴얼을 만들 수 있습니다. 제품 정보뿐 아니라 일정, 문서 양식, 스캐너, 시뮬레이션 등 앞서 실습한 다양한 챗GPT 활용법을 프로젝트로 만들어놓으면 언제든 미리 설정한 내용으로 새로운 채팅을 시작할 수 있습니다.

GPTs부터 프로젝트까지 맞춤형 GPT에 대해서 알아보았습니다. 챗GPT를 어디에 활용할 수 있는지 정확히 이해한 사용자라면 맞춤형 GPT가 챗GPT 활용을 더욱 풍부하게 만들어줄 것입니다.

이게 되네?

챗GPT 미친 활용법 71제

7배 더 빠르게, 7배 나은 퀄리티로 진짜 현업에 사용해온
오대리의 '71가지 미친 업무 자동화'

with o1, 소라, 캔버스, 서치, 프로젝트, 고급 음성모드, GPTs

1판 1쇄 발행 2024년 7월 15일
2판 1쇄 발행 2025년 1월 10일
2판 2쇄 발행 2025년 1월 20일

지은이 오힘찬
펴낸이 최현우 · **기획** 김성경 · **편집** 박현규, 김성경, 최혜민
디자인 박세진, 박은정 · **조판** SEMO
마케팅 버즈 · 피플 최순주

펴낸곳 골든래빗(주)
등록 2020년 7월 7일 제 2020-000183호
주소 서울 마포구 양화로 186 LC타워 5층 514호
전화 0505-398-0505 · **팩스** 0505-537-0505
이메일 ask@goldenrabbit.co.kr
홈페이지 www.goldenrabbit.co.kr
SNS facebook.com/goldenrabbit2020

ISBN 979-11- 94383-11-6   93000

* 파본은 구입한 서점에서 바꿔드립니다.

우리는 가치가 성장하는 시간을 만듭니다.

골든래빗은 가치가 성장하는 도서를 함께 만드실 저자님을 찾고 있습니다.
내가 할 수 있을까 망설이는 대신, 용기 내어 골든래빗의 문을 두드려보세요.
apply@goldenrabbit.co.kr

골든래빗
바로가기